Vera Griebert-Schröder
Franziska Muri

GROSSSTADTSCHAMANISMUS

arkana

Vera Griebert-Schröder
Franziska Muri

GROSS STADT SCHAMANISMUS

Wie wir zu uns finden,
wenn die Welt sich immer schneller dreht

arkana

Verlagsgruppe Random House FSC® N001967
Das für dieses Buch verwendete FSC®-zertifizierte Papier
Munken Premium Cream
liefert Arctic Paper Munkedals AB, Schweden.

1. Auflage
Originalausgabe
© 2014 Arkana, München
in der Verlagsgruppe Random House GmbH
Lektorat: Ralf Lay
Satz: Buch-Werkstatt, Bad Aibling
Umschlaggestaltung: Uno Werbeagentur, München
Umschlagmotiv: FinePic®, München
Druck und Bindung: CPI – Ebner & Spiegel, Ulm
Printed in Germany
ISBN 978-3-442-34160-3

www.arkana-verlag.de

Inhalt

Vorwort

Der Schamanismus ist eine altbewährte universelle Praxis, die gerade auch heutzutage allen Menschen viel zu bieten hat, die nach einem Leben in Harmonie und Gesundheit streben – einem Leben, das uns und unserer Erde Gleichgewicht und Frieden gibt.

Vera Griebert-Schröder und Franziska Muri stellen in ihrem Buch *Großstadtschamanismus* zahlreiche Methoden vor, die Ihnen helfen werden, Ihr Innerstes zur Entfaltung zu bringen. Sie werden mehr und mehr Gesundheit und Wohlbefinden erlangen, und das Umfeld wird Ihr Erleben widerspiegeln. Sie lernen, wie Sie Ihr Herz mit Frieden, Ausgeglichenheit, Freude und Dankbarkeit erfüllen können, und die Welt wird dem ein Echo sein.

Schamanen leben ihr Leben im respektvollen Einklang mit der Natur. Es ist ein wesentlicher Teil der schamanischen Praxis zu erkennen, dass wir Teil der Natur und keineswegs von ihr getrennt sind. Wir müssen lernen, wie wir mit dem Fluss des Lebens gehen können, statt uns ihm entgegenzustemmen. In schamanischen Kulturen ehren die Menschen sich selbst, einander und das ganze Netz des Lebens – eine durch und durch harmonische Art des Seins. Die Erde ist unser aller Heimat. Der einzige Weg, wie wir das Leben schützen und bewahren können, ist die Rückbindung an die Natur.

Viele von uns sehen die Welt nur mit den gewöhnlichen Augen. Wir gehen den Pfad des Ego und lassen uns dabei von unseren Gedanken, Glaubenssätzen, Ängsten und gesellschaftlichen Regeln leiten. Nicht selten fühlen wir uns dabei aber leer. Unsere Seele sehnt sich nach einem geistigen, einem sinnerfüllten Dasein.

In unserer Kultur lehrt man uns vor allem, wie der Einzelne sich der Gemeinschaft anzupassen hat. Doch ist es an der Zeit, dass wir unser Augenmerk auch vermehrt darauf richten, wie wir der Erde und dem Leben Achtung und Ehre erweisen können. Jeder von uns besitzt wertvolle Eigenschaften, mit denen wir dazu beitragen können, das Netz des Lebens zu stärken. Und so können wir uns fort von hierarchischen Modellen hin zu dem bewegen, was ich als »weibliches Modell der inneren Weisheit« bezeichne. Ein Modell, in dem unsere Intuition wieder vermehrt zu ihrem Recht kommt und wir im Geiste der Kooperation dem gesamten Leben dienen.

Vera und Franziska wollen Sie nicht lehren, wie Sie Schamane werden. Sie zeigen Ihnen vielmehr, wie Sie Ihren ganz normalen Alltag auf bewusstere Weise gestalten können. In *Großstadtschamanismus* führen sie Sie in eine Kunst des Lebens ein, die Sie offener für die Schönheit des Daseins macht. Die Arbeit der beiden Autorinnen ist zutiefst inspiriert von den traditionellen schamanischen Lehren, mit deren Hilfe Sie mehr Weisheit und Wissen in Ihr Leben bringen können. Das Ziel ist eine gesteigerte Bewusstheit für sich und die Welt, dafür, dass alles Lebendige eine Seele hat und mit allem Leben verbunden ist.

Die Übungen in diesem Buch helfen Ihnen, sich zu öffnen und den Zugang zu einer anderen Ebene des Daseins zu finden, damit Sie sich selbst, Ihre Umgebung und Mutter Erde neu zu lieben lernen. Sie können diese Übungen draußen in der freien Natur ausführen oder bei sich zu Hause – und vor allem in der Stadt, in der Sie leben.

Sie werden Rituale kennenlernen, die Ihren Alltag mit Reichtum und Sinn erfüllen. Und Sie werden feststellen, dass eine Visionssuche, die Sie Hilfe und Antwort finden lässt, auch mitten in unseren modernen Städten möglich ist. Die geistige Welt wird Sie dabei führen.

Vera Griebert-Schröder hat in den Achtzigerjahren ihre Ausbildung bei mir begonnen. Sie entwickelte sich sehr schnell zu einer außergewöhnlichen schamanisch Praktizierenden und inspirierenden Lehrerin. Und sie ist mir seit langen Jahren eine geschätzte Freundin und Kollegin. Daher freue ich mich, dass sie und Franziska dieses Buch geschrieben haben, aus dem Sie erfahren, wie Sie mit einfachen, aber kraftvollen Techniken Ihr Leben neu bereichern können. Aus Veras tiefem Wissen über den Schamanismus und Franziskas inspirierender Unterstützung ist eine ganz neue Richtung des schamanischen Arbeitens entstanden. *Großstadtschamanismus* wird Ihr Leben positiv verändern, wenn Sie die hier vorgestellten Übungen durchführen.

Sandra Ingerman, M. A.,
Autorin von Gut leben in schwierigen Zeiten,
Santa Fe, New Mexico
im Mai 2014

Machen Sie sich das Geschenk!

Stellen Sie sich eine Welt vor, in der Sie in herzlicher Freude und kindlicher Neugier von einer Erfahrung zur nächsten tanzen. Lernend, staunend, dankbar. Stellen Sie sich vor, Sie geraten in einen Stau und erleben, wie die sonst so hektische Welt in ein langsames, ganz langsames Gleiten übergegangen ist. Sie spüren einen kaum zu glaubenden inneren Frieden, während die Fahrbahnen und auch die Gegenfahrbahnen in eine unfreiwillige, aber dennoch so sanfte und weiche Stille getaucht wurden. Sie atmen auf, spüren sich selbst, wie Sie in Ihrem Auto sitzen und nichts tun, nichts tun können, nichts tun müssen, außer atmen und schauen, wie die Welt vollständig pausiert. Oder stellen Sie sich vor, Sie halten plötzlich mitten in einem bitter gewordenen Streit inne, weil Sie bemerken: Der andere hat seine Gründe, so wie Sie Ihre haben. All Ihre Kampfeslust schmilzt dahin, und Sie spüren eine große Nähe zu diesem Menschen, Sie fühlen sich auf eine seltsame Weise mit ihm verbunden und sind einfach nur dankbar für diese Erfahrung des Menschseins, das sich in so vielfältigen Facetten zeigt.

Jeden Menschen bringt etwas anderes zum Strahlen, zum Aufblühen, zum Dahinschmelzen oder zum Durchatmen.

Für jeden ist es etwas anderes, was er als Erfüllung, Glück, Angekommensein oder inneren Frieden ansieht. Doch für alle ist es ein Heimkommen ins eigene Innere, ein Ankommen, ein Erahnen von höheren Kräften im Leben, die in verborgener Sinnhaftigkeit das große Ganze steuern.

Wie wäre es, wenn solche inneren Zustände die sichere Grundlage Ihrer Realität wären, auf die Sie jederzeit zurückgreifen könnten? Wie wäre es, wenn sie eine grundlegende spürbare Zuversicht in Ihr Leben brächten, eine innere Zufriedenheit, die Sie entspannt und Ihnen Leichtigkeit gibt? Dieses Buch möchte Sie genau dorthin führen. Es überreicht Ihnen einen großen vielfarbigen Strauß an Angeboten, die Sie zu genau dieser Grundlage Ihres Seins begleiten können. Es kann Ihr Navigationsgerät sein, mit dem Sie die Orientierung wieder aufnehmen – hin zu sich selbst, zur heilen Mitte in Ihnen, zur Erfüllung Ihrer Sehnsüchte nach einem reichen Leben in Frieden, Harmonie und voller Inspiration.

Es braucht kein besonderes, außergewöhnliches, erst noch zu entwickelndes spirituelles Bewusstsein, um dem Leben mit Freude und Offenheit, Gelassenheit und innerer Kraft zu begegnen. Sie müssen kein neues Abc lernen, um erfüllt leben zu können. Sie haben bereits alles in sich, was dafür nötig ist. Wie auch immer Ihr Leben bis zum heutigen Tag aussah – Sie sind auf dem Weg, auf Ihrem Lebensweg, und finden hier Anregungen, das zu verfeinern und immer mehr zur Alltagsrealität werden zu lassen, was Sie an Fähigkeiten und Erfahrungen bereits in sich tragen. Wir zeigen Ihnen, welche Werkzeuge und Anschauungen insbesondere die Schamanen aller Zeiten kennen, die Sie vielleicht noch nicht benutzt, an die Sie möglicherweise noch nicht gedacht haben. Schamanen sind Meister der bewussten Wahrnehmung allen Geschehens und der Menschen. Sie sind Wandler und Heiler, die Energien bewegen. Als schöpferische Mitgestalter der Lebensrealitäten sind sie absolut zeitgemäß, sie weben am sich wandelnden Zeitgeist entscheidend mit. Die Essenz ihrer Anschauungen formt heute etwas nie Dagewesenes. Sie sind Impulsgeber für eine moderne sinnstiftende Lebenshaltung: den Großstadtschamanismus, den jeder von uns leben kann. Viele tun es bereits, ohne es unbedingt so zu bezeichnen.

Zwei Wege von vielen

Ich (Vera) hatte meine gesamte Kindheit über einen inneren Garten. Da gab es Wunderblumen, sprechende Tiere waren meine Freunde, alles war voller Magie. Für mich gab es also immer schon – wie für die Schamanen – verschiedene Welten, in denen ich zu Hause war und zwischen denen ich wie selbstverständlich wechseln konnte. Ich dachte lange Zeit, das könnte jeder, und betrachtete es als die normale Realität.

Später wurde ich Heilpraktikerin und arbeitete psychotherapeutisch. Dabei merkte ich schnell, dass körperliche und psychische Symptome stark vernetzt mit allen anderen Lebensbereichen sind. Als ich die schamanische Arbeit hinzunahm, wurde mir klar, dass es der Fluss der Energien ist, über den die einzelnen Ebenen erfolgreich behandelt werden können. Wenn ich schamanisch therapeutisch arbeite, nehme ich unmittelbar das gesamte Energiesystem meines Gegenübers wahr und vermittle zwischen den unterschiedlichen Ebenen. Diese Fähigkeit des »Wanderns zwischen den Welten« und das sehr differenzierte Wahrnehmen von Energien machen es mir möglich, Menschen so in ihrer Tiefe zu berühren, dass Heilung geschehen kann. Indem ich mich auf die inneren Welten meiner Klienten einlasse, beginnen auch sie, sich selbst auf feine, tief gehende Weise zu spüren. Sie erleben psychisch und körperlich, wie ihnen ihre Seelenkraft zunehmend wieder zur Verfügung steht. Damit können sie klar und bewusst aus ihrer Mitte heraus ihr Potenzial leben.

Natürlich kommen in der Arbeit mit Klienten eine große Zahl an therapeutischen Werkzeugen und meine langjährige Erfahrung zum Einsatz. Was jedoch jeder Mensch kann, ist, sich als Teil der Lebenskräfte zu empfinden und sie im eigenen Wesen zu spüren und zu entfalten. Um Sie genau dazu anzuregen, haben wir dieses Buch geschrieben.

Als für mich (Franziska) das Buchthema »Großstadtschamanismus« im Raum stand, dachte ich im ersten Moment: »Hm, das hat mit mir ja nicht wirklich etwas zu tun.« Ich lebe seit einigen Jahren ziemlich ländlich und genieße das. Und eine Schamanin bin ich auch nicht. Doch während wir uns besprachen, um das Phänomen tiefer und klarer zu fassen, wurde mir bewusst: Ich lebe tatsächlich genau das, was den Großstadtschamanismus ausmacht. All die Kernqualitäten, die ihn nach unserem Verständnis definieren, gehören zu mir, und ich bin auf dem Weg, sie stetig in mir weiterzuentwickeln und meine Erfahrungen damit zu vertiefen. Achtsamkeit, ein Bewusstsein für die Beseeltheit von allem um mich her, Austausch mit der geistigen Welt und den Wesen der Natur, Bewusstheit für Räume und Energien und deren Verwandlung – all das ist für mich seit Langem Teil des Alltags und entspricht meinem Lebensgefühl. Ich nutze dabei – mal mehr, mal weniger – auch schamanische Techniken und bin sehr dankbar für die langjährige Begleitung einiger geistiger Helfer. Vor allem meine Krafttiere öffnen mir immer wieder neu das Herz und geben mir sehr viel Stärke und Orientierung.

Durch meine langjährige Arbeit als Redakteurin und Lektorin kam ich mit den unterschiedlichsten Autorinnen und Autoren aus dem therapeutischen und spirituellen Bereich und ihren Texten, Lehren und Anschauungen in Kontakt. Daher habe ich mich mit vielen weiteren Traditionen, Heilmethoden und Strömungen der Bewusstseinsarbeit auseinandergesetzt und auch vieles selbst ausprobiert. Jedes Puzzleteilchen davon hat mich ein Stück weiter auf meinem Weg vorangebracht, und heute habe ich das Gefühl, als wäre von fast allem daraus etwas in mir lebendig geblieben. Auch wenn zurzeit die Meditation und der Fokus auf die Stille und das Jetzt überwiegen, ist es eine Mischung von Ansätzen und Methoden, von Wissen und gewachsener Erfahrung, die mich führt und unterstützt und mit zunehmender Freude weiter forschen lässt. Und genau das, so begriff ich, ist auch Großstadtschamanismus.

Die Kräfte wirken lassen

Was wir Ihnen in diesem Buch vorstellen möchten, ist keine neue Erfindung. Es ist eine Haltung, die heute längst von vielen Menschen gelebt wird. Denn ein Leben mit dem, was wir »Großstadtschamanismus« nennen, bietet viele Vorzüge:

- Pausen vom Denken und von der Geschäftigkeit des Alltags,
- ein zunehmendes Bewusstsein für die eigene Mitte und die Wege, dorthin zu gelangen,
- ein wachsendes Bewusstsein für die eigene Innenwelt,
- Werkzeuge, um erfolgreich mit schwierigen emotionalen Lagen oder fordernden Lebenssituationen umzugehen,
- wachsende Resilienz,

- ein Perspektivenwechsel: von der Ein- zur Mehrdimensionalität,
- inspirierender Austausch mit Pflanzen, Bäumen, Tieren, Bergen, der Natur,
- selbst kreierte und gepflegte Kraftplätze zum Auftanken in der Natur, in der Stadt und im eigenen Inneren,
- (Wieder)erweckung der eigenen Kindlichkeit, der spielerischen Freude und staunenden Neugier im Leben,
- ein Gefühl der Verbundenheit mit allem Lebendigen,
- Rat und Unterstützung aus der geistigen Welt,
- eine nährende Beziehung zu Helfern in der geistigen Welt und
- ein kraftvoller Zugang zur eigenen Schöpferkraft.

Zu alldem möchte Sie dieses Buch führen. Oder anders gesagt: Es will Ihnen das, was Sie ohnehin bereits wissen, kennen oder praktizieren, von einem anderen Blickwinkel aus stärker bewusst machen und tiefer zu verankern helfen. Sie können dabei aus einer großen Zahl an praktischen Anregungen und Ideen immer wieder neu das wählen, was Sie anzieht, was Ihnen Lust macht oder Hilfe verspricht. Vor allem aber möchten wir Ihnen die Essenz, das Grundverständnis dessen vermitteln, was wir »Großstadtschamanismus« nennen – damit Sie es kreativ und individuell für Ihr Leben nutzen können. Sie finden es überall zwischen den Zeilen – und in dem, was Sie empfinden und erfahren, wenn Sie die Übungen praktizieren.

Wir alle sind auf dem Weg

Wenn Sie hier Neuland betreten, mag das anfangs alles etwas ungewohnt sein, und manchen fehlt dann der Mut weiterzugehen, auch weil sie sich auf einem solchen

Weg allein fühlen. Im Alltag wird über diese Dinge kaum gesprochen. Die wenigsten Medien berichten darüber, auch wenn es selbst da seit einigen Jahren eine Öffnung gibt. Gerade für Momente, in denen Sie sich allein vorkommen mit Ihrer großen Sehnsucht nach einer besseren Welt, in denen Sie das Schöne im Leben um Sie herum vermissen, in denen Sie sich so »anders« fühlen, weil Sie tief in Ihrem Inneren irgendwie doch an Wunder glauben und nicht mehr ohne tiefere Verbundenheit mit dem Göttlichen leben möchten, ist die folgende Meditation geeignet. Mit ihr beginnen Sie, beginnen wir eine neue Vision zu weben – deswegen steht sie auch gleich hier, ganz am Anfang dieses Buches. Sie verbindet Sie wieder mit all dem Schönen, das es selbstverständlich auch in Ihrer Stadt gibt, selbst wenn sie Ihnen in manchen Momenten grau und herzlos erscheint. Es ist eine Meditation zur Stärkung Ihrer grundlegenden Absicht, einen Weg der Heilung zu gehen, der Sie in Ihre Mitte führt.

Tausend Lichter in der Stadt

Nehmen Sie sich, am besten am späteren Abend, einen Moment Zeit für eine Reflexion. Setzen Sie sich dazu bequem hin und atmen Sie zur Entspannung ein paarmal tief ein und aus. Spüren Sie Ihren Körper, wie er von der Erde getragen wird, und kommen Sie ganz bei sich an.

Stellen Sie sich nun vor Ihrem geistigen Auge Ihre Stadt vor – Dutzende Straßen, Hunderte Häuser, in denen unzählige Menschen leben.

Stellen Sie sich genauer vor, was

hinter all den Mauern und Fenstern gerade geschieht. Wie viele Menschen dort lachen gerade? Wie oft schenkt gerade jemand einem anderen Blumen? Wie viele Mütter blicken in diesem Moment in die Augen ihres neugeborenen Kindes? Wo überall streichelt gerade jemand liebevoll seinen Hund oder schaut seiner Katze versonnen beim Fressen zu? Wie viele Menschen genießen gerade mit allen Sinnen ein köstliches Essen? Wie viele Paare lieben sich gerade? Wie viele Menschen erfreuen ihren Körper mit Yogaübungen, einem entspannenden Bad oder einer Massage? Wie viele Menschen sind jetzt still und friedvoll in eine Meditation versunken? In wie vielen Gesprächen wird gerade jemandem Mut gemacht? Wie viele Menschen finden in diesem Moment Trost in einem Gebet? ...

Sehen Sie, wie schön Ihre Stadt ist, wie viel Herz darin wohnt, wie viel Heilsames darin geschieht?

Stellen Sie sich vor, dass all diese Menschen, die gerade glücklich sind, berührt, dankbar, liebevoll, meditativ, dass sie alle wie Lichter sind, die die Dunkelheit erhellen. Mit jedem, der sein Herz öffnet, geht ein weiteres Lichtlein an – und es werden immer mehr. Die Stadt beginnt zu strahlen und zu leuchten.

Spüren Sie, wie auch Sie zu einem solchen Licht werden, das die Welt ein wenig heller macht. Jedes dieser Lichter ist wertvoll für das Ganze, und selbst wenn sie nichts voneinander wissen, lassen sie nach und nach die ganze Stadt erstrahlen.

Wir wünschen Ihnen mit diesem Buch wundervolle Stunden der Inspiration, Freude am Umsetzen der praktischen Anregungen und vor allem, dass Sie immer wieder zu sich finden, egal, wie schnell die Welt sich zu drehen scheint.

Vera Griebert-Schröder
und Franziska Muri

Vom traditionellen zum Großstadtschamanismus

Es gibt lebenserhaltende, heilsame, kraftvolle Qualitäten, die den Menschen seit jeher zugänglich waren. In vielen Facetten wurde das Wissen darum über die Jahrtausende von Einzelnen und kleinen oder größeren Gruppen gelebt, geachtet, verfeinert und an die Nachfolgenden weitergegeben. Dies geschah zum Wohle der Gemeinschaft und stets mit einem Blick auf das Schicksal des großen Ganzen.

Diese Qualitäten ziehen uns bis heute magisch an. Sie bringen etwas in uns zum Leuchten, wenn wir sie nicht nur rational zur Kenntnis nehmen, sondern wirklich erspüren: innerer Frieden, Ausgeglichenheit, Verbundenheit mit den Menschen in unserem Umfeld, mit den Tieren und Pflanzen, mit der Natur, mit der gesamten Schöpfung. Dazu ein tiefes Wissen darüber, dass dieses Leben genau so stimmig ist, wie es ist. Wir spüren aus alldem eine gesunde Tatkraft und eine dankbare, sprudelnde Freude erwachsen, mit denen wir unseren Alltag im Einklang mit allem Leben um uns herum meistern.

Das Leben kann tatsächlich erfüllt von diesen Qualitäten sein, bis heute. Sie sind alle auch in unserer Welt vorhanden. Zeitlos bestehen sie, um von uns erfahren und stetig neu belebt zu werden. Der Bewusstseinszustand, aus dem heraus sie erlebt werden können, ist jederzeit erreichbar. Von jedem von uns. In ihm zu leben macht uns nicht zuletzt die Gleich-Gültigkeit aller Dinge und Wesen bewusst. Dann ist es gleich, welcher Religion, politischen Ausrichtung, Hautfarbe oder Bildungsschicht wir angehören. Wir sind Mensch unter Menschen, Wesen in einem großen Ganzen voller belebter Stille, voller Wunder und Staunen.

Vom Rand in die Mitte

Seit Jahrtausenden gibt es Methoden, die den Menschen helfen sollen, einen erweiterten, ganzheitlichen Bewusstseinszustand zu erlangen und sich so weiterzuentwickeln, dass sie ihn stabil in ihr Leben integrieren können. Es gibt Lehren, die unsere gewohnten Wahrnehmungsformen öffnen, damit wir andere Perspektiven einnehmen können und die eben erwähnten Qualitäten tatsächlich lebbar werden. Fast immer fanden solche Bestrebungen vor allem am Rande der jeweiligen Gesellschaft statt: Mystiker des Christentums, Sufis, Mönche und Nonnen des Buddhismus in ihren Klöstern und nicht zuletzt Schamanen lebten und lehrten stets etwas abseits des üblichen Alltagslebens. Häufig wurden sie von der Gesellschaft beargwöhnt oder verfolgt, oft missverstanden oder ignoriert, vielleicht auch bewundert und angehimmelt. Selten aber waren sie mittendrin.

Doch sie waren wichtig. Gerade traditionelle Schamanen nahmen weltweit die Aufgabe wahr, ein stets neues Netz für die Realität zu weben. Sie brachten ihre Fähigkeit, die Dinge aus dem Geistigen heraus zu wandeln und zu verändern, in die Gemeinschaften ein. Sie konnten und können auf eine spezielle hellsichtige Weise Ebenen und Dimensionen wahrnehmen, die anderen verborgen bleiben, und überall dort heilsam eingreifen, um auch auf der alltäglichen Ebene etwas zu bewirken. Dafür wurden und werden sie geachtet und wegen ihrer Macht zugleich auch oft gefürchtet.

Heute scheint ihr Einfluss auf der Erde sehr viel schwächer geworden zu sein. Dafür aber geschieht etwas anderes, nie Dagewesenes: Millionen von Menschen sind heute in der Lage, sich Wissen und Weisheit Hunderter Kulturen und Dutzender Epochen anzueignen. Weltweit kann fast jeder Weisheitsbücher aus allen anderen Teilen der Welt lesen, entsprechende Dokumentationen sehen oder in ferne Länder reisen, um sich vor Ort mit spirituellen Traditionen vertraut zu machen. Eine immer größere Zahl an Menschen kann auf unzählige heilsame Erfahrungen anderer Menschen zurückgreifen und auf dieser Basis versuchen, für sich selbst zur Essenz dessen vorzudringen, was Heilung und Spiritualität wirklich ausmacht.

Die heilsamen Qualitäten des Seins, das Sein selbst und das Bewusstsein, mit dem es erfasst werden kann – sie sind unverändert vorhanden. Sie waren es immer, und sie bleiben es. Haben sich früher nur wenige um diese Ebenen bemüht, sind es heute Unzählige. Es scheint auch enorm wichtig zu sein, dass es immer mehr Menschen tun. Denn die Welt dreht sich immer schneller, und wir sind gezwungen, mithilfe höherer Werte und Weisheiten in uns selbst einen Ruhepol zu finden und aus diesem heraus das Tempo unseres Lebens wieder zu drosseln, wenn wir nicht »durchdrehen« und die Menschheit vernichten wollen.

Wir können das Althergebrachte in seiner großen, positiven Kraft nutzen und zu etwas Neuem werden lassen, denn unsere Zeit ist vollkommen anders als die unserer Vorfahren. Die grundlegenden Gesetze des Lebens gelten nach wie vor, auch wenn der Großteil der Menschen sie vergessen zu haben scheint und Idealen und Führern folgt, die meist auch nur sehr wenig damit verbunden sind. Um auf der Basis der alten Traditionen etwas Neues, Kraftvolles, Heilsames und Transformierendes in die Welt zu bringen, in die eigene ebenso wie in die große ganze, braucht es ein verändertes Bewusstsein. Dies ist keine neue Erfindung, auf die wir warten müssten, es muss nicht hergestellt oder erst noch erfunden werden – es ist bereits da. Und wir alle haben einen Zugriff darauf.

Wir möchten Sie mit diesem Buch zu einer schrittweisen Öffnung für das »alte Neue« führen und Ihnen zu all dem, was Sie längst bewusst oder unterschwellig in sich tragen, eine erweiterte Weltsicht anbieten. Eine Weltsicht, die in der Essenz eine schamanische ist und zu der das Verständnis der All-Beseeltheit und der All-Verbundenheit gehört. In der jeder jedem mit Achtung und Respekt begegnet. Mit einem weiten Geist, einem offenen Herzen können wir lauschen, erkennen, verstehen – und: verändern. Alles ist in uns angelegt.

Sogar einen inneren Richtungsweiser haben wir: unsere tiefste Sehnsucht. Unsere Sehnsucht nach Heilung für Körper und Geist, nach einem Ausgleich von Ruhe und Aktion, nach Ganzheit und Inspiration, nach innerem Frieden, der auch äußere Stürme überdauert, nach echter Begegnung mit anderen und mit Mutter Erde. Dieser Sehnsucht können wir vertrauen, sie kann uns führen.

Das große Sehnen

Es ist die »grüne Kraft«, die ein Küken wissen lässt, dass der Zeitpunkt gekommen ist, von innen die Eierschale aufzupicken und das Leben draußen zu beginnen. Es ist die grüne Kraft, durch die der Samen zu keimen anfängt und der Schmetterling aus dem Kokon schlüpft. Sie ist es auch, durch die Mutter und noch ungeborenes Kind »wissen«, dass es Zeit für die Wehen ist. Genau jene grüne Kraft ist es auch, die uns sagt, was uns guttut.

Eine solche innere Zugkraft wirkt dabei nicht nur in Bezug auf unsere körperlichen, irdischen Belange, sondern auch auf geistiger und spiritueller Ebene. Da ist eine Kraft, die weiß, wie sich ein gelungenes, gesundes, erfülltes Leben zeigt – und die genau spürt, wenn wir als Einzelne, als Familie oder als Gesellschaft davon abweichen. Es ist die Kraft unseres Herzens, die Weisheit unserer Seele, die innere Stimme oder wie auch immer man sie bezeichnen mag.

Die Sehnsucht nach Natur

Vor allem als Sehnsucht nach der Natur zeigt sich der Ruf dieser Lebenskraft heute bei sehr vielen Menschen. Fast jeder spürt sie dann und wann, fast jeder lebt im Grünen auf und kann sich dort am besten regenerieren – weil die Natur in ihm das wieder wachruft und belebt, was auch in ihm das Natürliche, das Lebensspendende und -erhaltende ist. Die Natur »da draußen« erinnert uns an unsere eigene innere Natur. Es geht etwas in Resonanz – und je weniger natürlich unser Alltagsleben ist, umso stärker wird die Sehnsucht nach dem, was da in uns schlummert und leben will.

Diese Sehnsucht nach Natur zeigt aus unserer Erfahrung immer auch die Sehnsucht nach der eigenen Mitte an, nach Harmonie und Ausgeglichenheit, danach, angekommen und zu Hause zu sein. Wenn auch Sie diese große Sehnsucht kennen, können Sie in diesem Buch eine

Vielzahl an Möglichkeiten kennenlernen, die Verbundenheit mit dem Natürlichen neu zu erleben – und zwar auf eine ganzheitliche, alle Sinne umfassende Weise. Denn wie alles Leben basiert auch der Großstadtschamanismus auf der Natur. Um ihn zu erleben, müssen Sie nicht etwa mit einer Feder im Haar durch die Stadt tanzen. Wer großstadtschamanisch wirken will, der verändert vor allem sein Bewusstsein, öffnet sein Herz, weitet seinen Blick, nimmt nichts für selbstverständlich und entdeckt so alles neu und in seiner ursprünglichen, natürlichen Kraft und seiner einzigartigen Besonderheit.

Das Go der Wissenschaft

Noch immer haben viele Menschen Sorge, das Feld des rein Rationalen und Erklärbaren zu verlassen und sich dem zu öffnen, was Herz und Seele flüstern. Fakt aber ist: Es gab deutlich mehr Phasen in der Menschheitsgeschichte, in denen man die Welt ganzheitlich betrachtete, das Wirken von höheren Kräften einbezog und die Beseeltheit alles Seienden anerkannte. Man suchte Kontakt mit allem, was da lebte, lauschte den Dingen und der Natur, suchte Rat und bot Fürsorge an. Was wir heute als Gesellschaft, die auf Rationalität und Wachstum an Gütern und Fakten beruht, tun, ist die Ausnahme – und sie fühlt sich für viele nicht mehr stimmig an.

Selbst die Wissenschaft weiß das mittlerweile und fordert ein Umdenken. Bezogen auf die Forschung beschreibt Prof. Hans-Peter Dürr, Physiker und Träger des Alternativen Nobelpreises, das Dilemma, dass wir heute merken, mit unserem Denken in eine Sackgasse geraten zu sein: Wir wollen nicht umkehren, können aber auch nicht weiter nach vorn gehen. Seine Antwort: Wir müssen über den

Zaun springen.[1] Wir müssen die alten Wege des Denkens und Handelns verlassen und den Mut aufbringen, ganz neu anzufangen. Als einer der bedeutendsten Querdenker unserer Zeit hatte Dürr bei dieser Aussage nicht nur die Wissenschaft, sondern unser Denken und Sein allgemein im Sinn, das sich trauen sollte, Ungewöhnliches zu wagen und die allzu engen Grenzen des Üblichen zu sprengen.

Heute öffnet man sich nicht nur in therapeutischen und spirituellen Kreisen, sondern auch in der fortschrittlichen Wissenschaft zunehmend für die Ebenen außerhalb des rein rationalen Denkens, mit dem unsere Welt und wir selbst einfach nicht zu fassen sind. Das Leben ist zu komplex, um es rein rational zu begreifen. Wenn wir aber intuitiv herangehen, mehr Ebenen des Wahrnehmens und Begreifens mit einbeziehen, dann nutzen wir Werkzeuge, die ebenso komplex sind wie die Wirklichkeit. Damit können wir uns ihr tatsächlich nähern. Ob unser Verstand das glaubt oder nicht. Nicht alle Ebenen sind ihm zugänglich. Deswegen brauchen wir die Erfahrung, dass sie wirken. Wir müssen es selbst erleben, um es »glauben« und fortan bewusst mit einbeziehen zu können. Der Physik-Nobelpreisträger Prof. Gerd Binnig spricht sogar davon, dass wir eine »Intuition der Gesellschaft« brauchen, um unsere aktuell anstehenden Probleme zu lösen.[2] Und vielleicht wird es der Mehrzahl der Menschen irgendwann nicht mehr seltsam vorkommen, dass jemand auf sein Innerstes lauscht, mit einem Baum spricht oder zur Orientierung im Leben orakelt, sondern wir werden kopfschüttelnd staunen, wie wir so lange auskommen konnten, ohne diese Dinge zu tun.

Resilienz als Antwort auf die Burnout-Gesellschaft

Zu den aktuellen Problemen gehört es unumstritten auch, dass immer mehr ihrer Mitglieder mit dem extremen Tempo der Leistungsgesellschaft nicht mehr mithalten, dass sie ausbrennen und auf der Strecke bleiben. Erschreckend vielen Menschen kommt der Sinn des Lebens, der Sinn ihres Daseins, der Sinn des Ganzen abhanden. Und dann ist auch kein Glück, ja nicht einmal mehr Zufriedenheit möglich. Das mag sich nach einigen Einzelschicksalen anhören, hat aber längst gesellschaftliche, soziale und wirtschaftliche Konsequenzen ungeheuren Ausmaßes erreicht. Es muss etwas geschehen, was diesen Trend stoppt und umkehrt.

Das Stichwort Resilienz birgt für viele Menschen die Antwort auf diese drängenden Schwierigkeiten. Der Begriff beschreibt die Widerstandsfähigkeit des Einzelnen, seine gesundheitliche und psychosoziale Kraft, mit den Herausforderungen des Lebens erfolgreich umzugehen. Sie in den Menschen zu stärken muss daher eine wesentliche Rolle in der Zukunft spielen. Dabei darf es aber keinesfalls nur darum gehen, den Einzelnen wieder tauglich für die »verrückte« Welt zu machen.

Einen sehr interessanten Ansatz verfolgte hierbei ein Kongress der Akademie Heiligenfeld im Mai 2014 in Bad Kissingen mit dem Titel: »Burnout und Resilienz«. Im Einladungsschreiben klingt an, es sei ein Gebot der Stunde, dass neben Individuen auch größere Einheiten wie Unternehmen Resilienz entwickeln. Diese gesunde Widerstandsfähigkeit ist letztlich ein Erfordernis globalen Ausmaßes. Die ganze Menschheit muss neue Wege finden, um wieder zu gesunden und sinnerfüllt weiterzuexistieren.

Neue Wege

Neue Wege, wie sie heute notwendig sind, sind vor allem deshalb ganz anders als die herkömmlichen, weil sie mehrdimensional, global und ganzheitlich orientiert sein müssen. Ihre Initiatoren sind sprichwörtlich über den von Dürr genannten Zaun gesprungen. Auch dieses Buch ist jenseits des Zauns angesiedelt. Seine Angebote sind dabei weniger politisch oder technologisch orientiert, sondern setzen am Bewusstsein an. Dort, wo sich nach den Lehren der großen Meister aller Zeiten – von Buddha bis Jack Kornfield, von Jesus bis Willigis Jäger, von Laotse bis Eckhart Tolle – die wahren Veränderungen vollziehen, der wirkliche tief greifende Wandel.

Leben ist Bewegung, ein unendlich währender Prozess der Wandlung und Transformation, der unendlich viele, aber niemals stabile Zustände kennt. So müssen wir nicht immer Ja oder Nein, A oder B sagen, auch wenn uns das Verstandesdenken genau dazu dringlich rät. Es kennt nur das Polare und Binäre. Null oder eins, wie ein Computer. Die Welt aber ist nicht schwarz oder weiß, sie schillert in allen Farben des Regenbogens. Wenn es uns gelingt, diese Weite zuzulassen und in die unendliche Vielgestaltigkeit des Möglichen einzutauchen, wird unser Leben uns immer neu wahre Wunder bereithalten. Türen in zuvor noch nicht gedachte Räume werden sich auftun, wir erschließen unbekannte Welten, die uns reicher und erfüllter machen.

Nehmen wir die Sehnsucht unserer Seelen also ernst, die Sehnsucht nach Liebe, Harmonie und Frieden, nach ausgelassener Freude und einem Leben aus der eigenen Mitte heraus. Lassen wir uns von dieser im Rhythmus unserer Herzen pochenden Sehnsucht in die Tiefe führen, wo uns unsere Intuition Geheimnisse preisgibt und uns völlig neue Wege zeigt. Öffnen wir uns für Überraschungen. Legen wir unsere Ideen einmal beiseite und schauen wir, ob nicht etwas ganz anderes, noch viel Stimmigeres auf uns wartet. Und lassen wir uns auf diesem Weg unterstützen. Das Erbe unserer Ahnen, die sich in allen Teilen der Welt seit Jahrtausenden der Heilung und dem inneren Wachstum widmeten, steht uns heute zur Verfügung. Nicht alles ist mehr rekonstruierbar, doch die Essenz an Heilkräftigem hat weitergelebt und kann uns heute helfen. Aus ihr schöpft auch der Großstadtschamanismus, einer von zahlreichen heutigen Wegen zur Mitte, in der Sie und wir alle heil sind.

Das zeitlose Erbe der Schamanen

Der Begriff des Schamanen hat sich in den letzten Jahrzehnten stark gewandelt und ausgeweitet. Die einen denken an kraftvolle Heiler aus indianischen Kulturen, an wilde Maskierungen und aufwendig inszenierte Rituale, an Magie und Zauber, an eine Welt, die der unseren gänzlich fremd ist, faszinierend und aufwühlend. Für die anderen wohnt »der Schamane« gleich nebenan – in Gestalt eines Heilpraktikers, der auch schamanische Methoden in seine Arbeit einfließen lässt. Es gibt Dokumentationen über Schamanen im Regenwald oder in Sibirien neben Angeboten für Wochenendkurse zum schamanischen Arbeiten in der Großstadt wie auf dem Land.

Bei all der Vielfalt gibt es grundlegend Verbindendes, was das Schamanische ausmacht. Dieses Verbindende – wesentliche Anschauungen, Funktionen und Methoden – ist allen Schamanen und schamanisch Praktizierenden gemein, ob im traditionellen Schamanismus, im moderneren, therapeutisch orientierten nach Michael Harner oder im heutigen Großstadtschamanismus, wie wir ihn hier vorstellen.

Schamanen, so könnten wir allgemein sagen, sind Menschen, die bewusst innere und äußere Kräfte nutzen. Sie arbeiten mit Energien, teilweise auch mit Medizin aus der Natur, von Pflanzen und Tieren. Sie wissen, dass alles in der Welt beseelt und miteinander verwoben ist. Das unendlich komplexe Netz des Lebens schließt alles ein, was da ist, jeden Menschen, jeden Baum, jedes Tier, jeden Grashalm, jedes Ding. Und es gehören andere Ebenen der Realität dazu – meist »nichtalltägliche Wirklichkeit« genannt. Sie werden von geistigen Wesen bewohnt, zu denen auch unsere Ahnen gehören. All diese Welten und alles in ihnen ist miteinander verbunden, und den Schamanen ist es möglich, innerhalb dieses großen Netzes mit allem zu kommunizieren – mit Pflanzen und Tieren, mit den Ahnen, mit Krafttieren, Naturkräften und vielen weiteren geistigen Wesen, die einen Einfluss auf das Menschen- und Erdenleben haben und die zu ihren Verbündeten werden können.

Die wesentliche Funktion eines Schamanen kann daher auch als »Mittler zwischen den Welten« bezeichnet werden. Er ist ein Brückenbauer auf verschiedenen Ebenen. Er verbindet den Menschen:

- mit seinem eigenen Inneren,
- mit seinen Mitmenschen,
- mit Tieren, Pflanzen, Steinen,
- mit der Natur und Mutter Erde,
- mit der geistigen Welt und damit auch mit den Ahnen, mit geistigen Lehrern und Helfern wie den Krafttieren und der geistigen Ebene in allem, was lebt.

Ein Schamane träumt neue Realitäten und bereitet ihre Manifestation auf diese Weise tatsächlich vor. Er reist in einem veränderten Bewusstseinszustand in andere Welten und Realitäten. Er trifft sich dort mit seinen geistigen Verbündeten, berät sich mit ihnen und empfängt ihre Botschaften. Er transformiert bestehende Energien gemäß seiner Absicht und wandelt Dinge auf der geistigen Ebene in Positives, Heilsames um, bis sich dieser Wandel dann auch in der Alltagsrealität seiner Klienten oder der Gemeinschaft zeigt. Seine grundlegenden Methoden sind das Träumen, das innere Sehen, das schamanische Reisen, die Visionssuche. Dazu kommen heilerische Anwendungen wie das Zurückholen verlorener Seelenanteile oder die Extraktion von Energien, die einen Menschen befallen haben.

Einen schamanischen Weg beschreiten seit jeher die unterschiedlichsten Menschen, die ihre ureigenen Potenziale ins Leben einbringen. Schamanen, das sind Heiler und Propheten, Künstler und Forscher, Geschichtenerzähler, Schauspieler und Musiker, Priester und Lehrer, Träumer und Visionäre, Wahrsager und Weise, Kräuterkundige und Tierflüsterer, Sternendeuter und Therapeuten. Sie alle wandeln vermittelnd zwischen den Welten, versetzen sich in andere hinein, nutzen die Gabe der Innenschau und des Träumens und wirken auf einer tieferen als der rein alltäglichen Ebene formend auf die Welt. Sie alle weben an einer veränderten Realität, wirken für Heilung und Bewusstwerdung.

Der Großstadtschamanismus ist eine ganz neue Weise, bewusster schöpferischer Teil dieses großen Webens und Formens, Gestaltens und Heilens zu sein. Ohne im direkten Sinne ein Schamane sein zu müssen, können auch Sie die schamanischen Kräfte nutzen – für ein Leben in Ihrer Mitte, kraftvoll, erfüllt und freudig. So erinnern uns die Schamanen daran, wer wir sind, und zeigen uns, was auch wir können. Das Schamanische stellt nicht nur die Verbindung zu unserer Schöpferkraft wieder her, sondern befähigt uns auch, die Welt, die Gemeinschaft, unser eigenes Sein wirksam mitzugestalten. Es hilft uns, unseren Geist zu öffnen und unseren Alltag, unsere Welt mit veränderten Augen zu sehen. Wir erhalten ein spirituelles Grundverständnis für die Ganzheit des Seins, das eine neue, stabile Basis für unser Leben werden kann.

Im Großstadtschamanismus nutzen wir also ein uraltes, kraftvolles Erbe auf zeitgemäße Weise. Er trägt das grundlegend Schamanische weiter und verankert es praktisch und nachvollziehbar in der Gegenwart. Naturgemäß unterscheidet er sich von den bisherigen Traditionen des Schamanischen, denn er ist neu wie die Zeit, in der wir leben.

Die schamanische Tradition und der Core-Schamanismus

Der Schamanismus hat eine jahrtausendealte Tradition. Er gilt als die älteste Form des Heilens, die die Menschheit hervorgebracht hat. In allen Kulturkreisen gab und gibt es ihn. Er hat das Denken und Empfinden der Menschen von jeher stark beeinflusst und geprägt. Bei aller Aktualität, die wir dem Schamanischen auch heute beimessen, sollten wir die Unterschiede eines modernen schamanischen Praktizierens und der schamanischen Tradition, wie es sie immer gab und teilweise bis heute gibt, nicht vernachlässigen.

Die Menschen in traditionell schamanisch ausgerichteten Kulturen lebten und leben in einem unmittelbaren, engen Kontakt mit der Natur, in der sie alles, was ihnen begegnete, als belebt und beseelt wahrnahmen. Sie achteten die Erde als Mutter aller natürlichen Dinge, den Himmel als großen Vater und sich selbst als zum Land gehörig, auf dem sie lebten. In dieser engen Verbundenheit kommunizierten sie tagtäglich mit den Tieren, Pflanzen und Steinen, achteten die geistige Welt und baten sie um Rat und Unterstützung in allen Belangen des Lebens. Sie wussten, dass sie selbst und alle Geschöpfe von Mutter Erde genährt werden und nur alle gemeinsam überleben können.

War dies Teil der grundlegenden Lebensauffassung aller, so waren die Schamanen noch einmal stärker mit den Grundgesetzen des Lebens vertraut und befasst. Sie waren die Heiler der Gemeinschaft, was nicht nur einschließt, dass man sie im Krankheitsfalle aufsuchte. Sie sorgten auch für Harmonie in der Gemeinschaft und suchten bei allen heraufdämmernden Schwierigkeiten Rat und Hilfe in der geistigen Welt und in unterschiedlichen Methoden der Zeichendeutung und Divination. Als Mittler zwischen den Welten machten sie das ausfindig, was in irgendeiner Ebene die Harmonie störte, und räumten es mit ihren vielfältigen Mitteln aus dem Weg oder lösten es auf. So waren sie eng mit der Gemeinschaft verwoben, übten eine lebenswichtige Funktion für sie aus, lebten jedoch zugleich aufgrund ihrer sehr besonderen Fähigkeiten meist an deren Rand. Gerade in kleineren Gesellschaften aber war der Schamanismus kein Beruf zum Broterwerb, die meisten Schamanen arbeiteten für ihren Unterhalt als Bauern oder übten andere »normale« Tätigkeiten aus.

Wie wird man Schamane?

Schamane wird man seit uralten Zeiten, weil man dazu berufen ist. Es ist nicht so, dass sich die Menschen in traditionellen Gesellschaften darum drängten, Schamane zu sein. Es war immer ein ungewöhnlicher, oft schwieriger und fordernder Weg. Doch wenn es die Bestimmung eines Menschen war, zeigte sich dies unmissverständlich. Vielleicht war er als Kind häufig schwer krank oder erlebte als Jugendlicher eine bedrohliche Verletzung. Überwand er dies auf überraschende Weise, war das bereits ein Zeichen seiner außergewöhnlichen Bestimmung zum Heiler. Oder jemand fühlte sich zum Schamanen des Ortes oder zum Schamanismus an sich stark hingezogen und wurde schließlich als Schüler erwählt. Auch in einer mehrtägigen Visionssuche allein draußen in der Wildnis konnte einen Menschen die Botschaft erreichen, dass er zum Schamanen geboren ist. Es gab daneben oft auch verwandtschaftliche Vererbungslinien.

In jedem Fall erfolgte – und erfolgt bis heute – eine aufwendige, ritualisierte Initiation. Sie ist mit intensiven Reinigungen, Meditationen, Fastenzeiten und Prüfungen verbunden, die den Menschen bis über die Schwelle ins Totenreich führen. Kehrt er wohlbehalten zurück, ist er zum Heiler geworden. Nun kann er weiterlernen, praktizieren, heilen, Erfahrungen sammeln und für das Wohl der Gemeinschaft wirken. Eines Tages wird auch er jungen Schülern seine Geheimnisse weitergeben, damit die Tradition fortlebt. Die Initiation bestimmt sein ganzes weiteres Leben, das nun seinen hauptsächlichen Fokus auf der geistigen Welt und ihrer Verbindung zur alltäglichen hat. Die Berufung wird gelebt.

Eine gewisse Form der Berufung gibt es aber nicht nur in den traditionellen Gesellschaften, sondern auch in der Moderne, hier bei uns. Manche Menschen fühlen sich vom Schamanischen stark angezogen, oft noch, bevor sie wissen, dass es den Schamanismus gibt oder was das ist. Denn natürlich ist es auch heute möglich, alles als beseelt anzusehen und die Allverbundenheit der Dinge wertzuschätzen, das Innenleben ebenso zu achten wie die äußere Welt und bereits als Kind Verbündete in der geistigen Welt zu haben. Sehr vielen, vielleicht sogar den meisten Menschen ist eine solche Weltsicht von Geburt an eigen. Es ist aber sehr schwierig, sie auch zu leben und bis ins Erwachsenenalter hinein zu pflegen, einfach deshalb, weil sie bei uns nicht mehr kollektiv verankert ist. Es gehört nicht zu unseren allgemeinen Anschauungen, zum Lehrstoff in Elternhaus und Schule oder zur Grundausrichtung der Medien, dass man mit Bäumen sprechen, den Herzschlag von Mutter Erde hören oder sich auf innere Reisen in andere Welten begeben kann, die dann auch heilsame Auswirkungen auf die Alltagswirklichkeit haben. Dennoch gibt es genug Menschen, die diese Art von Berufung, von Anziehung auch als Erwachsene spüren. Viele schnuppern dann bewusst ein wenig an den schamanischen Methoden – und das ist wunderbar und bereichernd, lassen sich doch heute viele Wege miteinander verweben.

Andere erleben tatsächlich auch eine Initiation, indem sie eine Krise, eine schwere Krankheit, eine schmerzhafte Trennung oder auch beinahe unerträgliches Alleinsein erfahren – und es erwacht das uralte Potenzial der schamanischen Heil- und Schöpferkraft in ihnen neu. Das Überwinden einer solchen Krise oder gar eine Nahtoderfahrung wirkt wie ein Initiationsritual. Mögen diese Menschen auch nicht mit einem schamanischen oder allgemein spirituellen Weltbild aufgewachsen sein, sie wissen jetzt, dass ihre Seele sie aufgerufen hat, ihr mehr Raum im Leben zu geben und sich größere Dimensionen zu erschließen, als sie in einer überwiegend rational ausgerichteten Gesellschaft thematisiert werden. Und nicht wenige folgen diesem Ruf ihrer Seele dann mit einer ähnlich konsequenten und ernsthaften Hingabe wie die traditionellen Schamanen.

Modernisierung und Individualisierung

Die traditionellen Schamanen kennen viele Techniken und Rituale, die für den modernen Lebenskontext nicht mehr so uneingeschränkt passen. Lange Fastenzeiten vor aufwendigen Ritualen, zahlreiche Utensilien für Zeremonien und Heilarbeit, genaue Kenntnisse von Pflanzen oder auch Sternkonstellationen. Das ist für uns heute in unserem eng getakteten und komplizierten Alltag meist zu komplex. Im Kern aber ist der Schamanismus absolut zeitlos. Der amerikanische Anthropologe Michael Harner war einer der Ersten, die das erkannten. Er entwickelte den sogenannten Core-Schamanismus, der den »Kern«, das »Herz« des Schamanischen enthält, in jedem Wohnzimmer praktiziert werden kann und nicht selten das ganze Leben verändert. Gerade bei Menschen, die in sich die beschriebene Berufung spüren.

Dieser Core-Schamanismus wird seit einigen Jahrzehnten in Amerika und Europa von zahlreichen Lehrern gelehrt, die in einigen Foundations ausgebildet wurden und diese Art der spirituellen Heilarbeit verbreiten und in der therapeutischen Arbeit mit Klienten und Gruppen anwenden. Diese moderne Form des Schamanismus baut auf dem traditionellen Weltbild des Schamanischen auf. So bringt es die Anschauung der Allbeseeltheit und Allverbundenheit in die Herzen moderner Menschen und macht sie mit der geistigen Welt und den dort mit vielen Geschenken regelrecht wartenden Krafttieren und anderen Gefährten bekannt. Die zentrale Technik ist das schamanische Reisen, bei dem man sich in einem veränderten Bewusstseinszustand in die nichtalltägliche Wirklichkeit begibt und dort in Verbindung mit den geistigen Helfern auf die Realität einwirkt. So kann neue Klarheit in verfahrenen Situationen entstehen, es können Krankheiten geheilt werden, Konflikte beigelegt oder Visionen empfangen werden, es können Potenziale bewusst gemacht und freigelegt werden, oder es öffnet sich das Herz neu für das eigene Leben und diese Erde. Das Wunderbare und Neue war, dass jeder diese schamanischen Reisen unternehmen und von ihren vielfältigen Wirkungen profitieren kann. Selbst stark rational geprägte Menschen können seither ohne jedes Brimborium aus der überwiegenden Eindimensionalität ihres Alltagslebens in eine facettenreiche Mehrdimensionalität einer Welt wechseln, in der alles miteinander verbunden ist und alles mit einer beseelten Stimme zu ihnen spricht.

Und jetzt: Großstadtschamanismus

»Frage nicht, was die Welt braucht. Frage vielmehr, was dich lebendig macht. Dann geh hinaus und tu es, denn die Welt braucht Menschen, die lebendig sind.« Dieses Zitat von Carlos Castaneda könnte das Motto des Großstadtschamanismus sein. Mit ihm gehen wir heute – gut dreißig Jahre nach dem ersten Erscheinen von Michael Harners Grundlagenwerk *Der Weg des Schamanen* – einen guten Schritt über den Core-Schamanismus hinaus. Was wir mit dem Begriff »Großstadtschamanismus« bezeichnen, ist dabei etwas, was von vielen Menschen bereits gelebt wird. Wir wollen ihm einen Namen geben, einiges über das Phänomen erzählen und zahlreiche praktische Anregungen geben – und damit noch viel mehr Menschen inspirieren, im Großstadtschamanismus ihre Heimat zu finden, von der aus sie ein Leben in spiritueller Verbundenheit und innerer Erfüllung genießen können.

Vielleicht kennen Sie das Buch *Der Stadt-Schamane* von Serge Kahili King, das hier nicht unerwähnt bleiben soll. Der Autor, ein hawaiianischer Schamane und Huna-Lehrer, vermittelt darin das Weltbild des Huna und zeigt, dass es sich auch auf das moderne Leben in der Stadt anwenden lässt. Anders als King verbleiben wir, die wir nicht wie er in einer schamanischen Tradition aufgewachsen sind, hier nicht in einer einzelnen Tradition, sondern versuchen, die Essenz des Schamanischen an sich in unsere moderne Alltagswelt zu übertragen, damit wir sie dort lebenspraktisch anwenden können. Wie es in einer Großstadt von den vielfältigsten Strömungen und Einflüssen nur so wimmelt, so ist auch der Großstadtschamanismus beeinflusst von anderen Traditionen und modernen spirituellen Wegen. Jeder kann sich dem Großstadtschamanismus nähern, ohne ein Schamane sein zu müssen. Jeder kann ihn praktizieren und von ihm profitieren, ohne sich als Schamane empfinden oder benennen zu müssen.

Das Wissen um andere Realitätsebenen, die heilsame Erfahrung reinen Bewusstseins, Kenntnisse im zielgerichteten Umgang mit Energien und Lebenskräften: All das ist da. Es wurde von den Schamanen und vielen anderen Weisen, Mystikern oder Heilern stets gelebt, bewahrt und weiter verfeinert. Heute sind wir darin allerdings kaum geschult. Aber auch in unserer Zeit nehmen sehr viele Menschen mehr als das bloße Alltägliche wahr. Manche sind sich dieser Wahrnehmungen nicht bewusst, tun sie als Spinnerei ab oder finden sich selbst irgendwie schräg. Aber das sind sie nicht. Viele Menschen haben eine verfeinerte Wahrnehmung, und diese anzuerkennen, zu nutzen und weiterzuentwickeln bereichert ihr Leben. In meiner Praxis höre ich (Vera) oft, dass sich Menschen, die sich dieser erweiterten Wahrnehmungen bewusst sind, fremd und allein damit fühlen. Ich ermutige sie dann gern, ab und an einen entsprechenden Nebensatz in ein Gespräch einfließen zu lassen. Sie könnten zum Beispiel eine tiefere Empfindung schildern oder von ihrer Verbundenheit mit einem bestimmten Baum im Park sprechen. Wenn die Klienten diesem Rat folgen, stellen sie oft erstaunt fest, dass ihr Gegenüber genau weiß, was gemeint ist, und selbst solche Erfahrungen kennt. Durch Sätze wie »Kinder haben ja so ihre eigenen, besonderen Welten, aber manchmal fühle ich mich genauso ...« wandeln sich Gespräche häufig und lassen plötzlich eine Mehrdimensionalität zu. Es gibt so viele Menschen, die für diese zweite Wahrnehmungsebene offen sind!

Man kann zuweilen beobachten, dass viele Frauen sofort anfangen, sich etwas verstohlen als »Hexe« zu bezeichnen, wenn es um etwas geht, was außerhalb des Schulmedizinischen oder der »üblichen« Deutungsweisen liegt. Ja, auch die weisen Frauen früherer Jahrhunderte hatten ein dem Schamanischen verwandtes Wissen. Und heute kann genau das unser Leben bereichern. Es ist für so viele Generationen von Menschen weltweit etwas Alltägliches gewesen und kann dies auch für uns auf neue Art wieder werden. Wir kommen von der Eindimensionalität des Alltäglichen zur Mehrdimensionalität eines Weltbildes, dem Begriffe wie »Seele«, »geistige Welt«, »Achtsamkeit«, »Innenwelt« oder »ganzheitliche Heilung« eigen sind. Das bringt uns eine ungeahnte Vielfalt und Feinheit im Wahrnehmbaren, größere Einflussmöglichkeiten in den unterschiedlichsten Situationen und mehr Gestaltungskraft im Leben allgemein.

Fruchtbares Nebeneinander der Welten

Verbinden wir unsere modernen Errungenschaften mit dem Spirituellen, macht das unser Leben sehr viel leichter und erfüllter. Beide Ebenen können wunderbar nebeneinanderwirken. Gerade Metropolen – als die sprichwörtlichen Schmelztiegel – bieten ja das ideale Spiegelbild unserer Zeit. In ihnen ist alles vorhanden: natürlich bis bizarr, liebevoll bis aggressiv, verborgen bis schrill. Eine große Dichte an Menschen, Häusern, Fahrzeugen, Gesprächsfetzen, Plakaten, Lichtern ... und damit eine hohe Dichte an Erfahrungspotenzial für jeden dort. Die Stadt hat Möglichkeiten, die das Land nicht bietet, an Begegnungen, an Austausch, an Reflexion des Eigenen an Fremdem. Alles geschieht in hoher Geschwindigkeit – in Hektik oder höchster Lebendigkeit, je nach Betrachtungsweise. Mittendrin Oasen der Achtsamkeit: buddhistische Zentren, Yogastudios, Schamanenseminare oder einfach ein alter Mann, der vom Fenster aus wilde Hasen im Hinterhof beobachtet, eine Mutter, die am Bett ihres Babys seinem Atem lauscht oder seinen Schutzengel bittet, über seinen Schlaf zu wachen. Alles ist vorhanden, nichts muss neu geschaffen werden. Wir müssen nur die Kraft entdecken, die bereits um und in uns ist.

Wie schön das selbstverständliche Nebeneinander der Welten sein kann, erlebte ich (Vera) einmal in Neuseeland, wo das alte Wissen noch stark lebendig ist. Ich war bei Rose zu Gast, einer Maori-Schamanin und Hüterin eines Maraes, eines Versammlungshauses der Gemeinschaft. Ihr erzählte ich eines Morgens beim Geräusch der Espressomaschine meinen nächtlichen Traum: Mir war eine Frau mit einem seltsamen Hut begegnet, die immer auf einen Baum gezeigt hatte. Meine Gastgeberin lachte und meinte: »Ja, ja, das war Aunty, die hatte immer so komische Hüte auf. Die lebt in dem Baum dort drüben.« Dann widmete sie sich weiter dem Frühstück, als sei es das Selbstverständlichste von der Welt, dass eine Verstorbene in einem Baum weiterlebt und nachts die Gäste des Anwesens im Traum besucht. Und recht hat sie. Es ist etwas Selbstverständliches. Nur haben wir vergessen, dass die Welt bunter und vielgestaltiger ist, als wir sie mit unseren physischen Augen sehen und mit unseren Gedanken fassen können.

Aber es ist möglich, dieses Wissen wiederzuerlangen und auch in unserer Zeit zu pflegen. In einigen nicht mal so fernen Ländern gibt es bis heute eine große Achtung vor den Naturgeistern. In Island beispielsweise baut man die Landstraßen um Elfenhaine herum, die als völlig real und normal angesehen werden. 60 Prozent der Bevölkerung dort glaubt an Elfen, fast 30 weitere meinen, es könne etwas dran sein. Nicht verwunderlich also, dass es im Bauamt der Hauptstadt eine Elfenbeauftragte gibt.[3] Die Menschen leben in Achtung vor der Natur und ihren Wesen – und sie wissen, dass der Aufwand bei Bauvorhaben umso größer werden könnte, wenn man es sich mit ihnen verscherzt. Auch im arabischen Raum hat sich dieser Respekt zu großen Teilen erhalten. Man weiß um die Dschinn, die beispielsweise in den Bergen leben, und lässt sie besser in Ruhe. Die Erde, so einfach könnte man es zusammenfassen, gehört eben nicht nur den Menschen.

In Neuseeland haben fremde Bauherren nach wie vor mit großen Problemen zu kämpfen, wenn sie an einem kraftvollen Platz beispielsweise ein Hotel oder eine Siedlung errichten wollen. Die Widerstände kommen dabei nicht nur aus der örtlichen Bevölkerung, sondern auch aus der Natur selbst – Stürme machen das Arbeiten unmöglich, die Küste bricht unter einer Baustelle weg und so weiter. Ähnlich auf Hawaii. Ich (Vera) werde nie vergessen, wie ich dort einmal auf einem Felsen am Meer saß, hinter mir eine mitten im Bau aufgegebene Hotelruine. Die Geister des Ortes waren sehr stark zu spüren, und mir war augenblicklich klar, dass sie ihren Platz verteidigt hatten, um hier weiter ungestört leben und als Hüter für die Natur dieser Gegend sorgen zu können. Die regionale Bevölkerung jedenfalls haben sie auf ihrer Seite. Sie weiß meist um das Schützenswerte ihrer Natur.

Sich das Nebeneinander der Welten bewusst zu machen schafft wieder dieses Grundgefühl der Gleichwertigkeit. Alle Ebenen, Facetten, Menschen, Tiere, Bäume, Anschauungen oder Lebensphasen sind gleichwertig. Dies zu einer Grundanschauung zu machen, mit der man das Leben betrachtet, bringt einen ungeheuren inneren Frieden mit sich. Es schafft ein Gleichgewicht mit sich und anderen und kann uns sogar helfen, die Ruhe mitten im Sturm zu bewahren.

Ein Weltbild des Wirkens von Energien

Wir Menschen sind heute sehr in Techniken gefangen. Wir glauben oft, dass wir nur eine noch bessere Methode kennenlernen müssten und sich dann all unsere Schwierigkeiten auflösen würden, Symptome würden verschwinden und Wünsche in Erfüllung gehen. Sicher wirken therapeutische und meditative Techniken, keine Frage, sie wirken oft wundervoll. Nicht umsonst werden wir hier in diesem Buch ebenfalls viele praktische Ideen vermitteln. Das Wesentliche aber ist die Ausrichtung, mit der diese Dinge praktiziert werden, der Bewusstseinszustand, die innere Offenheit für das Wirken »höherer«, geistiger Ebenen, die Öffnung für das Wunderbare, das tatsächlich geschieht.

Im Schamanischen gilt seit alters ein Großteil der Aufmerksamkeit der Energie, also der hinter dem alltäglich Sichtbaren verborgenen Wirkkraft. In allem, in Worten, in Gefühlen, in Handlungen, in Haltungen, in Materiellem wie Gebäuden oder Fahrzeugen – überall wirkt Energie. Sie wahrzunehmen, zu erspüren, zu beeinflussen, das macht einen Teil der schamanischen Fähigkeiten aus. Das Wissen darum, mit welcher Kraft welche Energie bewegt wird, ist eine Grundlage der schamanischen Kosmologie. Diese zu verinnerlichen und im Leben anzuwenden ist weit hilfreicher als der bloße Gebrauch von Techniken. Daher legen wir Ihnen ans Herz, auch in all den praktischen Übungen hier im Buch nachzuspüren, was die Worte, die Methoden, die einzelnen Schritte in Ihnen auslösen. Lauschen Sie darauf, welche Energien von außen zu Ihnen kommen und was sie mit Ihrer eigenen Energie machen. Entwickeln Sie ein Bewusstsein dafür, wie Sie selbst überhaupt mit Energie umgehen.

Wir möchten Sie also ermuntern, Ihre Aufmerksamkeit auf die allgegenwärtigen Energien zu richten, sie zu spüren und sie nutzen zu lernen. So können auch Sie beginnen, wie die Schamanen aller Traditionen bewusst Energie zu wandeln, zum Beispiel die Atmosphäre um Sie herum. Ihre Aufmerksamkeit für das Feine, das Nicht-Benennbare wird sich so verstärken, dass Sie eine große Klarheit für das Wirken all der energetischen Kräfte im Leben bekommen. Daraus kann sich letztlich sogar Ihre eigene, individuelle Kosmologie entwickeln, das Weltbild, das Ihnen im Leben hilft und Ihnen die Gewissheit eines Sinns hinter allem schenkt. In unserer schnelllebigen Zeit mit sich rasch wandelnden Werten und immer weiter wachsender Individualisierung ist es nur folgerichtig, sich selbst auch ein eigenes individuelles Weltbild zu gestalten.

Der Großstadtschamanismus, wie wir ihn hier vorstellen, ist ebenfalls eine solche Kosmologie. Und wir empfinden sie als lebendig, als sich immer weiter entwickelnd und wandelnd – so wie wir uns weiterbewegen, neue Erfahrungen integrieren und neue Erkenntnisse gewinnen. Durch die zunehmende Öffnung für die höheren Ebenen des Bewusstseins erschließt sich uns eine größere und erfüllendere Dimension dessen, was Leben ausmacht.

Sehr facettenreich

Den Großstadtschamanismus leben Individuen, die sich selbst erfahren und ausprobieren wollen. Und sie leben ihn entsprechend vielgestaltig. Unauffällig oder schillernd, still oder laut, traditionsnah oder posthistoire, mit großem Aufwand an Utensilien oder schlicht und pur. In der Weltmetropole, in der Kleinstadt, auf dem Land, auf Reisen, überall, wo sie sind.

Das Entdecken und Probieren, das Sammeln von Erfahrungen, das stets neue Erweitern der eigenen Grenzen, das macht diesen Weg spannend. Eine Freundin erzählte beispielsweise davon, dass sie nie vergessen wird, wie sie einmal mit ihrem Krafttier, einem Strauß, in der Münchner Innenstadt unterwegs war. Sie wollte Großstadt und schamanische Erfahrung verknüpfen – und verband sich so intensiv mit diesem Laufvogel, dass sie regelrecht »er« wurde. Dann aber erlebte sie die ganze Überforderung eines Steppenvogels mit dem Großstadtverkehr. Sie überquerte eine Straße und fühlte sich vollkommen hilflos zwischen den aus ihrer veränderten Wahrnehmung völlig chaotisch herumrasenden Autos. Zugleich aber gab es eine helfende Kraft, die dafür zu sorgen schien, dass nichts passierte. So ging alles gut. Für die Freundin war es eine einmalige Erfahrung, die ihr den Blick – so erzählte sie – dafür schärfte, wie sehr wir die Welt verändert haben und wie fremd dies für Mitgeschöpfe aus der Natur ist. Dieses Erlebnis hat ihr viel Achtsamkeit und Respekt vor andersartigen Wahrnehmungsformen geschenkt.

Die Vielfalt, mit der der Großstadtschamanismus gelebt werden kann, ist grenzenlos. Wer traditionelle Rituale oder Methoden weiterhin nutzen will, sollte das tun. Sie sind meist voller Kraft und durchlebter Wirksamkeit. Zugleich werden sie immer weiter gewandelt, oder es wird auf ihrer Basis etwas gänzlich Neues geschaffen. Der Core-Schamanismus beispielsweise extrahierte das schamanische Reisen aus den Traditionen und schneiderte daraus eine vielen Menschen zugängliche Möglichkeit, die nichtalltägliche Wirklichkeit zu besuchen. Die Welt wird in dieser Kosmologie in drei Ebenen unterteilt: Es gibt die untere Welt, in der man Krafttiere – also geistige Helfer in Tiergestalt – treffen kann, und die obere Welt, in der insbesondere geistige Lehrer in eher menschlicher Form um Rat gebeten werden können. Dazwischen liegt die mittlere Welt, unsere Erde mit all ihren Erscheinungsformen. Sehr viele reisen heute bewusst nach diesem Modell. Sie erleben die unterschiedlichen Energien in diesen Welten, was allerdings nur für sehr geübte schamanisch Praktizierende wirklich von Bedeutung ist.

Als ich (Vera) vor etwa dreißig Jahren meine schamanische Ausbildung absolvierte, übernahm ich wie so viele andere Lehrer auch diese Kosmologie und gab sie dann an meine Schüler weiter. Allerdings habe nicht nur ich zunehmend festgestellt, dass die Kursteilnehmer die geistigen Lehrer in der unteren und die Krafttiere auch in der oberen Welt antrafen. Die Welten vermischten sich. Unter Kollegen haben wir uns das damit erklärt, dass unsere Welt auch veränderlicher und transparenter geworden ist. Wir Menschen haben uns in den letzten Jahrzehnten wie nie zuvor vernetzt. Mit dem Mobiltelefon und dem Laptop haben wir heute von nahezu jedem beliebigen Ort der Welt aus Zugriff auf Informationen von beinah allen anderen Orten. Virtuell können wir uns überall auf der Welt aufhalten, und keiner kann so genau feststellen, wo wir sind. Die Trennung von Ländern, sogar von Kontinenten scheint sich allmählich aufzulösen. Bei den schamanischen Reisen hat sich das im übertragenen Sinne nun ebenfalls gezeigt. Jeder Helfer kann überall sein, und viel schneller noch als ein paar Jahre zuvor hat man Zugriff auf alle denkbaren Ebenen. Genauso wie wir also in unserer alltäglichen Realität schnell die Orte wechseln können und immer dichtere Netze weben, so können wir das auch in den schamanischen Welten.

In diesem Sinne öffnet sich das traditionelle Weltbild der Schamanen erneut. So empfiehlt der Großstadtschamanismus mit seiner Freude am Grenzensprengen und Weltenverbinden, ohne diese Unterteilung in drei Welten einfach in die »andere« Wirklichkeit aufzubrechen, die jenseits unserer alltäglichen liegt. (Details und Praxis dazu finden Sie in dem Kapitel »Die Grundlagen des Großstadtschamanen«.)

Ein Weg unter vielen möglichen

Jeder, der einen achtsamen Weg der Heilung gewählt hat, der eine tiefe Verbundenheit mit sich, den Mitmenschen, der Natur und dem großen Ganzen (zumindest zeitweise) fühlt, kann ein Großstadtschamane sein. Er kann aber auch Yogi oder Buddhist sein, Medium oder Akupunkteur, Stillegenießer oder Pferdeflüsterer. Niemand ist heute gezwungen, seinen Weg streng zu definieren oder einen einmal eingeschlagenen Pfad auf ewig weiterzugehen. Natürlicherweise ist es sinnvoll, sich selbst immer wieder Klarheit darüber zu verschaffen, wohin man mit welchen Mitteln unterwegs ist und warum man dies oder jenes probieren, dies oder jenes praktizieren will.

Viele Wege führen zur Essenz, zum letztlich Unbeschreiblichen, wie es sich in der Stille, in der Meditation, in Momenten der Dankbarkeit und Demut erfahren lässt. Der Schriftsteller David Foster Wallace gab ein schönes Gleichnis für diese Essenz, als er die Begegnung eines alten mit zwei jungen Fischen beschrieb. »Na, wie ist das Wasser heute?«, fragt der ältere und schwimmt weiter. Die jüngeren warten einen Moment, bis er weg ist, dann sagt der eine: »Was zum Teufel ist Wasser?!«

Die Energie des Lebens, die Qualität des Seins an sich, ist immer da, umgibt und erfüllt, belebt und wandelt alles. Sie ist so selbstverständlich, dass wir sie nicht wahrnehmen. Sie sich dennoch bewusst zu machen ist sehr heilsam. Viele spirituelle Richtungen heute machen diese befreiende Erfahrung zu einer greifbaren Möglichkeit für unzählige Menschen. Der Weisheitslehrer Eckhart Tolle beispielsweise spricht davon, dass genau dieses Erwachen zur Bewusstheit und nur dieses Erwachen zur Bewusstheit es ist, das die Menschheit letztlich heilen und verwandeln kann. Und es geschieht. Ebenso, wie viel Ungutes auf der Erde passiert, gibt es dieses leise, scheinbar unbedeutende, aber in sich ungeheuer kraftvolle Erwachen von immer mehr Menschen weltweit.

Wer dafür Unterstützung im Großstadtschamanismus finden möchte, wählt einen Weg, der unter anderem besonders sinnlich ist. Das Besondere daran wurde uns noch einmal klar, als wir uns mit ein paar Freunden zu einem Abend trafen, an dem wir uns über unsere derzeitigen Schritte im Leben austauschen und gemeinsam eine schamanische Reise unternehmen wollten. Gleich zwei Frauen waren da, die an diesem Abend eine längere Pause von allem Schamanischen beendeten. Die eine hatte durch allerhand unerwartete Ereignisse plötzlich ein solches Arbeitspensum zu bewältigen, dass sie aus dem Nur-noch-Funktionieren seit Monaten nicht herausgekommen war. Sie war zu Recht stolz darauf, diese Phase gut bewältigt zu haben. Als dann getrommelt wurde und sie schließlich von ihrer schamanischen Reise zurückkam, war sie überwältigt und glücklich. Sie hatte gemerkt, was ihr so gefehlt hatte: »Ich war aktiv und erfolgreich – aber ich habe nicht gelebt!«

Als eine Art Heimkehr erlebte es auch die andere Teilnehmerin, die sich in den letzten Jahren zunehmend der Meditation verschrieben hatte und dies als wertvoll und wichtig für sich empfand. Jetzt die Trommel wieder zu hören, selbst zu trommeln, den über Jahre treuen Krafttieren wiederzubegegnen und beim Reisen ganze innere Filme voller Antworten auf aktuelle Fragen zu erleben – das war für sie einfach nur wundervoll. Es hatte eine andere Art von »Erdigkeit« als ihre Meditation und wurde ihr sofort als die perfekte Ergänzung dazu bewusst. Die Trommel, deren Klang ihr ein alles veränderndes Singen zu sein schien, ein Willkommensgruß, der in tiefe Resonanz mit ihrem Inneren ging. All das rief eine alte Sehnsucht in ihr wach und wollte wieder und tiefer erlebt werden. Und das Beste: Meditation, Stille, Leere – all das passte bestens dazu. Alles gehörte zusammen. Und genau so leben wir Autorinnen es ja auch.

Damit können wir nun definieren, was den Großstadtschamanismus für uns ausmacht:

- Er ist eine spirituell orientierte Antwort auf die Erfordernisse unserer Zeit und die Bedürfnisse vieler heutiger Menschen.

- Schamanisches Weltbild und schamanische Techniken verbinden sich in ihm mit anderen spirituellen und ganzheitlich-weltanschaulichen Einflüssen – so wie auch die Großstadt ein Schmelztiegel vielfältigster Strömungen ist.
- Er bezieht die Existenz einer vielschichtigen geistigen Welt und die in ihr lebenden Wesen mit ein und macht die Verbindung zu diesen Ebenen auch im modernen Alltag spür- und lebbar.
- Er macht Grenzen durchlässig und dient wie die Menschen, die ihn praktizieren, als Brückenbauer: zwischen innen und außen, Mensch und Natur, Stadt und Land, physischer und geistiger Realität.
- Er hebt strenge Definitionen auf. Wer ihn praktiziert, muss weder Schamane sein noch in der Großstadt leben.
- Er ist jedem Menschen zugänglich, der Heilung und ein erfülltes Leben in der eigenen Mitte wünscht.

Zu den Grenzen, die der Großstadtschamanismus durchlässiger macht, gehört auch die zwischen Stadt und Land. Unbestritten ist das Lebensgefühl »draußen« ein ganz anderes als in einer Kleinstadt oder einer Metropole. Doch beinah überall sind wir heute Stress, unentwegter Geschäftigkeit und Zeitnot ausgesetzt, müssen mit Verkehrslärm, Umweltsünden und medialem Überangebot umgehen – und bei alldem unsere Mitte behalten, wenn wir gesund und erfüllt leben wollen. Das Angebot des Großstadtschamanismus gilt daher für jeden, wo auch immer er wohnt oder arbeitet. Und es gilt unabhängig davon, ob Sie bereits in irgendeiner Art Erfahrungen mit ganzheitlichen oder spirituellen Wegen gemacht haben oder nicht. Denn es gibt kleine und große Methoden, spielerisch-leichte und umfassendere Übungen und Rituale sowie jede Menge unkomplizierte Ideen, die sich zwischendrin ausprobieren lassen. Und wir bleiben nicht ausschließlich im Urbanen, sondern gehen auch in die Natur, die immer die Basis allen Lebens war und ist.

Immer neu der Anfang von allem: Natur

Im ersten großen praktischen Kapitel »Die Natur als Kraftquelle« wenden wir uns zunächst ganz der Natur zu. Warum die dortigen Erfahrungen für den Großstadtschamanismus sinnvoll sind? Zum einen hat der Schamanismus seine Wurzeln in der Natur. Traditionelle Schamanen lebten immer in der engen Verbundenheit mit ihr, und bis heute führen moderne Schamanen viele Rituale »draußen« durch. Der Austausch mit in der Natur lebenden, sie ausmachenden Wesen gehört wie selbstverständlich dazu. Als Großstadtschamanen jedoch können wir alles, was grundlegend in der Natur möglich ist, in die Stadt tragen. Wir wollen Ihnen hier somit eine besondere Form des Transfers von der Natur in die Stadt vorstellen. Die Basis liegt – wie immer im Leben – in der Natur. Aus ihr kommen wir, unsere Körper, unsere Nahrung, unsere Bedürfnisse. An sie knüpfen unsere tiefen Sehnsüchte an, die immer auch Sehnsüchte nach unserer eigenen Mitte sind.

Wenn Sie, angeregt vom folgenden Kapitel, in der Natur Spür- und Wahrnehmungsübungen machen, schaffen Sie die Grundlagen dafür, auch die Stadt mit gänzlich neuen Augen und verfeinerten Sinnen zu erleben und in gewisser Weise zu Ihrem Kraftplatz zu machen. Meditation, Wahrnehmung feinerer Energien, der Weg vom Kopf in den Bauch, das Umschalten in ein waches Bewusstsein und ein

Gefühl der All-Verbundenheit – all das fällt jedem in der Natur zunächst leichter als in einer belebten Stadt, im Büro oder in der Straßenbahn. Deswegen wollen wir Sie anregen, es in der Natur zu üben und dann in die Stadt zu übertragen. Wenn Sie selten »draußen« sind, können Sie natürlich gleich in der Stadt beginnen, sich großstadtschamanisch zu erfahren. Und Methoden wie das Reisen machen sich sowieso am besten in geschlossenen Räumen. Doch zu alldem später mehr.

Natur ist überall

Natur ist letztlich überall. Dieses Buch will Ihnen zunächst zeigen, wie sich gerade Stadtmensch und Natur bewusst wieder näherkommen können – auf eine ganzheitliche, gesunde, von Herz *und* Verstand geleitete Weise. Als uns bei einem der ersten Arbeitstreffen diese grundlegende Intention klar wurde, tat sich ein kleines Wunder: Franziska hatte zu dieser Besprechung in Veras Praxis – mitten im Münchner Stadtteil Lehel – eine Pfingstrose mitgebracht, die nun in einer Vase bei uns stand. Gerade noch eine große, dunkle Knolle, hatte sie sich innerhalb von Minuten zu einer weit geöffneten rosafarbenen Blüte entfaltet. Wir konnten beinah zusehen, wie sie ihre schönen, zarten Blätter weit zur Seite hin dehnte, immer größer und heller wurde und sich richtiggehend ins Leben hineinstreckte. In ihrer Mitte kamen die gelben Staubblätter zum Vorschein, aufmerksam die Umgebung ertastend. Es war, als wollte diese Blume unserem Gespräch nicht nur aktiv lauschen, sondern auch ihren Beitrag dazu leisten.

Ohne dass wir uns mit Worten hätten darüber austauschen müssen, ergriff uns beide eine intensive Freude. Wir waren erstaunt und berührt. Wir fühlten uns mit dieser

Blume mit einem Mal so liebevoll verbunden, und wir empfanden in ihrem plötzlichen Erblühen mitten in dieser Phase unseres Gesprächs eine Art Botschaft der Natur an uns als Autorinnen: »Schön, was ihr da vorhabt!« Uns öffnete sich das Herz, genauso, wie wir uns gerade wünschen, dass es Ihnen passiert – beim Lesen dieses Buches und bei Ihren Begegnungen mit anderen Wesen.

Sehnsucht nach äußerer und innerer Natur

Über die Sehnsucht nach der Natur haben wir schon gesprochen. Sie hat viele Facetten. Oft, wenn Menschen sich einen guten Platz im Leben wünschen oder Orientierung suchen, gehen sie in die Natur. Sie ist uns in jeder Situation eine neutrale Beraterin mit heilsamen Kräften. Sie kann uns kraftvolle Wurzeln spüren lassen. In ihr dürfen wir einfach sein, gleich, wie wir angezogen sind, was wir wissen oder verdienen oder wie wir gerade gelaunt sind. Genau nach dieser Konstante, wertfrei und offen, nährend und still, sehnen wir uns heute mehr denn je.

Auch wir, die wir diese Zeilen schreiben, kennen die Sehnsucht nach der Natur sehr gut. Ich (Franziska) habe die ersten dreißig Jahre meines Lebens in Großstädten gelebt, bis ich dann in einer schwierigen Lebensphase aufs Land in die Nähe eines Sees gezogen bin. Irgendwie hatte ich gespürt, dass mich die Kraft der Natur wieder ins Lot bringen und mir meine drängenden Fragen beantworten kann. Und sie tat es. Der See, einige Bäume, die absolute Stille manchmal nachts: Sie wurden zu meinen Heilern. Doch auch als ich mich nach einer Zeit wieder gut und besser als je zuvor fühlte, bemerkte ich irgendwann so ein ungeheures Sehnen nach der Natur, obwohl ich doch schon auf dem Land lebte. Aber dennoch war ich ja überwiegend in Räumen, im Auto, am Schreibtisch und vor allem in Gedankenwelten. Ich wollte stärker mit dem verbunden sein, was ich als das ureigentliche Leben empfand. Bäume, Wälder, Vögel, Landschaften, Gewässer – alles da draußen schien eine andere, eine wundervolle, in sich stimmige Welt zu sein, die ich nicht mit meiner Alltagswirklichkeit verbunden bekam.

Heute ist das zum Glück anders. Heute würde ich sagen, ich habe so viel Natur in mir selbst wachgerufen und so viele Eindrücke aus der Natur in mir integriert und abrufbar, dass das Sehnen weitgehend verschwunden ist. Wird es dennoch wieder in einer quälenden Intensität spürbar, zeigt es mir nicht so sehr, dass ich mich von all dem »da draußen« irgendwie entfernt habe, sondern von mir selbst. Vielleicht war ich zu schnell und atemlos unterwegs in den Belangen des Alltags, vielleicht machte ich mir schon wieder zu viele Sorgen, die meinen Blick – und mein Herz – total einengen. Auf jeden Fall kann ich in solchen Momenten nun etwas tun, um mich selbst wieder besser zu spüren und mich wieder mit mir und meiner inneren Kraft zu verbinden. Der Großstadtschamanismus bietet dafür unendlich viele Möglichkeiten, ob ich sie in der Natur draußen nutze, in der Wohnung oder schnell im parkenden Auto in der Stadt – aber immer in mir selbst, denn letztlich geht es um einen Wandel im Bewusstsein, und der ist an keinen äußeren Raum gebunden. Es ist ein Umschalten, das ein Kernthema des Großstadtschamanismus darstellt.

Ist dieser Shift vollzogen, steht es uns frei, in der Natur oder in der Stadt Kraft zu tanken. Denn wir sind mit den Urkräften verbunden. Das wird mir (Vera) als überzeugter Großstädterin in meinem Leben und bei meiner Arbeit immer stärker deutlich. Ich bin sehr gern draußen, vor allem am Wasser, und weiß um die enormen Kräfte der freien Natur. Aber ich habe die Erfahrung gemacht, dass sich selbst schamanische Rituale und sogar eine Visionssuche auch mitten in der Stadt erfolgreich durchführen lassen (Sie werden genaue Anleitungen dazu noch lesen können). In uns wohnt einfach beides – das Natürliche ebenso wie die schöpferische Kraft, die uns all das Kulturelle gestalten lässt.

Verbinden kann es sich für mich am besten in der Stille. Einfach in der Stille zu sitzen, wie im Zen, das ist für mich über die Jahre zu einer der wichtigsten täglichen Praktiken geworden. Dort verbinden sich innere und äußere Natur, beide, so könnte ich sagen, kehren zur Quelle zurück, die ich in der Kontemplation spüre. In der Stille fühle ich mich verbunden, ich weiß, dass ich ein Teil von allem bin.

Wenn ich mich allerdings nach intensivem Arbeiten oder bei besonderen Herausforderungen im Leben geschafft und erschöpft fühle, dann weiß ich, dass ich hinausmuss. An einem See entlanglaufen, meine Schritte spüren, die Erde unter meinen Füßen, oder einfach nur aufs Wasser schauen – das füllt meine Batterien zuverlässig wieder auf. Wenn weniger Zeit ist, gehe ich an den Eisbach im Englischen Garten in München, um mich mit dem Element Wasser zu verbinden. Auch das tut einfach gut.

Zu wissen, was einem hilft, ist wesentlich. Die teilweise recht unterschiedliche Art von uns beiden Autorinnen, die Natur ebenso wie die Stadt zu erleben, hat dazu geführt, dass wir Ihnen hier eine große Fülle an Erfahrungen und Ideen weitergeben können. Wir wünschen uns, dass Sie sich davon inspirieren lassen, Ihre Wahrnehmung der Welt, sich selbst und damit dann wieder die Welt so zu verändern, wie es Ihnen und uns allen guttut.

Die Natur als Kraftquelle

Die Natur draußen in ihrer vollen Schönheit zu erleben und dabei zu sich zu kommen, das ist für die meisten von uns leicht. Doch ist es auch möglich, sie in unserer urbanen Welt zu spüren und in unseren Alltag zu integrieren? Ist es möglich, ihre Kraft mitten in der Stadt zu erfahren? Ja, das ist möglich. Sie können das leben.

Vielleicht erinnern Sie sich an einen besonders gelungenen Tag draußen. Einen Tag, an dem Sie abends erfüllt und glücklich, vielleicht müde, aber sehr dankbar nach Hause zurückgekehrt sind. Was war es, was Sie damals bereichert, entspannt oder inspiriert hat? Was genau hat diesen Ausflug zu etwas so Besonderem gemacht, zu etwas, von dem Sie gern mehr hätten? Lassen Sie uns ein wenig darüber nachdenken, um uns bewusst zu machen, was die Qualitäten sind, mit denen wir uns wohlfühlen, die wir möglicherweise im Alltag vermissen oder die dem eigenen Wesen ganz einfach entsprechen. Für den einen mag es die Ruhe draußen in einer einsamen Landschaft sein, für den anderen die unbegrenzte Weite, in die er seine Schritte setzen kann. Ungebremst. Uneingeschränkt. Für wieder jemand anders ist es die Lebendigkeit all der Pflanzen und Vögel, der Insekten und Wildtiere, die er beobachten kann.

Die Qualitäten der Natur, die uns stark anziehen, sind es letztlich auch, die das schamanische Wirken ermöglichen und stützen. Die Tradition des Schamanismus ist untrennbar mit der Natur verbunden. Wir wollen hier tiefere Gründe für die Anziehungskraft des Natürlichen finden und vor allem schauen, wie wir diese Qualitäten draußen bewusst so erleben und in uns einpflanzen können, dass wir sie mit in die Städte, mit in unseren Alltag tragen können. In einem engen, fühlbaren Kontakt mit der Natur zu sein, nicht zuletzt auch der eigenen, das geht unbestritten leichter, wenn man über eine blühende Wiese läuft, einen Berg besteigt oder sich am Meer den Wind um die Nase pusten lässt. In Häuserschluchten oder auf dem Hauptbahnhof einer Großstadt ist es ungleich schwieriger. Doch auch dort ist es möglich.

Beginnen wir also dort, wo alles relativ einfach ist. Die meisten Ideen in den folgenden Abschnitten sind immer dann die beste Wahl, wenn Sie ohnehin einen Ausflug ins Grüne machen wollen. Diese Anregungen können die Zeit dort umso intensiver und naturverbundener werden lassen. Sie können beginnen, bewusst die ersten inneren Schätze mit ins Urbane zu tragen, um sie dort zu vermehren. Vor allem in Ihrem Herzen.

Was genau macht Natur so kraftvoll?

Natur – das ist so allumfassend und hat so vielfältige Gesichter. Es ist so verspielt wie ein junges Kätzchen und so kraftgeladen wie ein Wasserfall, so stürmisch wie ein graukalter Novembertag und so bunt wie ein Schwarm Südseefische. Für die meisten Menschen ist Natur der Raum, in dem sie runterkommen, auftanken, sich erholen, Kraft und Inspiration schöpfen. Doch warum? Wenn sie benennen müssten, was die Natur ihnen gibt, sagen sicher alle etwas anderes. Oder besser formuliert: Jeder beschreibt und bezeichnet es anders und versucht auf seine Weise auszudrücken, was letztlich ein geheimer Zauber bleibt. Unbegreiflich. Nicht in Worte zu bannen. Vielleicht die Stille. Oder die Weite. Die Unberührtheit. Die Echtheit und Klarheit. Die Ursprünglichkeit. Möglicherweise auch die Beständigkeit. Die Natur gibt immer, oder – neutraler ausgedrückt – sie folgt immer ihren Gesetzen. Selbst in Kriegszeiten blühen die Bäume und summen die Bienen, geht morgens die Sonne auf und wird die Welt in ihr wunderbares Licht getaucht. Die Erde trägt uns, was auch immer passiert. Aber sie bietet uns keine echte Sicherheit. Jedes Hochwasser, jedes Erdbeben, jeder extreme Hagel ruft uns das schmerzlich in Erinnerung. Und doch, wenn wir hinausgehen, können wir fast immer dieses eigenartige Erinnern wachrufen: Ja, so ist die Natur, ich atme auf, ich werde weit, ich fühle mich gut. Ruhig und entspannt. Bei mir angekommen.

Wenn man sich umhört, ist es das Durchatmen, das die meisten empfinden, wenn sie die Stadt verlassen und hinausfahren. Mehr Himmel, mehr Weite. Die Horizonte dehnen sich aus, das Herz wird spürbar, das Denken weniger. Dies sind einige Antworten, die wir von Bekannten gehört haben, als wir sie fragten, was sie an Ausflügen in die Natur schätzen. Vielleicht kennen Sie noch andere:

- »Draußen in der Natur atme ich auf.«
- »Ich fühle mich innerlich weit.«
- »Es ist herrlich, den ganzen Körper zu bewegen und zu spüren. Oft tobe ich mich richtig aus und schaffe mir den Alltag vom Leib.«
- »Ich kann mich mit Bäumen oder auch Bergen, manch-

mal sogar mit Tieren auf eine ganz besondere Art und Weise austauschen.«

- »In der Natur fühle ich mich einfach wohl und spüre inneren Frieden.«
- »Es richtet mich regelrecht auf.«
- »Mir ist wichtig, dass ich in der Natur ein Gefühl für Heiligkeit entwickeln kann.«
- »Ich kann innehalten, Stille erleben.«
- »Für mich ist es das Schönste, gestärkt wieder nach Hause zu gehen.«
- »Es ist, als könnte ich in ein Kraftfeld für Inspiration und Heilung eintreten.«
- »Wenn es mir nicht so gut geht, kann ich in der Natur Zuflucht finden.«

Wirkungsvolle Felder

Für viele liegt unter diesen benennbaren Qualitäten noch etwas anderes, etwas nicht Sagbares, allenfalls Erahnbares. Wir könnten es als das Atmosphärische der Natur bezeichnen – und versuchen, uns tiefer darauf einzulassen. Schließlich ist es das, was die Natur so besonders zu machen scheint. Letztlich braucht es nicht mehr als einen Perspektivenwechsel, einen Shift, eine Art Umschalten, um sich die Atmosphäre eines Ortes bewusst zu machen. Sie spüren es nämlich ohnehin, nur lenken Sie vielleicht nicht den Fokus darauf. Das ist kaum anders, als wenn Sie bei einer Freundin zu Besuch sind. Sie bemerken unwillkürlich die Atmosphäre, die Stimmung im Raum. Auch wenn Sie sich ganz auf das Gespräch konzentrieren, könnten Sie nachher sagen, wie das Zuhause Ihrer Gastgeberin auf Sie gewirkt hat: Haben Sie sich wohlgefühlt? War es wohnlich, gemütlich, kühl, nüchtern, entspannt? Hatten Sie den Eindruck, dass kurz zuvor gestritten wurde? Lag Hektik in der Luft? Oder fröhliche Leichtigkeit?

So wie Sie beim nächsten Besuch noch während Ihres Dortseins die Atmosphäre bewusst erfassen können, ist dies auch in der Natur möglich. Überall und jederzeit, ob am Meer oder auf einem Berg, im Wald oder auf einer satten Wiese, mittags, nachts, im Sommer oder im Winter können Sie das zu erspüren üben, was Rupert Sheldrake »morphische Felder« nannte. Nicht sichtbare Energien, die den Hintergrund von allem Sichtbaren ausmachen. Sie sind es nach seiner viel diskutierten These, die die Ordnung aller natürlichen Systeme formen. Diese Felder tragen also wesentlich zur Herausbildung aller für uns sicht- und greifbaren Strukturen bei, zur Ausprägung von Zellen und Organismen, Pflanzen und Tieren, Biotopen und Landschaften.

Das Atmosphärische liegt unter dem, was sich benennen, messen, anfassen lässt. Es ist im Sinne der morphischen Felder die Basis – und für uns besonders interessant, da es Informationen enthält, die auf die äußere Form einwirken. Sie bewirken, dass sich Tierarten auf eine bestimmte Weise verhalten, dass sich Biotope auf eine bestimmte Art konstruieren und dass beispielsweise bei einem großen Tsunami wie dem in Südostasien im Dezember 2004 kaum frei lebende Tiere getötet werden. Sie sind in der Lage – so könnte man sagen –, dem Informationsfeld rechtzeitig zu entnehmen, dass eine Gefahr droht. So können sie entsprechend fliehen.

Dass es auch dem Menschen möglich ist, in diesem Feld zu lesen und ihm hilfreiche Botschaften zu entnehmen, wissen seit alters die Schamanen, die natürlich ein anderes Vokabular dafür verwendeten. Sie haben immer empfangsbereite Antennen und sind in ständigem Kontakt mit der

Natur. Wir hier wollen uns das ebenfalls wieder zu eigen machen und beginnen ganz bescheiden mit einer ersten Spürübung.

Das Atmosphärische spüren

Wenn Sie irgendwo draußen in der Natur unterwegs sind, bleiben Sie doch ab und an stehen und halten Sie inne. Wie ist die Atmosphäre, die Sie ringsumher wahrnehmen? Wie fühlt sich die Gegend an? Und wie fühlen Sie sich darin? Was macht dieser Ort, diese Landschaft mit Ihnen?

Äußere und innere Natur

Natur ist letztlich die Abwesenheit von Kultur, also von all dem, was der Mensch geschaffen hat. Besonders deutlich ist mir (Franziska) das während der Erarbeitung dieses Buches wieder geworden, als ich für eine gute Woche auf einem Fernwanderweg unterwegs war, dem Maximilianweg in den bayerischen und teilweise österreichischen Alpen. In den Bergen und Wäldern erlebte ich Stille, Frieden, Ruhe und einen starken Zugang zu etwas, was ich nur als »höher als mein Alltags-Ich« bezeichnen kann. Ich war wach und aufmerksam, überall entdeckte ich Unerwartetes, bekam Botschaften von alten Bäumen, spürte die Reinheit und Unverfälschtheit des Seins. Nicht nur in der Natur um mich her, sondern auch in mir. Die äußere Natur erinnerte mich an meine innere Natur, sie rief sie wach, fernab vom Denken oder davon, dass ich mich irgendwie hätte definieren müssen. Alles war ganz einfach, ich war ganz einfach. Schritte setzen, atmen, schauen, lauschen. Das waren wundervolle Momente – und ich beschloss, dieses Empfinden möglichst tief in mich aufzunehmen und regelrecht zu üben. Dann würde ich es auch in weniger »naturbelassenen« Gegenden oder Situationen abrufen können. Denn eins war schnell klar: Sobald ein Hochspannungsmast auftauchte oder ich in ein Waldstück kam, in dem breite Fahrzeugspuren die Wege zerfurchten, umgesägte Baumstämme kreuz und quer durcheinanderlagen und schweres Gerät herumstand, war der Frieden in mir gleich eingeschränkt. Die Gegend war beschädigt worden – ich spürte die Beeinträchtigung und ließ mich davon belasten.

In solchen Momenten gilt es, aus unserer Erfahrung heraus zu unterscheiden: Mal ist tatsächlich die Gegend schwer und belastet, was die Atmosphäre unangenehm verändert. In anderen Fällen aber ist es die eigene Gefühlswelt, die sich durch den Anblick meldet und etwas in die Situation hineininterpretiert, was nur im Betrachter selbst vorhanden ist. So wie ein blinder oder dreibeiniger Hund meist weinerlich bemitleidet wird – wenn man aber wirklich hinschaut, wie er seinen Alltag meistert, kann man oft bemerken, dass er sich der Situation mutig gestellt hat, sich perfekt arrangieren konnte und das Leben nun auf eine neue Weise genießt. Er nimmt es, wie es ist.

Äußere und innere Natur gehören immer zusammen. Denn eine objektive Wahrnehmung gibt es nicht, darin dürften sich auch Psychologen und Hirnforscher einig sein. Unser Umfeld ist so komplex, dass wir gezwungen sind auszuwählen: Wir wählen, was wir wahrnehmen, wir wählen, wie wir es interpretieren, und wir wählen, wie wir handeln und ob wir eingreifen. Das geschieht meist unbewusst und auf der Grundlage all dessen, was uns ausmacht, was wir gelernt und bisher an Erfahrungen gesammelt haben.

Wenn man das weiß, kann man die Natur überall nutzen, um sich über das eigene Innere klarer zu werden. Auf diese Weise bieten uns die Begegnungen mit Natur unendlich viele Erfahrungen zum Wachsen und Reifen. Ich (Franziska) erinnere mich dabei daran, wie ich vor einigen Jahren »toter Mann« (oder »tote Frau«?) auf dem See machte und dabei Angst hatte. Ich lag auf dem Rücken im Wasser, und vor allem dass bei einer entspannten Lage die Ohren mit eingetaucht sein mussten, war mir unangenehm. Meine Angst war recht diffus – vor Fischen, die mich beißen könnten? Vor anderen Schwimmern, die mich anrempeln könnten? Vor bisher unentdeckten Ungeheuern in diesem beliebten bayerischen Badesee? Ich selbst fand meine Angst unsinnig und beschloss, den herrlichen Sommer zu nutzen, um so lange zu üben, bis sie verschwunden war. Da ich rational wusste, dass mir nicht wirklich etwas passieren konnte, tauchte ich in diese Angst ein, versuchte sie einfach zu fühlen und sie zu erforschen. Ich merkte, dass es eine allgemeine Angst vor dem Loslassen, der Entspannung, dem Abgeben und Sichhingeben war. Wer völlig flach und entspannt im Wasser liegt, nur den Himmel sieht und nicht einmal richtig hört, der liefert sich seiner Umgebung aus. Und genau das war mir so unangenehm.

Wem aber lieferte ich mich hier aus? Zunächst einmal dem See. Den mochte ich jedoch sehr gern – also versuchte ich, mich ihm bewusst zu übergeben, mit ihm in Kommunikation zu treten. Es funktionierte. Ich fühlte mich nach einigen Tagen aufgehoben und »in den Armen« des Sees gehalten. Das war wundervoll. Mein Vertrauen wuchs – und ich finde, das tat es danach auch in anderen Lebensbereichen. Sicherlich kein Wunder, denn Wasser steht für die Gefühlswelt, es fließt und bewegt sich immer mit dem Umfeld mit.

Ähnliche Beispiele für die fruchtbare Wechselwirkung zwischen Innenleben und äußerer Natur erleben viele Menschen. Als es mir (Vera) einmal in einer Lebensphase nicht so gut ging, ich mich verletzt und überfordert fühlte, ging ich eines Morgens hinaus und entdeckte, dass der schwere Frühjahrssturm der letzten Nacht die Spitze eines Baums abgebrochen hatte. Der Baum stand an Ort und Stelle, war aber schwer verletzt. Mir wurde schlagartig klar: Ich muss im Leben auch etwas aushalten können, ich muss Stürmen standhalten, meine Wunden versorgen und weitergehen. Das half mir sehr und machte mir neu deutlich: Die Natur zeigt uns, wer wir sind und wer wir sein können.

Ein anderes, sehr eindrückliches Beispiel lieferte eine Klientin: Sie hing seit einiger Zeit in einer regelrechten Starre fest, die alle Lebensbereiche umfasste. Nichts ging mehr voran, Stillstand, Lähmung. Auf einem Spaziergang dann setzte sie ihren Fuß dicht neben eine Schlange. Die Frau erschrak. Die Schlange erschrak. Dann brachte sie sich rasch in Sicherheit. Dieses Bild, wie die Schlange sich seitlich schlängelnd wegbewegte, löste die Frau aus ihrer Starre. Was sie da wie in Zeitlupe vor sich sah, war die lange nicht verfügbare Antwort auf ihre große Frage: Wie weiter? Jetzt war ihr klar: Nicht mit großen Sprüngen. Nicht mit pfeilgerader Zielgenauigkeit. Die Lösung lag in kleinen, scheinbar unkoordinierten Bewegungen. Darin, sich überhaupt zu bewegen, sich zu winden und zu probieren, zu testen, welches die nächste Richtung sein könnte. Die Bewegung selbst war wichtig. Noch nicht das Ziel. Und tatsächlich fing sie an, wieder kleine Schritte im Leben zu machen und sich aus ihrem Eingefrorensein zu befreien.

Ganz allgemein kann es auch tröstlich sein, sich daran zu erinnern, dass die Natur nicht perfekt ist. Sie lässt nach ihren Gesetzen alles wachsen und blühen, reifen und vergehen. Aber sie interessiert sich nicht für Perfektion, eher für Funktionalität und Individualität. Als die bereits beschriebene Pfingstrose, die wir bei einer Arbeitsbesprechung im Zimmer stehen hatten, erblühte, entdeckten wir ein eingeknicktes Blatt. Bei all der Schönheit, die diese Blume zeigte – sie war nicht perfekt. Wie beruhigend! Denn wir sind es auch nicht.

In solchen Einsichten und Erfahrungen, denen Sie aus Ihrem Leben sicherlich viele weitere hinzufügen könnten, verbinden sich Innen und Außen. Vielleicht haben Sie Lust, sich bewusst etwas tiefer auf solche Reflexionen einzulassen. Möglichkeiten gibt es unzählige dazu, ob Sie sie in der Natur selbst erleben oder in einer Fernsehsendung darauf gebracht werden. Was sagt Ihnen ein kraftvoller Baum, ein glitzernder See, eine bunte Blumenwiese über sich selbst? Was eine Fernsehdokumentation über den Regenwald oder über die Anbauweise der Permakultur? Die Verbindung von innerer und äußerer Welt ist nicht auf die Natur beschränkt. Im traditionellen Schamanismus achtet man auf die Zeichen aus der Natur, einfach auch weil sie das war, was die Menschen maßgeblich umgeben hat. Wir aber können auf alles andere ebenfalls achten, was uns begegnet. Auch ein Werbeplakat, das uns plötzlich ins Auge sticht, kann eine Botschaft für uns enthalten und etwas mit uns zu tun haben. (Mehr dazu können Sie im Kapitel »Die Stadt als Ort der Kraft« lesen, wenn es speziell um die »Visionssuche in der Stadt« geht.)

Vielleicht merken Sie bereits, dass es Spaß machen kann, der Welt so zu begegnen, als habe sie immer etwas ganz direkt mit einem selbst zu tun. Als wäre sie ein Spiegel des eigenen Wesens. Übt man eine Zeit lang diesen etwas veränderten Blick auf die Dinge, stellt man fest, dass es tatsächlich so ist: Die Welt ist ein Spiegel des eigenen

Selbst. Was wir wahrnehmen, hat etwas mit uns selbst zu tun, sagt etwas über uns aus und hilft uns, uns selbst zu erkennen. C. G. Jung sprach in diesem Kontext von Synchronizitäten, also etwa zeitgleich auftretenden Ereignissen, die zwar keinen kausalen Zusammenhang erkennen lassen, aber assoziativ eben doch sinnvoll miteinander verwoben sind. Einfachste Beispiele: Wenn Sie gut drauf sind, sind alle Menschen, denen Sie begegnen, fröhlich, freundlich und herzlich. Sind Sie mit großem Zeitdruck im Auto unterwegs und schimpfen Sie vor sich hin, weil es nicht schnell genug geht, gibt es um Sie her plötzlich nur noch »unfähige Autofahrer«, die ihren Führerschein im Lotto gewonnen zu haben scheinen, und vor Ihnen wird geschlichen und gebummelt.

Die ganze Welt gibt uns die Möglichkeit, mehr über uns selbst zu erfahren und uns damit nicht zuletzt auch das Leben leichter zu machen. Wer sich selbst kennt, kann besser dafür sorgen, dass es ihm gut geht. Unser ganzes Wesen weiß das und sucht nach Gelegenheiten des Weiterlernens über sich selbst. Es ist unsere innere Natur, die sich auch deswegen nach der äußeren sehnt. Sie erkennt sich dort wieder wie in einem Spiegel. So ist die Natur immer auch ein Impulsgeber für all das, was in uns schlummert und zur Reife gebracht werden möchte. Die Selbsterkenntnis ist stets neu der erste Schritt auf einem Entwicklungsweg, das Bemerken dessen, was ist. Die Verwandlung folgt dann oft sogar von selbst.

Dazu, wenn Sie mögen, gleich eine kleine Reflexion, die Sie dort ausführen können, wo immer Sie gerade sind und ein paar Momente Ruhe haben:

Was ist die Natur meiner Seele?

Nehmen Sie sich etwas Zeit für sich, setzen Sie sich entspannt hin und schließen Sie die Augen. Fragen Sie sich: Was ist die Natur meines Wesens, meiner Seele? Allgemein oder speziell in diesem Augenblick?

Lassen Sie sich überraschen, welches Landschaftsbild auftaucht. Vielleicht müssen Sie einen Moment warten, bis etwas vor Ihrem inneren Auge erscheint. Was können Sie erkennen oder spüren oder auch hören? Das weite Meer oder ein Bächlein, einen breiten Fluss? Einen verwirrend dichten Urwald oder eine karge Steppe? Einen geordneten Fichtenwald oder einen einzelnen Baum auf einer Lichtung? Ist es in dieser Landschaft warm oder kühl, still oder stürmisch?

Tauchen Sie in diese Landschaft ein und nehmen Sie mit allen Sinnen wahr, was sich zeigt. Schauen Sie sich um, riechen Sie, spüren Sie. Bleiben Sie in den Empfindungen dieser Welt, solange es Ihnen guttut, und beobachten Sie auch, ob sich dieses Naturbild vielleicht verändert, während Sie dort verweilen.

Kommen Sie jetzt mit Ihrer Aufmerksamkeit wieder stärker in Ihren Körper und spüren Sie nach: Wo in meinem Körper nehme ich diese Landschaft wahr? Möglicherweise verändert sich auch dort etwas, wenn Sie ein wenig dabei bleiben, einfach wahrzunehmen.

Während Sie dann mit Ihrer Aufmerksamkeit wieder ganz in den Raum zurückkommen, in dem Sie sitzen, können Sie sich genüsslich noch etwas rekeln und strecken, bevor Sie die Augen öffnen. Wie fühlen Sie sich jetzt?

Diese Übung hilft auch hervorragend beim Abschalten im Alltag. Mit ihr kann man mitten in all den Anforderungen des Lebens innerhalb weniger Minuten wieder zu sich kommen, eine neutrale Haltung, eine Art Null-Stellung des inneren Hauptreglers finden, sich zentrieren, Hektik und Hype außen vor lassen. Verhaftungen lockern sich, man kann wieder ungetrübt auf die Dinge schauen. Nicht umsonst bedienen wir uns in dieser Übung der Naturbilder. Die Natur nämlich ist neutral und bringt uns damit zurück in die Neutralität. Sie entspannt unseren Körper, erfrischt unseren Geist und reinigt die Seele.

Dabei zugleich auch dieser Hinweis: Wenn Sie beginnen, die äußere Natur als einen Spiegel für Ihre innere Natur zu entdecken, gehen Sie es an, ohne großartig zu denken. Sie müssen weder analysieren noch aktiv herumsuchen. Lassen Sie die Dinge auf sich zukommen. Je offener Sie sind, umso leichter werden Sie das entdecken, was Ihnen gerade etwas sagen möchte.

Sogar das gänzlich unfokussierte Sein in der Natur hat seinen Reiz und seine Wirkung. Sie geben sich dem Zauber einer Landschaft, der Stille eines Waldes oder den sanften Wogen eines Sees hin und verlieren sich regelrecht in der Weite dieser Natur. Der Fokus verschwindet, die Gedanken verschwinden, Ihr Selbst verschwindet. Was bleibt, ist Weite, Wahrnehmung, Bewusstheit. In diesem Zustand werden Sie mit allem eins, Sie spüren sich in Ihrer Essenz ebenso wie die Umgebung um Sie her.

Auch Schamanen nutzen diesen Zustand. In innerer Klarheit können sie zugleich gänzlich ohne Fokus sein, eingetaucht in die Zeitlosigkeit. Sie öffnen sich dadurch vollkommen für Inspirationen aus der geistigen Welt – oder auch aus dem eigenen Inneren. Die Intuition wird vor allem dann wach, wenn sie den Raum für ihre Botschaften erhält. Und den schaffen Sie, indem Sie sich nicht auf etwas Bestimmtes ausrichten, sondern die Weite in sich zulassen, die Ihnen wiederum kaum etwas besser vermitteln kann als die Weite draußen in der Natur.

Unfokussierte Absicht – so könnte man es nennen: Sie formulieren, was Sie möchten, beispielsweise erkennen, was eine bestimmte Landschaft mit Ihnen zu tun hat. Ist diese Absicht klar, lassen Sie los. Der Fokus darf verschwimmen, Sie tauchen ab und lassen sich treiben. Aufgrund der anfangs gesetzten Intention aber (das Erkennen, was die Landschaft mit Ihnen zu tun hat) werden Sie irgendwann bemerken, dass sich eine Antwort in Ihnen geformt hat.

Alles an seinem Platz

Natürlich leistet uns die Natur nicht nur Beihilfe zu Selbsterkenntnis oder Inspiration. Auch die Tatsache, dass in ihr alles an seinem Platz ist, macht sie für uns nicht zuletzt auf der emotionalen und mentalen Ebene so wertvoll. Denn in der besten aller Welten herrscht wohl Ordnung. Außen und im eigenen Inneren. Erleben wir diesen Zustand des Geordnetseins, dann fühlen wir uns in Harmonie, sind stark und klar. Es ist im weitesten Sinne die Natur, die diese Ordnung hervorbringt. Sie kann nicht anders, als ihren inneren Gesetzen zu folgen, die überall im Universum herrschen. Dieses Prinzip zieht uns wie magisch an, da unser Leben so komplex geworden ist, dass es aus der Ordnung gefallen zu sein scheint.

Sicherlich wirkt ein völlig »naturbelassener« Wald für unsere Augen chaotisch. Zwischen alten und uralten dicken Stämmen wachsen kleine und winzige Bäume empor. Andere liegen kreuz und quer auf dem Boden, im Sturm geknickt oder abgefault. Und schon geben sie wieder anderen Pflanzen Boden und Nahrung, die sich auf ihren modernden Stämmen ausbreiten. Ein großes, wirres, lebendiges Durcheinander. Doch die Atmosphäre zeigt, dass alles seine Richtigkeit hat. Die darunterliegende geheime Ordnung ist spürbar. Sie sorgt auch dafür, dass auf die Nacht der Sonnenaufgang folgt und die Frucht niemals vor der Blüte kommt. Für uns ist das sehr tröstlich: Es gibt Gesetze, die bleiben, auch wenn sich Grundlegendes ändert. In unserer heutigen Gesellschaft klagen viele darüber, nur noch wenig Verlässliches zu finden. Die Natur ist ihnen dann oft ein Halt.

Bei ihrer Betrachtung wird deutlich, dass die Organismen, Biotope, Landschaften, Planeten nur lebensfähig sind, wenn innerhalb eines gewissen Spielraums die Regeln eingehalten werden. Unser Blut gehört in den Blutkreislauf und der Eisbär nicht in den Dschungel. Wenn wir das Prinzip in sich logischer Biosysteme achten, läuft auch für uns Menschen alles leichter. Denken Sie nur an den Schlafwach-Rhythmus: Je besser wir ihn in der für uns individuell stimmigen Weise einhalten, umso besser fühlen wir uns. Je stärker wir uns dagegen entscheiden, ob als Dauerpassive oder -aktive, umso unausgeglichener sind wir. Vergleichbar ist es in allen anderen Lebensbereichen auch.

Wie die Menschheit als Ganzes mit den Ordnungsprinzipien der Natur umgeht, können wir nicht unmittelbar beeinflussen. Wie wir selbst es tun, aber schon. Ganz einfache Selbstreflexionen können auch hier den Anfang machen: Ist in meinem Leben alles an seinem Platz? Bin ich am richtigen Ort? Was kann ich gut? Wo gehöre ich hin mit meinem Potenzial? Bleibe ich als Schuster bei meinem Leisten? Oder versuche ich, ein Adler auf dem Hühnerhof zu sein? Oder eine Maus unter Hyänen?

Wie nebenbei erweitert sich durch eine solche Betrachtungsweise die Bandbreite an Qualitäten, die wir ins Leben einbringen. Jeder Mensch ist anders, wir sind so vielfältig wie alles, was die Natur hervorbringt. Da gibt es nur Unikate, keine Kopien. In unserer aktuellen Gesellschaft aber haben wir uns leider auf relativ wenige Qualitäten geeinigt, die wir kollektiv gut finden und fördern. Schon in der Schule wird auf bestimmte, eng eingegrenzte Fähigkeiten Wert gelegt, während andere eher ignoriert oder sogar bestraft werden. Wer gut rechnen, schreiben und still sitzen kann, hat es deutlich leichter als ein musischer Träumer, ein langsamer, gründlicher Tieferdenker oder ein kreativer Luftikus. Das herkömmliche Schulsystem versucht die Kinder zu normen, europaweite Vergleichstests haben zum Ziel, dass alle Kinder, ob Spanier oder Norweger, Marseiller oder Berliner, das Gleiche gleich gut können. So sollen sie besser auf die Wirtschaft vorbereitet werden. Aber selbst wenn sie der einzige Maßstab wäre, orientiert sie sich an Normen? Oder nicht letztlich am Leben mit seinem Auf und Ab und seinen höchst vielfältigen Herausforderungen, die auch nur mit einer Breite und Fülle an Fähigkeiten bewältigt werden können?[4] »Sei, wer du bist, und werde, wer du werden kannst«, ist ein Satz, den ich (Vera) gern in Gruppen und Ausbildungskursen benutze, um die Menschen zu motivieren, ihr ureigenes Potenzial zu entfalten. Wer das tut, in dem ist dann auch, so könnte man sagen, naturgemäß alles an seinem Platz. Er lebt sich aus, ist so, wie es seiner Natur entspricht.

Wagen Sie es also, sich so zu zeigen, wie Sie sind. Sagen Sie ja zu sich selbst. Genau das wird Ihnen nicht nur guttun, es wird Ihnen nach und nach helfen, diese wesentlichen Fragen für sich zu klären: Was ist mein ureigenes Potenzial? Was ist es, was meine Augen zum Leuchten bringt, mein Herz öffnet und meine Seele beflügelt?[5] Die-

se Seelenerinnerung, wie wir es nennen, ist die Lebens-
aufgabe, die wir hier auf der Erde erfüllen möchten. Sie
verbindet das, wo wir auf der seelischen Ebene herkommen, mit dem, was wir hier auf der Erde sind. Denn jetzt ist
unser Platz hier auf diesem Planeten, als Kind von Mutter
Erde. Wenn Sie sich einmal auf den Waldboden ins weiche
Moos gelegt, den Duft des Waldes und der Pflanzen geat-
met, dem feinen Wispern der Blätter oder Tiere gelauscht
haben, vielleicht sogar noch die Wärme der Sonne auf Ihrer
Haut gespürt haben, dann sind Sie angekommen im Schoß
von Mutter Erde.

Die folgende Übung gibt Ihnen einen Geschmack von
dieser tiefen Geborgenheit, den Sie immer weiter intensivieren können. Sie können diese Übung zu Hause vor dem
Einschlafen machen oder auch zwischendurch. Besonders
schön ist sie, wenn Sie jemanden haben, der Sie Ihnen vor-
lesen kann, langsam und mit viel Ruhe.

Geborgenheit als Kind von Mutter Erde erleben

Legen Sie sich bequem hin, so wie es Ihnen am angenehmsten ist. Dabei spielt es keine Rolle, ob Sie auf
dem Bauch, der Seite oder dem Rücken liegen, nur
wohl sollten Sie sich fühlen.

Werden Sie sich sehr langsam jedes Teiles Ihres Körpers bewusst. Spüren Sie, wie Sie liegen, wie die Arme,
die Beine, der Rumpf und der Kopf auf der Unterlage aufliegen.

Wenn Sie merken, dass noch Spannungen da sind, dann geben Sie ihnen

nach, indem Sie Ihre Glieder so verschieben, dass es noch angenehmer wird.

Spüren Sie die Unterlage, lassen Sie sich ganz auf ihr nieder und folgen Sie Ihrem Atem. Lassen Sie den Atem kommen und wieder gehen, in Ihrem eigenen Rhythmus, und werden Sie innerlich immer ruhiger.

Nehmen Sie erneut Kontakt zu Ihrem Körper auf, nehmen Sie die Stellen wahr, die sich mit der Unterlage verbinden, und sinken Sie noch ein wenig tiefer in sie ein.

Nehmen Sie sich viel Zeit, sich in Ihrer ruhenden Position angekommen zu fühlen.

Stellen Sie sich nun vor, Sie ruhen auf der Erde. Wenn es Ihnen angenehm ist, lassen Sie sich noch ein wenig tiefer in sie einsinken. Sie spüren den Halt von Mutter Erde, die jeden von uns trägt, ohne zu unterscheiden. Immer und unter allen Umständen ist sie selbstverständlich für Sie da, sie trägt Sie allezeit.

Vertrauensvoll übergeben Sie Ihren Körper der Erde, während Sie weiter mit Ihrem Atem verbunden sind. Sie spüren das Getragenwerden, das vertrauensvolle Sichfallenlassen.

Sie übergeben sich mehr und mehr der Erde und atmen dabei in Ihrem eigenen Rhythmus ein und aus.

Sie nehmen wahr, wie Sie sich mehr und mehr tragen lassen, wie Ihr Körper sich mehr und mehr entspannt und sich der Unterlage anvertraut, in der Gewissheit, getragen und gehalten zu sein.

Spüren Sie, wie es ist, getragen zu werden und tief hinein in die Erde zu lauschen. Hören Sie auf den Herzschlag von Mutter Erde, fühlen Sie sich eingebettet in das große Ganze.

Nehmen sich Zeit, in der Ruhe und Geborgenheit zu verweilen, getragen zu werden und sich tragen zu lassen. Wenn Sie jetzt einschlafen, nehmen Sie die Geborgenheit mit hinein in den Schlaf.

Oder Sie kommen langsam zurück in Ihre Alltagswelt, spüren Ihren Körper wieder ganz bewusst und regen langsam und bewusst Ihre Glieder. Das Gefühl tiefer Geborgenheit bleibt mit Ihrem Körper verbunden, und Ihr ruhiger Atem wird Sie noch eine Weile weiter im Alltag begleiten.

Einladung zur Besinnung

Wir sind hier unterwegs, um uns stärker der geistigen Ebene der Natur zu widmen, die mit unserer eigenen in einer untrennbaren Verbindung ist. Diese Verbindung zu stärken hilft uns, im Leben geborgen zu sein, und es ist besonders wichtig, dies auch in der Stadt zu spüren. Mit der Natur verbunden zu sein verhilft uns zu Kraft und Zuversicht, und es schafft bewusste Klarheit für die zu meisternden Herausforderungen im Leben. Sich mit der geistigen Ebene der Natur zu verweben erfüllt dabei nach und nach auch die Sehnsucht nach Natur, sodass sie sich auflösen kann, weil wir dort ankern, wo wir uns hingehörig fühlen: im Gefühl des Einsseins mit allem Lebendigen. Es schafft Wurzeln. Dann fühlen wir uns am richtigen Platz, ganz gleich, wo wir gerade sind, ob in einer schönen Landschaft, ganz urban zu Hause oder in einer Arbeitsumgebung.

Der Geist des Ortes kann nur durch den Geist erfahren werden, sagt Pier Hänni, Autor einiger Bücher über Kraftorte, und beschreibt damit, was alle schamanischen Kulturen dieser Welt wissen. Es ist einzig das Bewusstsein, das die geistige Ebene von etwas erfassen kann. Daher kommt es auf unsere eigene Verfassung und Haltung an, auf den momentanen Bewusstseinszustand, mit dem wir eine Landschaft, einen Baum oder ein Tier und natürlich auch die Stadt betrachten. Es ist ja kein Automatismus, dass wir in der Natur entspannen und auftanken. Man kann auf einer Wanderung stundenlang reden und diskutieren. Dann hat man seinen Alltag, die Sorgen, den Beruf mit in die Natur hinausgenommen und kaum etwas von der Umgebung mitbekommen. Entsprechend wenig verändert wird man sich am Abend fühlen. Sicher, ein bisschen tut die Natur auch dann: Man hat sich zumindest bewegt, durchgeatmet und ist durch energetisch reinere Gebiete gegangen, die gewisse Lasten weggenommen haben, welche im eigenen Energiefeld klebten. Intensiver und regelrecht heilsam aber sind die Aufenthalte in der Natur, für die sich auch Herz und Bewusstsein öffnen.

Dass dies geschieht, dafür reicht ein kleiner Shift im Bewusstsein, ein inneres Aufmerken (und in diesem Buch finden Sie zahlreiche Anregungen dafür). Oft werden uns solche Momente auch einfach geschenkt. Wir laufen in Gedanken oder in ein Gespräch versunken durch den Wald – und plötzlich sehen wir ein Reh vor uns auf einer Lichtung. Oder wir biegen um einen Fels und sehen völlig unerwartet die orangerote Sonne am Horizont untergehen. Aufmerken, Stille, Staunen. Wir halten inne. Wir sind ganz im Moment. Wir erleben etwas viel Tieferes als das, was vorher in unserem Kopf vor sich ging. Etwas kaum zu Beschreibendes, das unser gesamtes Wesen erfasst.

Freude steigt auf, wir fühlen uns verbunden, frisch und wirklich lebendig.

Wenn wir genauer hinsehen, merken wir: Die Natur spricht uns unentwegt Einladungen zur Besinnung aus, zum Innehalten, Gewahrwerden, Bewusst-Sein. In ihrer Obhut ist es leichter, still zu werden und auf die Umgebung zu lauschen, die sich immer wieder wandelt und doch scheinbar ewig gleich bleibt: einfach Natur. Ob in der Menschenwelt Kampf ist oder Frieden, ob Mittelalter herrscht oder ein Computerzeitalter, Natur bleibt Natur und entwickelt sich zumindest deutlich langsamer als wir.

Sie macht uns das Ruhigwerden auch deshalb leicht, weil sie unbestreitbar eine andere Welt im Vergleich zu der ist, die wir Menschen im Laufe von Jahrtausenden geformt und gestaltet haben. Wir haben Häuser gebaut, die immer größer wurden, Fabriken, Shoppingzentren, Autobahnen. Wir leben überwiegend auf dieser Seite der Wirklichkeit und haben es uns dort auch ganz gut eingerichtet. Die Natur ist »draußen«. Eine Welt, die völlig anderen Gesetzen gehorcht. Eine Welt vor allem, in der es genau von dem nichts gibt, was in uns ununterbrochen wimmelt: Gedanken. In der Natur können wir abschalten – was nicht nur heißt, mal ohne technische Geräte unterwegs zu sein, sondern auch meint, dass wir vom ewigen Gedankenstrom in uns ablassen, die Sorgen ziehen lassen, ankommen in dem, was wir unmittelbar um uns herum sehen, riechen, fühlen, hören. Die Natur weckt unsere Sinne, kitzelt unmittelbare Empfindungen in uns hervor, macht uns lebendig und, ja, natürlich. Wir erleben uns so, wie wir sind. Unkompliziert. Besinnung bezieht sich vom Wort her nicht zufällig auf die Sinne und das Sinnliche. Wenn wir uns besinnen, werden unsere Sinne wiederbelebt, wir spüren uns und unser Umfeld, wir nehmen unvermittelt und »echt« wahr.

Für viele – wie auch für uns Autorinnen – ist insbesondere die Stille eine unschätzbare Qualität, die uns die Natur immer wieder schenkt. Sie eröffnet uns eine Ahnung von der Schöpferkraft, vom Urgrund des Seins, vom reinen Bewusstsein oder wie auch immer man es ausdrücken will. Stille heißt dabei nicht unbedingt Geräuschlosigkeit. Der Wind, die Bäume, die Tiere oder Vögel können durchaus hörbar sein – und doch liegt unter allem so ein Zauber des eben nicht Hörbaren, der unendlich weiten Stille. Darauf zu lauschen, das wollen wir Ihnen hier als praktische Übung vorschlagen.

Und das ist auch gleich so eine Sache: Viele Menschen lieben die Stille, es sind diejenigen, die ihre Schönheit bereits erfahren haben und seither immer wieder davon kosten wollen. Für sie wird diese Übung leicht und angenehm sein. Andere sind in einem stärkeren Maße daran gewöhnt, Geräusche um sich zu haben, ein Radio, den Fernseher, Kopfhörer. Wenn das auf Sie zutrifft, versuchen Sie doch mal, sich auf das »Geräusch des Nichts« zu konzentrieren. Ganz gleich, ob um Sie herum gerade Geräusche sind, Sie lauschen auf die Stille, die ebenfalls da ist. Wenn Sie in einem stillen Wald sitzen, ist diese Stille natürlich leichter erfahrbar als an einem sonntäglich belebten Badesee oder gar an einer Hauptverkehrsader in der Großstadt. Aber hinter allen Geräuschen gibt es dennoch eine Stille, eine unhörbare Weite. Sie ist immer die gleiche, eine Konstante im Leben, auf die Sie sich jederzeit besinnen können. Es wird von außen nichts vorgegeben, stattdessen tut sich im Inneren eine ungeheure Weite auf, die sonst einfach nicht bemerkt werden kann. Ein Genuss, wenn man sich einmal darauf einlassen konnte. Und etwas, was uns Menschen zutiefst mit der Natur verbindet.

Die Stille tief in sich aufnehmen – draußen in der Natur

Begeben Sie sich an einen ruhigen Platz irgendwo draußen in der Natur. Das kann Ihr Lieblingsplatz sein. Oder Sie entdecken auf einem Ausflug einen neuen Ort, der Sie zu Stille und Besinnung einlädt.

Stellen oder setzen Sie sich an Ihrem Platz bequem hin und atmen Sie einige Male tief durch.

Werden Sie sich Ihres Körpers bewusst. Spüren Sie Ihre Füße und die Art, wie Sie stehen oder sitzen. Nehmen Sie Ihre Haltung wahr und atmen Sie in Ihrem eigenen Rhythmus ruhig weiter ein und aus.

Und nun beginnen Sie zu lauschen, einfach nur in die Weite hineinzuhören und die Stille wahrzunehmen, die auch dann da ist, wenn es Geräusche gibt. Sie können sich auch langsam und ruhig umschauen, vielleicht fällt es Ihnen dann leichter, die Stille wahrzunehmen. Oder Sie betrachten einen Baum oder die Oberfläche eines Gewässers.

Wenn es im Kopf noch etwas unruhig ist, hilft es manchmal, kurz die Luft anzuhalten und aufmerksam dafür zu bleiben, was dabei passiert. Lauschen Sie gleichzeitig weiter in die Stille um Sie herum.

Entspannen Sie Ihren Körper und spüren Sie die Weite der Landschaft.

Spüren Sie diese Weite nun auch in sich selbst, in jeder Ihrer Zellen. Lassen Sie die Weite, die Stille tief in Ihren Körper einsinken. Spüren Sie nach, wo Sie sie besonders gut oder angenehm wahrnehmen können.

Wenn Sie durch irgendetwas abgelenkt oder gestört werden, nehmen Sie es einfach wahr. Und bemerken Sie auch, dass die Stille davon nicht beeinträchtigt wird. Die Stille bleibt weiter da, auch während Sie zwischenzeitlich auf die Geräusche konzentriert sind und sie nicht bemerken.

Wenn Sie nach einer Weile wieder in Ihr Alltagsbewusstsein zurückkehren, bewahren Sie ein bisschen von der Stille und der inneren Ruhe in sich.

Wie ist es Ihnen damit ergangen? Eine solche Übung klappt mal mehr und mal weniger gut, denn wir sind durch unseren oft fordernden Alltag mal mehr und mal weniger ruhig in uns selbst. Und so können wir die Stille außen manchmal nicht so gut oder gar nicht wahrnehmen und eventuell auch nicht aushalten. Der Widerspruch zu Unruhe und Gedankenaktivität in uns selbst ist einfach zu groß. Innere und äußere Natur passen in solchen Momenten nicht zusammen. Meist wenden wir uns dann von der äußeren Natur ab und laufen weiter den Aktivitäten im Alltag oder in unserem Kopf nach.

Den umgekehrten Weg zu gehen und sich der Stille im Außen zuzuwenden macht es möglich, dass sie auf uns abfärben kann. Wie oft sieht man einen Menschen irgendwo auf einer Bank sitzen, wie er die Sonne genießt, und hat das Gefühl, dass er genau in diesem Zustand des Lauschens auf die Ruhe ist. Ein Bild wirklichen Friedens. Die Stille wahrzunehmen und sie damit auch in sich aufzunehmen mag allerdings in den ersten Momenten nicht immer angenehm sein, weil man sich des Lärms im eigenen Inneren dann erst so richtig bewusst wird. Aber diese unbeschreiblich ruhige Weite, die Atmosphäre der »Natürlichkeit«, der größeren Ordnung, die alles durchdringt, ist stärker und macht es uns möglich, im eigenen Inneren anzukommen und Störendes loszulassen. Was dann bleibt, ist nicht etwa gar nichts mehr, sondern eine ungeheure Kraft, die aus der Ruhe kommt.[6]

Mit dieser Übung werden wir später noch weiter experimentieren. Wir möchten Sie anregen, die Erfahrung nach und nach urbaner werden zu lassen. In die Stille einzutauchen ist in der freien Natur am leichtesten, aber nach einer Zeit geht es auch mitten im Stadtgetümmel. Aus unserer Erfahrung ist diese Übung ein Schlüssel dazu, sich bald in jeder Umgebung in der Natur – der inneren ebenso wie der äußeren, je nach aktuellem Aufenthaltsort – verankern und dort Kraft tanken zu können. Man kommt zu sich selbst und zugleich in die Verbundenheit mit allem Lebendigen.

Um das gleich noch ein wenig zu üben, können Sie sich auch auf bestimmte Geräusche der Natur fokussieren. Lauschen Sie beispielsweise auf den Gesang der Vögel oder eines bestimmten Vogels, dessen Lied heraussticht. Oder hören Sie auf das Rascheln der Blätter oder das Rauschen der Baumkronen im Wind, auf einen Bach oder auf das leise Knistern, das Insekten verursachen können. Mit solchen Erfahrungen schärfen Sie Ihre Sinne, und es wird Sie erstaunen, wie ruhig und zufrieden Sie dabei werden. Bald dürfte es Ihnen auch leichtfallen, mit der Aufmerksamkeit zwischen Geräusch und Stille hin und her zu schalten.

In der Natur Kraft tanken – fürs Stadtleben

Beim Wandern spürt man es besonders gut: Stadt und Natur sind zwei Welten. Die Oper »Tiefland« von Eugen d'Albert beschreibt diese Differenz sogar musikalisch – wundervoll! Die Szenen oben in den Bergen, wo der Hirte Pedro seine Schafe hütet, sind voller Sanftheit, Weite und Ausgeglichenheit, während im Tal unten in den Orten eher die Geschwätzigkeit der Menschen und ihre Querelen miteinander hörbar werden. Kommt man nach ein paar Stunden des Gehens »draußen« selbst wieder in Stadtnähe, kann man es ähnlich erleben. Die Stille weicht der alltäglichen Geschäftigkeit, die Naturwelt ist hier erst einmal zu Ende. Wir kommen zurück in die Realität, in der wir den Großteil unseres Lebens verbringen. Wie aber könnten wir uns das erhalten, was wir an Stille und Frieden, an Kraft und Einssein erlebt haben?

Wir ziehen an den Wochenenden und im Urlaub in die Natur, um uns zu erholen, zu entspannen und fit für die nächste Runde Alltag zu werden. Die Erholung reicht ein Stück, sie trägt uns durch die Woche – und am nächsten Freitag sind wir doch wieder reif fürs Grüne. Ideal wäre es natürlich, wenn man länger etwas davon hätte und die Naturerfahrung in der Stadt, im Alltag sogar immer wieder auffrischen und vertiefen könnte. Bezieht man die innere Natur und die geistige Ebene mit ein, ist das absolut möglich – und genau dahin bewegen wir uns in diesem Buch. Bleiben wir zunächst im Grünen draußen, weitab von allem Urbanen, und versuchen wir, auf eine ganz neue Weise an das Erlebnis Natur heranzugehen.

Die Natur erfahren, auch mit dem sechsten Sinn

Es gibt ganz unterschiedliche Weisen, in der Natur zu sein. Wir wollen hier für unseren Zusammenhang drei Stufen skizzieren: Auf der ersten ist man in seinen Gedanken gefangen. Man läuft durch einen Wald oder sitzt an einem See, aber Herz und Sinne sind verschlossen. Auf einer zweiten Stufe, die oftmals von allein einsetzt, wenn man sich eine Weile draußen aufgehalten hat, ist man langsam angekommen – in der Landschaft und ebenso bei sich selbst. Man wird ruhiger, die Gedanken werden weniger, man riecht, sieht und spürt mehr von dem, was einen umgibt. Und auf der dritten Stufe unseres Modells ist man dann wirklich mit allen Sinnen dort, wo man auch körperlich ist, und verschmilzt mit der Umgebung, mit den Wesen, die dort leben. Das eigene Energiefeld hat sich mit dem der Natur harmonisiert – Mensch und Natur sind sich tatsächlich begegnet und haben sich verbunden. Dies passiert im einfachsten Fall ebenfalls von allein. Mit den Anregungen aus diesem Buch aber können Sie nachhelfen und tiefer oder häufiger eintauchen, bis es Ihnen sogar mitten im städtischen Alltagstreiben gelingt.

Gehen wir wach durch die Natur, können wir ein Bewusstsein für das eigene Energiefeld, unsere Ausstrahlung entwickeln. Wir bemerken, dass wir mit unserer Atmosphäre im direkten Umfeld der Atmosphäre des Waldes oder der Landschaft begegnen. Sie reagiert darauf, so wie wir umgekehrt auf das Energiefeld der Natur reagieren. Das Faszinierende ist: Wenn sich zwei begegnen, entsteht etwas Drittes. Das ist in menschlichen Beziehungen so, aber eben auch, wenn wir uns auf die Natur einlassen.

Begegnung mit einem Baum

Stellen Sie sich irgendwo draußen ein paar Meter entfernt vor einem Baum hin, der Ihnen gefällt. Spüren Sie, wie Sie da stehen, wie Ihre Füße die Erde berühren, wie Sie ein- und ausatmen und allmählich ruhiger werden.

Spüren Sie nach: Wie geht es Ihnen? Wie fühlen Sie sich momentan?

Nehmen Sie jetzt den Baum wahr – entspannt und intensiv zugleich. Wie mag es diesem Baum wohl gerade gehen? Wie steht er? Wie fühlt er sich in seinen Wurzeln, in seiner Krone?

Konzentrieren Sie sich nun auf den Raum zwischen Ihnen und dem Baum. Was für eine Atmosphäre nehmen Sie dort wahr? Ist da etwas zwischen Ihnen und dem Baum entstanden?

Spüren Sie nun wieder ganz zu sich selbst hin. Wie geht es Ihnen jetzt?

Dehnen Sie Ihre Wahrnehmung zum Abschluss ohne Fokus in den gesamten Raum ringsumher aus. Wie fühlt sich dieser Raum, in dem Sie stehen, jetzt an? Hat sich durch Ihre Achtsamkeit etwas in der Atmosphäre verändert?

Ralph Müller, Wildnisexperte und Vogelkenner par excellence, beschreibt in seinem beindruckenden Buch *Die geheime Sprache der Vögel* ein noch differenzierteres Modell in Hinblick auf die Beobachtung von Vögeln. Er spricht vom »magischen Raum«,[7] der entsteht, wenn unsere Wahrnehmung bereits weit in den Raum hinausreicht, wir aber zugleich unsere Ausstrahlung so verfeinert und beruhigt haben, dass wir die Tiere nicht mehr stören. Natur und Mensch, Tier und Mensch können sich näher begegnen.

In genau diesem Wahrnehmungszustand hat er selbst beinah unglaubliche Tierbegegnungen erlebt, die ihn viel über sein eigenes Leben und das Menschsein an sich lehrten. Und auch wir können von solchen Erfahrungen erzählen. So saß Vera einmal sehr lange still im Wald, beruhigte sich bewusst immer weiter und versuchte regelrecht, eins mit dem Wald zu werden. Es scheint geklappt zu haben, denn nach einer Zeit tauchte vor ihr eine Maus auf, kurz darauf eine zweite und eine dritte. Sie spielten für ein paar Momente direkt vor ihren Füßen miteinander ... Franziska übernachtete einmal mit dem Schlafsack direkt am Ufer eines Sees. Als sie sehr früh am Morgen wach dort saß und sich ganz friedvoll und eins mit der Natur fühlte, kam ein Fuchs durch das knöcheltiefe Wasser spaziert. Er kam ihr bis auf drei Meter nahe – dann hielt er inne, merkte, dass etwas nicht stimmte, drehte den Kopf zu ihr und ging etwas eiliger seiner Wege. In beiden Fällen waren wir so mit der Umgebung verbunden, dass diese uns nicht mehr sofort als fremd und möglicherweise gefährlich wahrnahm. Winzige Momente der Begegnung ergaben sich, die aber waren so tief berührend, dass sie unvergesslich wurden.

Das große Umschalten

Immer ist es der aktuelle Bewusstseinszustand, der eine umfassende Naturerfahrung zulässt oder sich durch einen bestimmten Fokus nur auf einen Teil des Erlebbaren richtet. Sicher kennen Sie es, dass Sie ganz anders unterwegs sind, wenn Sie eine Kamera dabeihaben. Alles, was Sie sehen, prüfen Sie daraufhin, ob es ein gutes Motiv sein könnte.

Das aber schränkt den Blick stark ein. In diesem Zustand ist es sehr viel schwerer, die Umgebung fühlend wahrzunehmen, hörend, sinnlich. Nur die Augen sind aktiv, auf ein Ziel, ein erhofftes Ergebnis ausgerichtet. Im Schamanismus wird die Absicht eines Vorhabens betont. Sie legt von vornherein die Ausrichtung fest. In unserem Fall gibt es zwei Möglichkeiten, auf die Sie Ihre Absicht richten könnten: gute Fotos oder mehr Erfahrungstiefe.

Machen Sie es immer wieder zu einer Frage der Entscheidung: Was wollen Sie heute erleben? Was jetzt in diesem Moment? Möchten Sie Erinnerungsfotos machen? Möchten Sie sich tief auf die Natur einlassen? Oder ist es Ihre Absicht, ein Foto als Anker für Ihre Verbindung mit der Natur zu machen, das Ihnen im Stadtalltag Kraft und Ruhe gibt? Es ist eine Frage der Entscheidung. Wollen Sie sich am Skihang austoben und möglichst viele Talfahrten genießen? Oder wollen Sie in die Stille der Winterlandschaft eintauchen und darüber zur eigenen inneren Ruhe finden? Alles ist möglich, aber vieles eben nicht gleichzeitig. Nacheinander hingegen klappt es schon.

Was wir in diesem Buch regelrecht als Training anbieten, ist das Umschalten von einem alltäglichen in einen außeralltäglichen Bewusstseinszustand, der letztlich in unterschiedlichen Abstufungen auch einem schamanischen Bewusstseinszustand entspricht. Hier gleich zwei Ideen dazu, die Sie ausprobieren und weiterentwickeln können. Es geht bei ihnen nicht um die Entscheidung für oder gegen eine Möglichkeit, einen Zustand. Es geht nicht um ein Entweder-oder, wie es im Beispiel des Fotografierens gefragt war. Vielmehr geht es um den Klick, mit dem von einem eher verschlafenen in einen wachen Zustand des Bewusstseins umgeschaltet wird. Eine Entscheidung ist auch hier nötig: die Entscheidung für dieses Umschalten.

Mit den folgenden Übungen schärfen Sie Ihre Sinne in der Natur. Durch das Innehalten oder vielmehr das Sehen aus einem veränderten Blickwinkel können Sie Ihre Wahrnehmungsrezeptoren immer wieder auf die Stufe »frisch und neu« schalten. Sie merken, wie Sie sich von der Welt der Gedanken ab- und zur äußeren Realität hinwenden. Diese Übungen helfen Ihnen somit, auf die alltägliche Wirklichkeit tatsächlich aufmerksam zu werden, auch auf die dort herrschende Atmosphäre, das Energiefeld, wie es um Sie herum gerade da ist. Ihr Bewusstsein wird geschult, sodass Sie bald jederzeit und überall, auch in der Stadt, willentlich umschalten können.

Eine »Einfrierübung«

Machen Sie mit sich selbst ein Zeichen aus, wenn Sie das nächste Mal durch die Natur spazieren: zum Beispiel das erste Eichhörnchen, das Sie sehen; der erste Rabe, den Sie hören; wenn zum ersten Mal ein Stock unter Ihren Füßen knackt oder Sie einen sanften Windhauch im Gesicht spüren.

Spazieren Sie nun los und genießen Sie die Umgebung. Das Warten auf Ihr Zeichen lässt Sie ganz automatisch achtsamer sein. Wahrscheinlich aber vergessen Sie es nach einer Weile und denken an etwas anderes.

Wenn Ihr Zeichen dann plötzlich auftaucht – Sie sehen ein Eichhörnchen, hören einen Raben, es knackt unter Ihrem Schuh, oder der Windhauch wird spürbar –, dann halten Sie unverzüglich inne. Sie bleiben starr so stehen, wie Sie gerade sind. Sie frieren gewissermaßen die aktuelle Bewegung ein.

Nehmen Sie nun wahr, wie Sie selbst gerade sind. Spüren Sie, wie Sie stehen, wie Sie atmen, wie Sie sich fühlen. Vielleicht bemerken Sie auch, dass Sie mit Ihren Sinnen und vor allem Ihren Gedanken gerade ganz woanders waren.

Nehmen Sie außerdem wahr, wie sich die Umgebung anfühlt.

Wenn Sie möchten, können Sie mit sich selbst einen neuen Wachrüttler ausmachen, bevor Sie weitergehen.

Als Alien auf der Erde

Stellen Sie sich auf einem Spaziergang vor, Sie seien ein eben erst auf der Erde gelandeter Außerirdischer. So etwas, wie Sie es jetzt hier um sich herum vorfinden, haben Sie noch niemals gesehen. Ja, Sie konnten es sich nicht einmal vorstellen, weil es dort, wo Sie herkommen, vollkommen anders ist.

Schauen Sie sich also mit großen staunenden Augen um. Nehmen Sie die Farben wahr, die Formen, die Größe der Bäume und die Winzigkeit der Ameisen. Lauschen Sie mit weit offenen Ohren. Schnuppern Sie mit einer höchst entzückten Nase.

Spüren Sie nach einer Zeit, wie Sie selbst sich fühlen, nachdem Sie mit so wachen Sinnen durch die Natur gegangen sind.

Das große Umschalten ist die Entscheidung, vom Zustand »unbewusst« in den Zustand »bewusst« zu wechseln. Sie schalten von »versunken« (meist in Gedankenwelten) um zu »wach«, von »verschlossen« zu »offen«, von »taub« zu »sensibel«. Initiiert wird dieses Switchen von der einfachen Entscheidung für die Bewusstheit. Sie nutzen die Kraft Ihrer Gedanken und Ihrer grundlegenden inneren Absicht.

Auch die Schamanen wussten immer, dass wir mit unseren Gedanken letztlich die Welt kreieren. Indem Sie die Schöpferkraft »sind«, ist in Ihrem Kopf, in Ihrem Herzen, in Ihrem Wesen letztlich alles möglich. Sie können sich auf ein Ziel ausrichten und es mit aller Kraft verfolgen. Oder Sie entscheiden, sich treiben zu lassen, mit dem Geschehen zu fließen und zuzulassen, was passieren will. Ihre Entscheidung richtet den Fokus aus. Sie können Aktivität oder Passivität, Machen oder Geschehenlassen wählen. Beides ist als gleichberechtigte Möglichkeit vorhanden, und Sie entscheiden, was Sie in welcher Situation möchten. Sie können die Dinge durchdenken, analysieren und gedanklich so fein zerlegen, dass sie Ihnen über viele ihrer Details Aufschluss geben. Oder Sie öffnen Ihr Herz und lauschen mit allen Sinnen, was Ihnen die Dinge zu sagen haben. Sie können sich zerstreuen und von anderen Menschen, von Musik, dem Fernseher oder dem Internet unterhalten lassen. Oder Sie fokussieren sich auf Ihre Innenwelt, werden still und hören auf das, was Ihr Inneres über Sie selbst erzählen möchte. Beides ist von Zeit zu Zeit wichtig oder einfach nur schön. All diese Herangehensweisen sind richtig und zuweilen sinnvoll. Alle haben ihren Platz und ihre Zeit. Sie entscheiden, welche Sie wollen. In jedem Augenblick neu – und auch für die Grundausrichtung Ihres Lebens. Ist es tendenziell die Bewusstheit, die Sie wählen, heißt das nicht, dass Sie von nun an immer höchst wachsam und achtsam sein werden. Das gelingt den allerwenigsten. Die Entscheidung – oder eben das Umschalten – muss immer wieder neu erfolgen.

Wenn Sie sich fragen, wofür es überhaupt gut ist, in sich ein wacheres Bewusstsein zu etablieren – dafür gibt es viele Gründe:

- Sofort erfahren Sie eine deutlich größere Erlebnistiefe und -dichte.
- Sie spüren sich selbst und auch Ihr Umfeld klarer und lebendiger.
- Das oft quälende Gedankenkarussell dreht sich langsamer oder stoppt ganz – eine ungeheure Befreiung.
- Sie entwickeln eine größere Sensibilität für die unterschiedlichen Ebenen des Seins und verlassen damit natürlich auch die häufige Eindimensionalität des modernen Alltags.
- Sie öffnen sich für Ihre Intuition, für die Weisheit aus Ihrem Bauch und die Botschaften der geistigen Welten.
- Sie öffnen sich für die tieferen Dimensionen des Lebens, für das Geistige, das Göttliche oder wie auch immer Sie es nennen wollen.
- Sie wissen um die vielen unterschiedlichen und gleichberechtigten Möglichkeiten zu denken, zu fühlen, zu handeln, zu sein – und können damit auch selbst ein deutlich erweitertes Spektrum an Wegen nutzen, Ihre Individualität zu leben.
- Sie entwickeln eine gesteigerte Sensibilität für Ihre eigenen Bedürfnisse und können so viel liebevoller für sich selbst sorgen.
- Auch andere nehmen Sie viel klarer und authentischer wahr, was sich natürlich harmonisch auf das Zusammenleben oder -arbeiten auswirkt.

- Ihre Wahrnehmung der Natur ändert sich und damit auch Ihre Haltung den Pflanzen und Tieren und der gesamten Schöpfung gegenüber. Sie fühlen sich eingebunden in das große Ganze und wollen als Teil davon auch Ihren positiven Beitrag leisten.
- Letztlich erleben Sie etwas nicht Beschreibbares. Sie kommen im allertiefsten Sinne des Wortes zu sich, mit Körper, Geist und Seele.

Kommunikation mit der Natur

In einem tieferen Einlassen auf die Natur ist natürlich auch Kommunikation möglich, mit einem Baum, einem Fels, einem Wäldchen, einem See. Schamanen aller Kulturen haben sich schon immer mit Wesen der Natur ausgetauscht, sie um Unterstützung und Rat gebeten, ja, sie haben teilweise sogar das Wetter zu beeinflussen vermocht, wenn das für ihre Gemeinschaft wichtig war.

Tauchen wir in die geistige Ebene der Natur ein, wird uns plötzlich ein tieferes Wissen zugänglich, wir erhalten Antworten auf drängende Fragen und können sogar richtiggehend neu ausgebildet werden in Sachen Lebenskunst auf der Erde. Michael Roads, einer der großen Erzähler spiritueller Erfahrungen, beschreibt das wunderbar in seinem beliebten Buch *Mit der Natur reden*. Auch er erlebte bei seinen Streifzügen durch die Wälder, bei denen er mit Pflanzen und Steinen sprach, die innige Verbindung von äußerer und innerer Natur. Er hat es auf einzigartige Weise geschafft, der Natur selbst Antworten auf die Frage zu entlocken, wie wir Menschen uns wieder tiefer mit ihr verbinden können. All die Aussagen der Steine, Bäume, Tiere und Felsen, die er in seinem Text wiedergibt, sind eng mit seinem eigenen Prozess, seiner eigenen Bewusstseinsentwicklung verwoben. Und genau diese Bereitschaft, sich selbst zu wandeln und weiterzuentwickeln, ist wohl auch grundlegend für einen tieferen Kontakt mit der Natur. Denn er übersteigt alles, was wir uns zuvor rational vorstellen konnten. Er bringt uns näher zum Urgrund des Lebens und damit natürlich auch näher zu uns selbst. Wir finden unsere irdische Heimat, könnte man sagen.

Oft bietet uns der Austausch Antworten auf ganz persönliche Fragen und hilft uns bei individuellen Herausforderungen weiter. Vielleicht ist Ihnen das auch schon passiert, dass Sie beim Spazierengehen einen Vogel oder einen Fels betrachteten und plötzlich eine Idee für die Lösung eines Problems in Ihnen aufstieg oder Sie durch ein paar Worte, die sich wie von allein in Ihrem Geist formten, getröstet waren. Ich (Franziska) hatte eine Phase in meinem Leben, in der für ein paar Monate die Natur meine wesentliche Anlaufstelle war. Einige Bäume und ein See waren es, die ich damals mit meinen Fragen fast täglich aufsuchte. Ich lehnte mich an die Bäume oder saß lange still am Seeufer und sog die Kraft, die starke, völlig selbstverständliche Lebensverbundenheit dieser Wesenheiten in mich auf. Oft fragte ich auch ganz direkt, was ich denn jetzt machen solle oder wie es weitergehen würde. Immer kam eine Antwort. Und immer überraschte sie mich, weil ich sie mir nicht hätte ausdenken können. Manchmal war die Antwort auch nicht so, dass ich nun besser Bescheid wusste – sondern es wurde mein Herz berührt, ich konnte vielleicht weinen oder musste spontan lachen und fühlte mich dabei auf seltsame Weise besser. Irgendein tief verborgenes Wissen in mir schien kurz aufzuwachen: Du bist Teil des großen Lebens, es wird alles weitergehen, hab Geduld und sorge gut für dich.

Die Natur ist unsere beste Ratgeberin, nicht nur in dem Sinne, dass wir sehr viel aus ihr lernen können, sondern auch ganz direkt: Wir lassen uns auf sie ein und werden wissend. Dies wurde von alters her auch für Vision Quests genutzt, die Schamanen in der Natur durchführen. Sie verbinden sich dort intensiv mit den Kräften des Lebens und erhalten Botschaften, die alles Weitere prägen. (Wie diese Visionssuche auf eine richtungsweisende und praktikable Art auch mitten in der Großstadt möglich ist, erfahren Sie im Kapitel »Die Stadt als Ort der Kraft«.)

Interessant und die eigene Weltsicht erweiternd ist die Kommunikation »draußen« auch, wenn es gar nicht um persönliche Belange geht. So hatte ich (Vera) beispielsweise eine Unterhaltung mit einer jungen, etwa drei Meter hohen Tanne, die mich auf einem Spaziergang regelrecht zu rufen schien. Der dünne Stamm hatte kleine abgebrochene Äste, die wie Borsten hervorragten. Für mich war es, als wäre er voller Pickel – eine Tanne in der Pubertät. Sie war jedoch stark und konnte mich mit ihren bereits recht tiefen Wurzeln gut halten, ich konnte mich also gemütlich an sie anlehnen. »Ihr seht auf euren Erkundungen immer nur die schönen, uralten, ganz besonderen Bäume«, sagte sie. »Ihr sucht die starken Stämme der großen Bäume, weil ihr meint, nur sie könnten euch halten. Und ihr meint, nur die Alten könnten euch etwas lehren. Ihr habt vergessen, alles etwas differenzierter zu sehen. Bei uns Jungen ist es leicht, kritisch zu sein. Du siehst sofort, dass ich asymmetrisch bin, bei einem großen Baum würde dir das nie oder nicht so schnell auffallen. Bei mir siehst du, wo etwas abgestorben ist und dass oben an der Krone ein Stück fehlt. Wärst du auch so kritisch bei einem alten Baum?«

Es war spannend für mich, von einem so jungen Baum zu lernen. Ich begriff auch, dass junge Menschen ganz andere, höchst interessante Standpunkte haben und ich ihre Sicht der Dinge genauer erfahren sollte. »Die Älteren verstecken viel von ihrer Kraft, und es ist nicht mehr alles so gut sichtbar wie bei den Jungen«, sagte die Tanne weiter. Ja, bei reiferen Menschen muss man meist genauer hinschauen, um zu erkennen, wer sie sind. Junge Leute sind oft freier, verstellen sich weniger, ihr Handeln ist leichter berechenbar. Ich legte mich auf die Erde, um besser zuhören zu können. Die Tanne meinte, dass sie den Schatten aller großen Bäume um sich herum habe und daher nicht optimal wachsen könne. Sie bekomme von allen die Schattenseiten, also die nicht so angenehmen Seiten ab. Gleichzeitig sind die großen Bäume auch ein Schutz. Doch erst wenn ein großer Baum stirbt, schenkt er dem kleinen das Licht. Ich fühlte mich daran erinnert, dass auch wir Menschen erst dann zu ganzer Größe heranreifen, wenn wir die volle Verantwortung übernehmen und nichts mehr auf die Eltern- oder Großelterngeneration schieben. Kein Schutz mehr, keine Unterstützung mehr, aber dafür Raum für die wahre eigene Größe.

Aus der Stille heraus kommunizieren

Begeben Sie sich wieder an einen ruhigen Platz irgendwo draußen in der Natur. Stellen oder setzen Sie sich bequem hin und atmen Sie einige Male tief durch.

Nehmen Sie sich Zeit, um anzukommen. Spüren Sie Ihre Füße auf der Erde, Ihre Hände, den Atem. Werden Sie sich Ihrer selbst bewusst, wie Sie hier in der Natur stehen.

Schließen Sie die Augen, wenn Ihnen das angenehm ist.

Lauschen Sie, nehmen Sie die Stille um sich herum wahr, bis Sie sich ganz ruhig und geborgen fühlen.

Schauen Sie sich jetzt um, blicken Sie auf einen Baum oder einen Stein. Bleiben Sie im Bewusstsein der Stille und nehmen Sie den Baum oder Stein ganz neu wahr. Mit offenem Herzen, weichem Blick.

Gehen Sie in Verbindung mit ihm, begrüßen Sie ihn und warten Sie ab, ob Sie eine Antwort erhalten. Vielleicht entspinnt sich ein kleines Gespräch, oder Sie bleiben einfach in der Empfindung einer tieferen Verbundenheit mit Ihrem Natur-Gegenüber.

In der Naturkommunikation können übrigens sogar Märchen wahr werden. Wie oft geht es in den alten Geschichten darum, dass ein Mensch in die Natur hinausgeht, einem seltsamen Wesen begegnet und von ihm regelrecht auf Herz und Nieren geprüft wird. Ist es ein guter Mensch? Hilfreich, gütig, mitfühlend? Besteht er die Prüfung, wird er reich belohnt. Viele Menschen heute haben sich genau diesen »seltsamen Wesen« wieder geöffnet und wissen, dass es beispielsweise im Wald mehr gibt als nur Bäume, Pilze, Wildtiere und Insekten. Wenn man sehr aufmerksam ist, kann man an manchen Orten tatsächlich Wesen erahnen, die nur so etwas sein können wie Elfen, Feen, Kobolde und andere »Geister«. Oft gehören sie zu einem Baum, einem bestimmten kleinen Areal oder zu einem Gewässer. Sie wohnen dort, werden ungern gestört, sind aber durchaus zu einem Plausch mit einem feinfühligen Menschen bereit. Sich darauf einzulassen, dabei auch zu fragen, was sie sich wünschen und was man für sie tun könnte – das kann den märchenhaften Reichtum tatsächlich ins Leben bringen. Nicht unbedingt in Form einer Truhe Gold oder der Hand einer Königstochter. Aber in Form von Trost, Unterstützung, Wissen und wachsender Lebensweisheit, die tatsächlich zu einem erfüllten, reichen Leben führen.

Gerade Kinder haben einen guten Zugang zu den Wesen der Natur, die wir Erwachsenen leider oft nur noch belächeln. Wir kennen eine Frau, die mit kleinen Kindergruppen zu besonderen Plätzen in der Natur geht und ihnen dort von den Elfen erzählt. Für die Kinder ist das wundervoll, schnell fangen sie ihrerseits an, von ihren Erlebnissen mit Feen, Elfen oder Zwergen zu reden. Und vielleicht zeigt diese Frau den Kindern auch etwas, was schon unsere Ur-Ur-Urgroßeltern im Wald taten: Sie suchten sich irgendwo einen gegabelten Baum. Dann hoben sie ein Stöckchen auf und ließen einen Wunsch auf ihn übergehen: Sie flüsterten ihm den Wunsch ein oder ließen ihn über ihre Hände in das Holz fließen. Dann warfen sie das Stöckchen durch die Gabel des Baumes. Nun war er im Elfenbriefkasten angekommen und würde dort bearbeitet werden. Wenn Sie es ausprobieren möchten, die Elfen leben nach wie vor in vielen Wäldern.

Geschärftes Bewusstsein trifft auf besondere Schwingungen

Wir hatten über das Umschalten in den Zustand des wachen Bewusstseins schon gesprochen und werden in diesem Buch auch immer wieder darauf zurückkommen. Um in diesen Zustand der Naturbegegnung zu gelangen, machen sehr viele Menschen ein kleines Ritual, das auch den traditionellen Schamanen bekannt ist. Sie begrüßen die Natur oder speziell das Stückchen Natur, das sie gerade betreten wollen, und bitten die geistige Welt, die Baum-, Wasser- oder Tiergeister, um Einlass. Wenn Sie also einen Waldspaziergang machen, können Sie am Eingang in den Wald stehen bleiben, als wäre dort eine Schwelle. Und sie ist tatsächlich da, manchmal markiert von zwei seitlich stehenden Bäumen, die den Weg flankieren und als Wächter fungieren. Wer innehält, grüßt, dem Fleckchen Erde Respekt und Aufmerksamkeit zollt, wer die geistige Ebene anerkennt und freundlich um Aufnahme bittet – der wird nicht nur selbst achtsamer. Mit seinem sofort wacheren Bewusstsein ist es, als würde er in eine ganz andere Welt eingelassen als die alltägliche, eine Welt, die ihn herzlich teilhaben lässt. Am Ende kann man sich bedanken und verabschieden. Dann tritt man bewusst wieder in die zivilisierte Welt und in den alltäglichen Bewusstseinszustand ein.

Diese besondere Wachheit beim Betreten eines Ortes lohnt sich natürlich vor allem an Kraftorten, die überall auf der Erde eine wertvolle und heilsame Schwingung aufweisen. Schon immer haben sich Menschen zu diesen speziellen Plätzen in der Natur hingezogen gefühlt. Lichtungen, Berge, Bäume und Quellen – einige von ihnen strahlen eine Energie aus, die sich von den gewöhnlichen Orten stark abhebt und uns Heilung, Inspiration oder einfach innere Ruhe vermitteln kann. Auch alte Heiligtümer oder Kirchen wurden sehr oft an solchen Stellen errichtet. Viele sind mit Sagen und Legenden verwoben, die beschreiben, dass Götter, Naturgeister oder Heilige dort Wunder vollbracht und den Platz damit gesegnet haben. Oftmals über Jahrhunderte kamen die Menschen bewusst hierhin, um sich mit dem Göttlichen zu verbinden, zu beten, zu bitten, zu danken, sich aufzutanken. Bis heute lässt sich daher an Kraftorten eine stark positiv aufgeladene Schwingung feststellen, die vor allem dann spürbar wird, wenn man sich mit einem wachen Bewusstsein dort aufhält.

Kraftplätze müssen aber nicht nur die sein, die von alters her als solche gelten. Viele besonders ausladende oder durch ihre Wuchsform oder Gruppierung hervorstechende Bäume sind erst in jüngerer Zeit zu Kraftorten geworden bei Menschen, die diesen Platz für sich entdeckt haben. Nichts Offizielles. Einfach ein Platz, der Menschen guttut. Wer das für sich bemerkt, nutzt es und sagt es vielleicht ein paar sensiblen Freunden weiter.

Außerdem gibt es dann noch die ganz persönlichen Kraftplätze, die nicht einmal eine besondere Schwingung aufweisen müssen, die aber einem einzelnen Menschen, einem Paar oder einer Familie etwas bedeuten. Orte, an denen man mit dem Liebsten ab und an Picknick machte. Plätze, an denen ein Kind zum ersten Mal selbstständig ein paar Schritte ging. Orte, an denen man bemerken durfte: Jetzt geht es wieder aufwärts, meine Krise ist vorüber.

Lieblingsorte zu Kraftplätzen machen

Das Allerbeste ist: Sie müssen nicht warten, bis Ihnen irgendwo in der Natur etwas Besonderes passiert, um dann dort einen Kraftplatz zu haben. Sie können sich aktiv einen solchen Ort kreieren: zum Wohlfühlen und Auftanken, zum Seele-baumeln-Lassen, zum Empfangen von Botschaften und Knüpfen von Naturfreundschaften.

Dafür brauchen Sie natürlich etwas Zeit. Die folgende Anregung kann Ihnen helfen, einen guten Platz zu finden und die Atmosphäre dort weiter zu beleben, bis er zu einem Ort der Erholung für Sie geworden ist. Nach einer Zeit können Sie die Reise zu Ihrem Platz sogar rein innerlich von zu Hause aus unternehmen – ein inspirierender Kurzurlaub direkt von der Stadt aus, wann immer Sie sich ausgebrannt, genervt oder einfach urlaubsreif fühlen.

Einen Kraftplatz kreieren

Finden Sie in der Natur einen Ort, der Ihnen guttut. Vielleicht kennen Sie einen Platz, den Sie schon lange mögen und zu dem Sie gern wiederkommen. Oder Sie unternehmen einen Spaziergang in einer Gegend, die Ihnen gefällt, und halten dort bewusst Ausschau nach »Ihrem« Platz. Er sollte rundum so sein, dass Sie sich dort gern aufhalten. Vielleicht etwas abgelegen, doch für Sie dennoch gut zu erreichen. Er muss aber auch nicht versteckt sein, das Wohlfühlelement ist das Wesentliche.

Wenn Sie Ihren Platz gefunden haben, nehmen Sie sich die Zeit, ihn in Ruhe kennenzulernen. Setzen Sie sich dorthin, vielleicht wollen Sie sich auch gemütlich hinlegen oder sich an einen dicken Baum anlehnen.

Kommen Sie richtig an – bei sich und in der Natur, die hier lebt. Atmen Sie tief durch, spüren Sie in Ihren Körper hinein: in die Füße, die Beine, die Arme, den Rumpf.

Begrüßen Sie nun die Wesen, die an diesem Platz leben. Das sind die Bäume, Sträucher, Gräser und Kräuter und all die anderen Pflanzen. Vielleicht gehört ein Gewässer dazu, ein See, Bach oder Fluss. Und bestimmt leben hier auch feinstoffliche Wesen, denn an schönen Plätzen sind sie immer zu finden. Sie müssen sie nicht wahrnehmen, aber Sie können sich darauf einstimmen, dass auch sie hier sind und Ihr Ankommen bemerkt haben. Begrüßen Sie also alle, die an diesem Platz leben. Bitten Sie darum, dass Sie sich hier einen Kraftplatz etablieren können, den Sie dann öfter aufsuchen möchten, um sich zu erholen, die Natur zu genießen und Inspirationen zu empfangen.

Vielleicht spüren Sie, wie sich Ihr Herz öffnet, fühlen sich gestreichelt oder liebevoll umarmt. Vielleicht hören Sie Worte in Ihrem Kopf oder das Zwitschern eines Vogels, das einladend klingt.

Wenn Sie sich willkommen fühlen, können Sie diese Stelle nach und nach zu Ihrem Kraftplatz machen. Gehen Sie, sooft Sie wollen und Zeit haben, dorthin. Genießen Sie die Ruhe, die Natur, die Schönheit der Pflanzen, den Ausblick oder was auch immer Ihnen hier besonders guttut. Kommen Sie zu sich, indem Sie hier ausspannen, mit den Wesen des Ortes kommunizieren und sie vielleicht auch ab und zu um Rat oder um genau die Kraft bitten, die Sie gerade benötigen.

Gehen Sie respektvoll mit diesem Platz um. Behalten Sie im Bewusstsein, dass Sie hier Gast sind. In der Haltung, die daraus entsteht, werden Sie sehr viel von Ihrem Platz haben. Wenn Sie wirklich einen Kraftplatz wünschen, sollten Sie am ausgewählten Ort möglichst keine allzu alltäglichen Dinge tun wie lange Plaudereien am Telefon oder Spielchen mit dem Handy. Nutzen Sie die Ausflüge an Ihren Kraftort, um für eine Zeit alles hinter sich zu lassen und ganz zu sich und in Ihre Kraft zu kommen.

Wenn Sie den Platz verlassen, ist es schön, sich zu verabschieden und zu danken.

Ein Kraftort wird immer stärker, je öfter Sie ihn aufsuchen, um dort in die Stille, in die Meditation, in die Innenwelten einzutauchen. Eine Kirche, in der seit Langem viel gebetet wird, fühlt sich ja auch sehr viel kraftvoller an als eine, in der niemand wirklich Zwiesprache mit dem Göttlichen hält. Haben Sie einmal einen solchen Ort für sich gefunden und mit Kraft aufgeladen, kann er Ihnen in allen möglichen Lebenssituationen helfen. Einfach, weil Sie immer wieder dorthin zurückkehren können, um Kraft und Rat zu finden. Ein schönes Ritual ist es, einen Herzensweg zu diesem Kraftplatz führen zu lassen, einen Weg, den Sie dafür kreieren und in sich verankern.

Der Herzensweg zum Kraftplatz

Suchen Sie Ihren Kraftplatz auf und spüren Sie bewusst nach, welche Energie sich hier für Sie so wunderbar kräftigend, erdend, beruhigend oder auch erheiternd anfühlt. Erkunden Sie diese Energie ganz genau und nehmen Sie sie intensiv in Ihren Herzraum auf.

Gehen Sie dann einige Schritte von Ihrem Platz fort bis zu einem Punkt, der schon nicht mehr direkt dazugehört, sondern zum Bereich des für Sie Alltäglichen. Lassen Sie dort gedanklich so etwas wie einen Eingang oder Weganfang entstehen.

Drehen Sie sich zu Ihrem Kraftplatz hin um und treten Sie ganz bewusst durch den imaginären Eingang. Gehen Sie nun ganz langsam den Weg zu Ihrem Platz. Achten Sie dabei auf alle Details in Ihrem Umfeld, sodass Sie sich diesen Weg zu Ihrem Kraftplatz mit all seinen

Objekten am Rand, mit seiner Energie, dem Wechsel der Atmosphäre, einfach mit allem Markanten einprägen. Dies können Sie natürlich mehrfach tun, wenn Sie hier zu Besuch sind. Vielleicht entdecken Sie dabei jedes Mal etwas Neues.

Kommen Sie am Ende dieses Herzensweges bei Ihrem Kraftplatz an. Spüren Sie dort noch einmal bewusst die nährende Energie und nehmen Sie sie in Ihr Herz auf, damit sie in Ihnen verankert bleibt.

Gehen Sie ebenso bewusst den Weg in den Alltag zurück.

Der Herzensweg, der zu Ihrem Kraftplatz führt, wird sich irgendwann so stark verinnerlicht haben, dass Sie ihn imaginär spontan in einer Lebenssituation gehen können, in der Sie Kraft und Unterstützung brauchen. Jedes Detail wird Ihnen helfen, an die Naturkraft anzudocken. Diese bewusste Verbindung von erinnerter Atmosphäre, Stille und Harmonie unterstützt Sie dabei, sich zu erden und in sich selbst zu verankern. Der Platz wird Ihnen die Kraft spenden, wann immer Sie sie im Alltag brauchen.

Eine andere Übung zur Verankerung, bei der nicht die Natur im Vordergrund steht, bezieht mehrere Sinne und Ebenen mit ein. Auch mit ihr vermögen Sie besonders kraftvolle Momente in sich zu verankern, um in schwierigen Momenten darauf zurückgreifen zu können. Diese Übung können Sie auch an Ihrem Kraftplatz ausführen, wenn Sie sich einmal so richtig wohl und geborgen fühlen. Aber auch allgemein dann, wenn es Ihnen sehr gut geht, Sie sich geerdet, ruhig, zentriert und einfach kraftvoll fühlen. Sie selbst in Ihrer allerbesten Verfassung.

Diese Übung scheint uns eine der ganz wesentlichen zu sein. Wie bei einem alten Ritual bauen sich hier durch die Wiederholung große Kräfte auf. Einem starken positiven Gefühl wird eine Ausdrucksform gegeben, die tief im eigenen Inneren verankert und so für den Alltag abrufbereit gemacht wird. Die wiederholt gesetzten Signale prägen sich bis ins Zellgedächtnis des Körpers und tief in die Psyche ein. Wann immer sie erneut gesetzt werden, ist das ursprüngliche Gefühl der Kraft und Zentriertheit präsent. Im Laufe der Zeit werden Sie dann immer sicherer und stabiler Zugang zu Ihrer inneren Stärke haben.

Die Kraft in sich verankern

In einem Moment, in dem Sie sich vollkommen bei sich und in Ihrer Kraft, voller Dankbarkeit und All-Verbundenheit fühlen, können Sie diesen Zustand in sich verankern, um ihn später wieder abzurufen. Nehmen Sie dafür diesen momentanen Zustand mit allen Sinnen so tief wie möglich wahr. Spüren Sie, wie es Ihnen geht, und genießen Sie es zutiefst.

Wählen Sie nun drei Dinge aus, die Sie mit diesem Zustand aktiv verbinden wollen. Sie sollten auf unterschiedliche Ebenen gehören, die also beispielsweise Körper, Geist und Stimme einbeziehen und nicht alle nur zum Kopf gehören. Dies könnten sein:

- eine Geste mit den Händen, etwa ein Mudra,
- eine Körperhaltung,
- ein bestimmtes Atemmuster,
- ein inneres Bild oder Symbol,

- eine Farbe,
- ein Wort oder Satz, ein Mantra,
- eine Melodie oder ein Geräusch.

Bleiben Sie in dem wundervollen Gefühl des Moments und nehmen Sie nacheinander ganz in Ruhe die drei Anker hinzu, für die Sie sich entschieden haben: Singen Sie die Melodie, sagen Sie das Mantra, nehmen Sie die Körperhaltung oder das Mudra ein, visualisieren Sie die Farbe oder was auch immer Sie gewählt haben. Verbinden Sie diese drei Dinge bewusst mit dem guten Gefühl.

Es empfiehlt sich, diese Anker regelmäßig zu nutzen, um sie wirklich tief im eigenen Inneren zu etablieren. Dafür können Sie beispielsweise jeden Morgen diese drei Anker anwenden – also das Mantra singen, die Haltungen einnehmen und so weiter – und dabei den kraftvollen Moment in seiner Essenz wieder heraufbeschwören. Das kann ein schönes Morgen- oder auch Abendritual werden. Es geht dabei nicht darum, sich gedanklich an die Gegebenheiten dieses schönen Augenblicks zu erinnern, sondern die grundlegende Stimmung, in der Sie damals waren, neu zu erleben und zu einem Grundlebensgefühl zu machen. Die Anker helfen Ihnen auch, falls Sie an etwas Gutes erinnert werden wollen. Wenn Sie ausreichend mit den Ankern geübt haben, werden sich Körper und Psyche allein dadurch an die heilsamen Qualitäten erinnern, dass Sie wieder Ihre Geste, die Haltung oder die Worte oder Melodie nutzen. Sie sind zu Ihrer Medizin geworden.

Zum Abschluss: Der Dank

Wann immer Sie mit geistigen Kräften arbeiten, mit Naturwesen oder -energien oder meditieren – der Dank sollte den selbstverständlichen Abschluss bilden. Meist kommt er auch spontan aus dem Herzen, das sich geöffnet hat und tief berührt wurde. Welche Form der Dank annimmt, ist ganz individuell. Hier können Sie Ihre Kreativität entfalten. Traditionell gaben die Schamanen oft Tabak oder Speisen an die geistige Welt weiter. Das ist heute ebenso möglich. Oder Sie geben der Natur oder bestimmten Wesen Ihren Segen. Sie können auch ein paar Krümelchen Brot für die Ameisen ausstreuen oder bei einer Bergtour Ihr Picknick mit den Alpendohlen teilen. Sie können zum Dank ein Lied singen oder auch ganz einfach fragen, was sich die Natur, mit der Sie gerade zu tun haben, wünscht.

Es kommt bei dem Dank nicht darauf an, dass großartige materielle Gaben ausgeteilt werden. Es ist wichtig, dass Sie in Ihrem Herzen den Dank wirklich spüren und bereit sind, für das Erhaltene auch etwas zu geben. Das kann sogar ein Haar sein, das Sie sich ausrupfen, oder ein Schluck aus Ihrer Wasserflasche, den Sie über den Boden geben. Mit einer solchen Geste machen Sie nicht zuletzt sich selbst bewusst, dass Sie sich als Teil der Natur erleben, als Teil des Ganzen, zu dem jedes noch so kleine Teilchen, das existiert, ebenso dazugehört. Ob Sie es wahrnehmen können und kennen oder nicht. Wir alle sind eins und erleben das in den Momenten der Verbundenheit mit der Natur besonders intensiv. Denn ohne sie ist kein Leben möglich. Die Antwort darauf kann nur staunende Dankbarkeit sein.

So kehren wir nun mit allem Erlebten in die Stadt zurück. Und lassen uns überraschen, wie sich die in uns angelegten Samen dort entfalten werden.

Die Grundlagen des Großstadtschamanen

Jede Stadt, ob beschaulich klein oder metropolenhaft riesig, ist ein bunter Tummelplatz für die vielfältigsten Qualitäten, die das heutige Leben ausmachen. Gebäude aus unterschiedlichen Epochen und für alle denkbaren Zwecke säumen die Straßen, schön oder pragmatisch, prachtvoll oder schlicht, verspielt oder rein funktional. Es gibt unzählige Menschen, die ihre Individualität mehr oder weniger ausgeprägt leben und den normalsten oder verrücktesten Tätigkeiten nachgehen. Es gibt kommerzielle Angebote der gebräuchlichsten und der ungewöhnlichsten Art. Es gibt mehr oder weniger zahlreich Pflanzen und Bäume, Rasenflächen, Parks und – oft vergessen – viele wild lebende Tiere: Vögel, Eichhörnchen, Marder, Füchse, ja sogar Wildschweine, wie in Berlin, wo man ihrer kaum noch Herr wird.[8]

Unsere Lebensrealität ist eine enorme Vielfalt und gerade damit für uns die Aufforderung, selbst auch all das zu leben, was in uns steckt, was uns anzieht, was uns freut, wonach unsere Seele ruft. Der Großstadtschamanismus ist dabei eine wunderbare Möglichkeit, sich seiner Sehnsüchte ebenso wie seiner Qualitäten bewusst zu werden und sein ganzes Potenzial zur Entfaltung zu bringen. Wir laden Sie in diesem Kapitel daher ein, sich ein paar praktische Grundlagen des Schamanischen in Hinblick darauf anzusehen, wie sie Sie im urbanen Alltagsleben unterstützen können. Vor allem die schamanische Reise steht im Zentrum des schamanischen Arbeitens, sie macht den wesentlichen Kern des Core-Schamanismus aus. Auch im Folgenden werden Sie diese Methode kennenlernen und erste oder auch weiterführende praktische Erfahrungen damit machen können. Die Elemente, die für eine solche Reise wichtig sind, werden wir danach in einer erweiterten Form großstadtschamanisch nutzen.

Der schamanische Bewusstseinszustand

Was Schamanen seit jeher ihre besondere Kraft verleiht, ist ihre Fähigkeit, einen veränderten Bewusstseinszustand anzunehmen. Aus diesem heraus können sie eine sonst nicht zugängliche Realität wahrnehmen, Botschaften von Wesen aus diesen Ebenen empfangen und heilsam auf die alltägliche Wirklichkeit einwirken. Dieser veränderte Zustand kann in unterschiedlichen Intensitäten erlebt werden – als tatsächliche tiefe Trance wie bei einigen uralten Heilritualen, weniger tief wie meist bei modernen Formen des schamanischen Reisens oder auch so leicht, dass man das Bewusstsein für die alltägliche Umgebung beibehält und ganz selbstverständlich darauf reagiert.

Wenn Sie die praktischen Anregungen im letzten Kapitel zum Erspüren der Atmosphäre in der Natur oder zur Kommunikation mit einem Baum ausprobiert haben, waren Sie bereits in den schamanischen Bewusstseinszustand eingetreten. Sie haben sich vielleicht in den Baum hineinversetzt und die Atmosphäre zwischen Ihnen und diesem Baum wahrgenommen. Oder Sie haben der Stille hinter allen Geräuschen gelauscht. Vielleicht haben Sie dabei auch schon bemerkt, wie gut und in kraftvoller oder harmonischer Weise anders sich ein solcher Zustand anfühlt, wie sehr Sie sich für die verborgenen Stimmen der Natur, des Geistigen und auch Ihres eigenen Inneren öffnen konnten. Die Aktivität Ihres Gehirns ist ruhiger geworden, und das tat insgesamt gut.

Da uns unser Alltag heute mit vielfältigsten Reizen regelrecht überflutet, ist es sehr hilfreich, sich Auszeiten in einem veränderten Bewusstseinszustand anzugewöhnen und seine Besonderheit nutzen zu lernen. Genau dafür machen wir Ihnen auch in den folgenden Kapiteln vielfältige, einfache Angebote, die Ihnen helfen, zu Ihrer eigenen Kraft, in Ihre heilsamen Innenräume und in eine tief gefühlte Verbindung zum großen Ganzen ebenso wie zur Urnatur allen Lebens zu finden. Natürlich gibt es solche veränderten Bewusstseinsformen in allen spirituellen Traditionen und Richtungen auch. In einer Meditation beispielsweise verändert man den Bewusstseinszustand, ebenso beim geistigen Heilen oder im Gebet. Wir aber beziehen uns hier zentral auf das Schamanische – und kommen nun zur schamanischen Reise, einem der kraftvollsten Instrumente, das Schamanen seit jeher und bis heute kennen und nutzen. An ihr können wir zudem sehr gut einige Grundlagen des auch großstadtschamanischen Wirkens beschreiben: den heiligen Raum, das Reinigen, die Fokussierung auf eine Absicht und die Zusammenarbeit mit Wesen aus der geistigen Welt. All diese Elemente sind nicht nur für die schamanische Reise wesentlich, sondern machen das schamanische Arbeiten überhaupt zu dem, was es ist. Und sie lassen sich mit großem Gewinn im Alltag nutzen.

Basiselemente und die schamanische Reise

»Ich hatte ernsthaft Streit mit meinem Partner und machte eine schamanische Reise dazu. Mein Krafttier, eine Grille, brachte mich an einen herrlichen Sandstrand, und schon schwamm ich auf ihrem Rücken aufs Meer hinaus. Ein Blauwal tauchte vor uns auf. Mir stockte der Atem, er war so riesig, haushoch. Aber er lud mich freundlich zu sich ein. Ich kletterte auf seinen Rücken – und dort stand mein Partner vor einem liebevoll gedeckten Tischchen. Wir setzten uns, aßen und tranken, genossen die unendliche Weite des Meeres, auf dem der Wal friedvoll schaukelte. Und wir sprachen uns aus. Endlich. Hier auf dieser lebendigen Insel war es uns möglich, über all das zu reden, was wir seit Langem unter den Teppich gekehrt hatten. Wir waren so offen wie noch nie. Ich konnte sein Verhalten plötzlich verstehen, alles ergab einen Sinn. Da war keinerlei böse Absicht, kein Gegeneinander, wir waren einfach zwei Individuen. Endlich fühlte ich wieder die Liebe zu ihm und die Kraft, die in unserer Beziehung liegt … Und mit diesem Gefühl kam ich dann in den Alltag zurück, der mir plötzlich nicht mehr grau erschien, sondern tief und lebendig.«

»Seit Wochen fühlte ich mich total erschöpft. Eines Abends machte ich vorm Einschlafen eine schamanische Reise. Ich lag auf dem Rücken und spürte, wie ich entspannte. Die Erde tat sich unter mir auf, und ich versank weich in eine Art Erdhöhle. Dort war es warm und behaglich, und in der Dunkelheit konnte ich alles loslassen, was mich belastete. Ein hübscher Fuchs kam herbei und servierte mir eine Art Shake – einen Kraftdrink, wie er sagte. Ich weiß noch, dass ich kostete und dass er vorzüglich schmeckte. Ich trank und spürte, wie neue, warme Energie durch meinen Körper strömte. Dann muss ich eingeschlafen sein. Ich wachte am nächsten Morgen auf – so erholt, als hätte ich einen Dornröschenschlaf hinter mir. So etwas muss mit Heilschlaf gemeint sein – herrlich.«

Diese Beispiele für schamanische Reisen zeigen Ihnen bereits, wie lebendig und vielfältig die Ebenen sind, in die wir mit dieser uralten Heilmethode vordringen. Und auf welch vielschichtige Weise sie Heilung, Erleichterung und Rat zu bringen vermögen. Die Praxis ist völlig unkompliziert und für jeden nachvollziehbar. Da wir auf den einzelnen Elementen der schamanischen Reise großstadtschamanisch weiter aufbauen werden, beschreiben wir diese grundlegende Methode im Folgenden sehr genau, auch wenn Sie sie vielleicht schon kennen und praktizieren.

Der heilige Raum

Eine schamanische Reise ist ein Ritual, das einem bestimmten Ablauf folgt. Er beginnt damit, einen heiligen Raum zu schaffen. Dieser erfüllt gleich mehrere wesentliche Funktionen: So stellt er das Bewusstsein auf etwas Außeralltägliches um, er vermittelt also das bereits angesprochene Switchen in einen wacheren Bewusstseinszustand. Zugleich schaffen Sie sich damit einen schützenden Rahmen und signalisieren der geistigen Welt, dass Sie sie in Ihr Leben einbeziehen möchten, dass Sie sie einladen, mit Ihnen gemeinsam zu wirken. Denn ob ausgesprochen oder nicht, der heilige Raum bezieht immer mehr als nur die alltägliche Welt und die Ebene der Menschen in sich ein. Er ist die Öffnung hin zum Geistigen, zum großen Ganzen. Er ist ein Raum, in dem alles, was geschieht, im Sinne der geistigen Ordnung ist.

Es gehört natürlich auch dazu, sich zunächst ein Zeitfenster zu schaffen, einen ungestörten Raum zu suchen und alle Telefone abzustellen, damit man sich ganz auf das Vorhaben der schamanischen Reise konzentrieren kann. Um dann den heiligen Raum entstehen zu lassen, ist es am einfachsten, eine Rassel zu nutzen. Sie können ein solches Instrument kaufen oder auch selbst gestalten, im allersimpelsten Fall reicht eine hübsche Dose mit ein paar Steinchen.

Oft werden beim Eröffnen des heiligen Raumes die Himmelsrichtungen als unterstützende Kräfte eingeladen. Dann ist es hilfreich, wenn Sie sich vorab überlegen, wo in Ihrem Zimmer welche Himmelsrichtung ist. Wo geht die Sonne auf – wo ist Osten? Wo geht sie unter – wo ist Westen?

Der heilige Raum

Begeben Sie sich an den Platz, an dem Sie Ihre Reise unternehmen wollen. Setzen Sie sich entspannt hin und atmen Sie ein paarmal tief ein und aus, um sich zu beruhigen und ganz an Ihrem Platz anzukommen.

Sie können eine Kerze anzünden, wenn Sie das möchten. Auch sie schafft ein Bewusstsein für das Besondere.

Beginnen Sie nun in Ihrem Tempo mit dem Rasseln. Lauschen Sie auf die Rassel, stimmen Sie sich darauf ein, ein Ritual durchzuführen, das Sie mit Welten außerhalb Ihrer alltäglichen Realität in Verbindung bringen wird.

Spüren Sie in den Raum hinein. Vielleicht nehmen Sie vor und hinter sich und zu Ihren beiden Seiten so etwas wie ein Kraftfeld wahr, in dem Sie sich geborgen und gut aufgehoben fühlen.

Stehen Sie jetzt am besten auf und wenden Sie sich der Himmelsrichtung Osten zu. Rasseln Sie weiter und laden Sie die Kraft des Ostens zu sich ein, indem Sie leise für sich oder laut so etwas formulieren wie: »Kraft des Ostens, ich lade dich ein, hier mit mir zu sein.« Spüren Sie zur Energie des Ostens hin.

Machen Sie das Gleiche dann für die Kräfte von Süden, Westen und Norden – und vielleicht auch noch für Vater Himmel über Ihnen und Mutter Erde unter Ihren Füßen.

Beenden Sie das Rasseln in Ihrem eigenen Tempo. Bleiben Sie ruhig stehen oder sitzen und spüren Sie den heiligen Raum, der Sie schützt und Ihrer schamanischen Arbeit einen kraftvollen und liebevollen Rahmen bietet.

Mit welchen Worten Sie die einzelnen Himmelsrichtungen einladen, ist natürlich Ihnen überlassen. Sie können sogar ganz ausführlich all die Qualitäten aufzählen, die Sie jeweils mit ihnen verbinden. (Anregungen dazu finden Sie im Kapitel »Im Rhythmus des Herzens«). Oder Sie halten es kürzer und verbinden sich nur innerlich mit ihnen – für jede Richtung ein Augenblick des Innehaltens. Aber es reicht auch, einfach nur eine Kerze anzuzünden und dabei im Sinn zu haben, wofür Sie es tun: für das Gelingen der schamanischen Reise beispielsweise. Probieren Sie aus, was für Sie am besten passt. Es wird sich auch immer wieder wandeln, mal werden Sie ausführlicher sein wollen, mal darf es schnell gehen. Wichtig ist, dass in Ihnen ein deutliches Gefühl für einen heiligen Raum entsteht, für die Heiligkeit um Sie herum und in Ihnen selbst.

Das Reinigen

Im nächsten Schritt vor der eigentlichen schamanischen Reise folgt die Reinigung mit Rauch. Dazu können Sie Kräuter, Harze oder Essenzen nehmen, die Ihnen am angenehmsten sind, deren Düfte Sie mögen. Wir entzünden am liebsten Weißen Salbei, wie ihn auch die nordamerikanischen Indianer traditionell nutzen. Mit einer Feder oder der Hand fächern Sie sich den Rauch ins Energiefeld. Bitten Sie dabei innerlich um Reinigung und spüren Sie, wie alles Belastende von Ihnen abfällt und sich im Rauch auflöst. Mit dieser Reinigung bereiten Sie sich auf das Kommende vor, das ganz im Zeichen von Klärung und Heilung steht.

Fächern Sie den Rauch auch in Ihren heiligen Raum oder speziell in die vier Himmelsrichtungen. Sie können ihn ebenso all den Wesen und Kräften der geistigen Welt zufächeln, die Sie jetzt und hier unterstützen. Sie bringen ihn damit gewissermaßen als Opfer dar.

Die nichtalltägliche Wirklichkeit als Ziel der schamanischen Reise

Jetzt sind Sie bereit für die Reise selbst – und wollen natürlich wissen, wohin diese geht. Ziel ist immer die nichtalltägliche Wirklichkeit, eine Realitätsebene, die parallel zu jener existiert, die wir jederzeit ringsumher wahrnehmen. Wo Sie jetzt sitzen und diesen Text lesen, das ist die alltägliche Wirklichkeit. Dazu gehört alles, was Sie anfassen, mit Ihren Augen sehen und mit Ihren Ohren hören können. Also die Welt, wie sie allgemein als reale Welt anerkannt ist. Daneben aber existiert eine andere Wirklichkeit, oft auch als »andere Welt« oder »Anderswelt« bezeichnet, die ebenso real ist, ebenso vielfältig und bunt, vielgestaltig und mehrschichtig. Sie können sich diese Wahrnehmungsebene wie etwas vorstellen, was Sie im Traum erleben. Alles erscheint Ihnen ganz real. Noch mehr als der Traum hat die schamanische Wirklichkeit ihre tatsächliche Existenz eben auch wirklich neben unserer alltäglichen. Was Sie auf schamanischen Reisen erleben, ist also nicht ausgedacht, sondern geschieht nur auf einer anderen Wirklichkeitsebene, die wir im Alltag nicht bemerken und die von den meisten modernen Menschen gar nicht wahrgenommen oder beachtet wird.

Das ist bei traditionellen Gemeinschaften anders. Dort kann es passieren, dass ein Schamane mit seinem Boot aufs Meer hinaus zum Fischen fährt. Es taucht ein großer Fisch auf, zeigt sich als lokaler Meeresgott und informiert ihn darüber, dass es bald Sturm geben wird. Dann taucht er als Fisch wieder ab. Der Mann fährt zurück ans Ufer – gerade noch rechtzeitig. Und wenn er diese Geschichte den anderen im Ort so erzählt, wird er nicht etwa ausgelacht oder für verrückt erklärt, sondern man weiß genau, wovon er spricht. Die anderen Leute sind wie der Schamane in der Lage, beide Wirklichkeiten wahrzunehmen, problemlos zwischen ihnen hin- und herzuschalten und sie auch voneinander zu trennen. Es geht also nicht um Halluzinationen, sondern um die Akzeptanz zweier Wirklichkeiten. Und es geht nicht um eine passive, willenlose, unbewusste Trance, sondern um große Wachheit in der Wahrnehmung dessen, was sich zeigt.

In unserem zeitgenössischen Kontext geraten Menschen häufig unfreiwillig in die nichtalltägliche Wirklichkeit. Ein Schock, ein Fiebertraum, eine Nahtoderfahrung, der Tod naher Angehöriger, aber auch ein intensiver nächtlicher Traum – all dies kann den Menschen auf die andere Seite der Realität führen. Im Großstadtschamanismus geht es nun darum, solche Erfahrungen bewusst zu suchen, sich der nichtalltäglichen Wirklichkeit aktiv zuzuwenden und sie heilbringend ins ganz normale Leben einzubeziehen. Dabei sollte keine Vermischung passieren, die Grenzen zwischen beiden Realitäten sollten klar gezogen bleiben. Es geht auch hier wieder um das Umschalten, um das Switchen zwischen Bewusstseinszuständen.

Wenn Sie den Anleitungen zur schamanischen Reise folgen, ist das sehr einfach. Denn diese nichtalltägliche Welt betreten und erkunden Sie auf diesen Reisen, und zwar tun Sie das mit Ihrem Bewusstsein, dem diese andere Realität zugänglich ist. Auf einer solchen Reise holen Sie sich von der »anderen Seite« all das, was Sie für Ihre aktuelle Situation und Ihre Weiterentwicklung im ganzheitlichen Sinne gerade brauchen: Informationen, Erinnerungen, neue Sichtweisen, heilsame Energien, emotionale Qualitäten, Seelennahrung.

In der nichtalltäglichen Wirklichkeit ist alles möglich – zumindest alles, was Sie für möglich halten können. Schränken Sie sich also weder durch Erwartungen oder Wünsche noch durch Befürchtungen ein. Öffnen Sie sich für die grenzenlose Weite des Geistigen. Wie Carlos Castaneda sagen würde: Sie verschieben den Montagepunkt. Und plötzlich ist ganz viel möglich, wovon Sie zuvor nicht einmal hätten träumen können.

Um in der nichtalltäglichen Wirklichkeit tatsächlich Hilfe und Unterstützung zu erfahren, sollten Sie möglichst alles, was Sie bereits wissen und meinen, beiseitelassen. Es ist am besten, nichts zu forcieren, sondern diese Realitätsebene einfach auf sich zukommen zu lassen, sie mit offenen Sinnen wahrzunehmen. Diese Wirklichkeit ist frei von Urteilen und Bewertungen, sie bietet Bilder und andere Eindrücke, die ganz unmittelbar auf uns wirken. Oftmals werden sie rein intuitiv erfasst.

Das Empfinden ist das Entscheidende, es passiert ein innerer Wandel, wie dieses Beispiel zeigt, das eine Frau notierte, nachdem sie von ihrer Reise zurückkam. Ihre Absicht war herauszufinden, was sie in einer aussichtslos wirkenden Situation tun könne. »Ich sah eine weite Wüstenlandschaft, und darüber entstand eine schmale, hölzerne Brücke. Ich ging langsam diese Brücke entlang und sah in der Ferne, wo sie endete, eine golden schimmernde Welt, die sehr einladend wirkte. Dieser Anblick ließ in mir regelrecht Tore aufgehen, ich wurde innerlich ganz weit, was ich schon lange nicht mehr so empfunden hatte. Ja, dort würde ich ankommen, in dieser schönen goldenen Welt. Es würde aber seine Zeit brauchen, bis ich diese Brücke überquert haben würde. Jetzt ging es nur darum, Schritt für Schritt weiterzulaufen, Tag für Tag. Das war total tröstlich und entspannend. Ich muss jetzt nichts weiter wissen oder tun.«

Die Kraft der Absicht

»Die Energie folgt der Aufmerksamkeit«, sagt eine der sieben Weisheiten der hawaiianischen Schamanen, der Kahunas. Der Schlüssel ist also, die Aufmerksamkeit dorthin zu lenken, wo man hinmöchte: zu Entspannung allgemein, zur Heilung von einem bestimmten Leiden, zu neuer Lebensfreude oder zur Antwort auf eine bestimmte Frage, zu neuer Klarheit oder was auch immer. Dies festzulegen ist auch vor der schamanischen Reise das Entscheidende, denn ehe man das Steuerrad dreht, sollte man wissen, wohin es gehen soll.

Die innere Klarheit darüber, was Sinn und Anliegen Ihrer Reise ist, entscheidet bereits über die Wirksamkeit all dessen, was folgen wird. Sie ist die Schiene, auf der der Zug dann fahren wird. Und interessanterweise ermöglicht es genau diese innere Fokussierung auf eine Absicht, sich all dem zu öffnen, was geschehen will. Als würde man in einer langen Straße mit vielen Toren genau den Eingang wählen, durch den man gehen möchte – und sich überraschen lassen, was sich dahinter verbirgt, wie sich eine mögliche Unterhaltung gestalten und womit man vielleicht sogar beschenkt wird.

Die innere Absicht muss immer zuerst Ihnen selbst klar sein. Um sich diese Klarheit zu verschaffen, hilft es, die Absicht so lange umzuformulieren, bis sie stimmig ist. Zusätzlich kraftvoll wird sie, wenn sie mitgeteilt wird – den geistigen, göttlichen,»höheren« Kräften, die immer mit in das schamanische Wirken einbezogen sind und denen Sie Absicht mitteilen, was Sie möchten. Falls Sie noch nie schamanisch gereist sind, sollte Ihre Absicht beim ersten Mal sein:»Ich möchte die nichtalltägliche Wirklichkeit kennenlernen.« Sie können darauf vertrauen, dass Ihre klar formulierte Absicht Sie dorthin trägt, wo Sie hinmöchten.

Die eigentliche Reise

Sie haben Ihren heiligen Raum eröffnet, das Energiefeld mit dem Rauch gereinigt und Ihre Absicht formuliert. Nun brauchen Sie für das Reisen noch ein Fahrzeug: Dies ist Ihr Bewusstsein, das aber in einen bestimmten Zustand gebracht werden muss, den bereits besprochenen schamanischen Bewusstseinszustand. Um den erreichen und vor allem auch eine Zeit lang halten zu können, ist eine ganz besondere Unterstützung erforderlich oder zumindest hilfreich: der gleichmäßige Klang einer Trommel. Am leichtesten geht das, wenn Sie sich eine CD mit entsprechender Trommelmusik kaufen. Sie können dazu die CDs»Shamanic Journey« von Michael Harner nutzen oder beispielsweise auch die CD»Schamanische Bewusstseinsreisen« von mir (Vera), die es allein gibt und im Set mit dem gleichnamigen Buch. Eine solche CD macht das Reisen sehr leicht. Viele, die auf den Geschmack gekommen sind, wollen dann aber auch selbst trommeln und kaufen sich eine Rahmentrommel, die sie dann für das Reisen in einem schnellen Rhythmus schlagen. Es ist ebenfalls möglich, eine Person Ihres Vertrauens zu bitten, dies für Sie zu tun. Die Trommel wird oft als das Pferd des Schamanen bezeichnet, auf ihrem Klang »reitet« er in die nichtalltägliche Wirklichkeit. Sind Sie bereit?

Das erste Kennenlernen der nichtalltäglichen Wirklichkeit

Sorgen Sie dafür, dass Sie für etwa eine halbe Stunde ungestört sind. Stellen Sie das Telefon aus und machen Sie es sich gemütlich. Setzen oder legen Sie sich entspannt hin und kommen Sie auch mit Ihrem Denken und Fühlen ganz dort an, wo Ihr Körper ist.

Atmen Sie ein paar Mal tief ein und aus und lassen Sie den Atem dann einfach fließen. Lassen Sie geschehen, was ganz natürlich geschieht.

Spüren Sie Ihre Füße und Ihre Beine … und nach und nach den gesamten Körper, wie er entspannt da sitzt oder liegt. Geben Sie sich vertrauensvoll an den Boden ab, der Sie trägt.

Wählen Sie im Geist nun einen Platz in der Natur, den Sie kennen und mögen, an dem Sie sich sicher, wohl und geborgen fühlen. Es kann auch ein Fantasieplatz sein.

Lassen Sie die CD laufen.

Begeben Sie sich in Ihrer Vorstellung jetzt an diesen Platz und ruhen Sie sich einen Moment lang aus. Kommen Sie ganz bei sich und auf diesem Platz an, ganz in Ruhe.

Schauen Sie sich an diesem Platz um, bis Sie einen Durchgang entdecken: Das können zwei Bäume sein, die nahe beieinanderstehen, eine Brücke über einen Bach oder tatsächlich eine Tür oder ein Gartentor. Gehen Sie in Ihrer Vorstellung zu diesem Durchgang, auf dessen anderer Seite die nichtalltägliche Wirklichkeit liegt. Formulieren Sie noch einmal Ihre Absicht, sagen Sie also leise für sich oder laut:»Ich möchte die nichtalltägliche Wirklichkeit kennenlernen.« Spüren Sie diese Ausrichtung deutlich in Ihrem Inneren.

Und nun gehen Sie durch Ihren Durchgang: zwischen den beiden Bäumen hindurch, über die Brücke oder durch das Gartentor. Sie gelangen so in die nichtalltägliche Wirklichkeit.

Lassen Sie mit offenen Sinnen alles auf sich zukommen, was sich Ihnen nun zeigen will. Sie können in dieser Welt, die jetzt vor Ihnen liegt, umherwandern, oder Sie schauen sie sich von einem Platz aus an, vielleicht einem großen Stein, auf den Sie sich setzen. Bleiben Sie auf Ihrer Reise offen, Sie sind sicher geführt.

Wenn es fürs erste Mal genug ist – die CDs geben Ihnen ein deutliches Rückholsignal, oder Sie entscheiden selbst, dass Sie nicht mehr bleiben möchten –, gehen Sie denselben Weg wieder zurück, den Sie gekommen sind. Gehen Sie zu Ihrem Durchgang und kommen Sie wieder auf Ihren Platz in der Natur.

Damit sind Sie in Ihrer alltäglichen Wirklichkeit ange-
langt, die Reise ist beendet.

Sie können sich nun rekeln und strecken und so wieder in Ihrem Körper und in Ihrem Zimmer ankommen.

Es empfiehlt sich, die Eindrücke der Reise aufzuschreiben. Dabei werden Ihnen meist noch sehr
viel mehr Details bewusst, die Sie zuvor gar
nicht bemerkt haben oder nicht einord-
nen konnten.

Und? Was haben Sie erlebt? Machen Sie sich keine Sorgen,
falls Sie nichts oder nur verschwommen sehen konnten.
Was auf einer schamanischen Reise geschieht, kann wie ein
Film vor Ihnen ablaufen. Aber es kann auch gehört oder
einfach gespürt werden. Jeder Mensch ist auf einer anderen
Sinnesebene begabt. Vertrauen Sie darauf, dass die geistige
Welt Sie gemäß Ihrer Absicht führt, selbst wenn anfangs
noch nicht allzu viel davon in Ihr Bewusstsein dringt.

Weitere schamanische Reisen

In dieser Grundform können Sie die schamanische Reise
auf alle Themen anwenden, die Sie bewegen. Ihre Absicht
gibt die Richtung vor. Sie können Fragen stellen oder um
Einsichten bitten, Sie können um Heilung oder Entspannung bitten, sagen, dass Sie wieder Freude oder Hoffnung
spüren möchten – und diese Absicht wird Sie durch die Reise zu dem tragen, was Sie brauchen. In der nichtalltäglichen
Wirklichkeit können Sie Antworten und Botschaften erhalten, heilsame Energien in sich aufnehmen, größere Zusammenhänge erkennen und vieles mehr. Es gibt eine Vielfalt

an Formen und Farben, Landschaften und Wesen in der nichtalltäglichen Wirklichkeit, Sie können eine unglaubliche Erweiterung Ihres bisherigen Wissens und dessen erfahren, was Sie für möglich halten, zudem Heilung und Bewusstwerdung auf allen Ebenen und auch erstaunlich praktischen Rat in Alltagsfragen. Vermittelt werden all diese Geschenke maßgeblich von geistigen Helfern, die in dieser Wirklichkeit leben und zu unseren Gefährten werden können – dazu gleich mehr.

Die Informationen, die wir auf solchen Reisen erhalten, sind manchmal simpel und klar, zuweilen aber auch nicht gleich einordenbar. Sie sprechen die Sprache unseres Unterbewusstseins, das sich nicht an rationale Logik hält, sondern aus Bildern oder Gefühlen zu lesen weiß. Als ganzes Wesen erkennen wir unsere Realität ebenso ganzheitlich. Wir begreifen etwas, erspüren etwas, wissen plötzlich das Wesentliche. Darüber nachzudenken und zu interpretieren, was wir erlebt haben, macht es oft schwieriger. Besser ist es, die Eindrücke wirken zu lassen, den Gefühlen nachzugehen, den Assoziationen, die in uns entstehen.

Die Botschaften können auf unterschiedlichen Ebenen greifen. Zuerst einmal sind sie natürlich subjektiv: Sie haben etwas mit genau der Situation zu tun, die unser Leben gerade ausmacht. Auf dieser individuellen Ebene sind die Botschaften manchmal sehr pragmatisch. Dann heißt es beispielsweise: Geh zweimal pro Woche für eine Stunde im Park spazieren, das macht dir den Kopf frei. Oder: Geh mit deinem Knie zum Osteopathen, der wird dir helfen. Sie können ebenso aber auch Bilder nutzen, die wir subjektiv verstehen, weil sie etwas in uns anklingen lassen, was wir bereits erlebt haben oder wissen. Wir erfassen die Nachricht dann intuitiv. Wir erspüren sie.

Auf einer anderen Ebene können unsere Anliegen über

eine Art Energie- oder Qualitätsübertragung erfüllt werden. Wir erfahren nichts Neues, sondern können uns direkt mit der Energie auffüllen, die wir gerade brauchen. Manchmal wird auch das mit Bildern vermittelt, wie Sie am Beispiel der Frau gesehen haben, die von einem Fuchs einen Power-Shake erhalten hatte und dann in einen Heilschlaf fiel.

Oft greifen die Antworten aus der nichtalltäglichen Wirklichkeit auch auf Symbole und Zeichen zurück, die kollektiv in der Gemeinschaft verankert sind, in der wir leben. Sie wirken zudem auf unser Bewusstsein für unsere Allverbundenheit: Sehen wir einen Berg, kann es genauso sein, dass wir dieser Berg *sind*. Wir spüren uns als er. Wir erfahren uns als all das, was wir da sehen. Letztlich verdrehen uns die schamanischen Reisen auch ordentlich den Kopf. Sie zeigen uns Perspektiven und Blickwinkel auf die Welt und das Leben, die wir nie zuvor eingenommen haben. Wir öffnen uns anderen Realitäten und erfahren einen umso größeren und heilsameren Perspektivenwechsel, je besser wir zulassen können, dass alles möglich ist. Wir erfahren das Leben als rund und ganz, als bunt und lebendig, in einer Tiefe und Vielfalt, die dem rein rationalen Betrachten der Dinge niemals zugänglich wäre. So hilft uns insbesondere die schamanische Reise dabei, reicher, kreativer und offener zu werden. Vielleicht erahnen Sie schon, welch ungeheuren Schatz Sie sich erschließen, wenn Sie das schamanische Reisen erlernen oder – wenn Sie es schon kennen – weiter ausbauen und nutzen.

Da es oftmals recht intensiv ist, was wir auf einer solchen Reise erleben, ist es gut, es am Ende auch direkt im Körper ankommen zu lassen. Das macht den Kopf wieder frei und verankert die Botschaften wirklich in unserem Inneren, auch auf der körperlichen Ebene. Am besten eignet sich dafür das Tanzen.

Das Neue tanzen

Wenn Sie von Ihrer Reise zurückgekehrt sind und sich notiert haben, was Sie erlebt haben, können Sie sich eine rhythmische Musik auflegen, die Sie mögen.

Tanzen Sie ganz frei und spontan, um die neu gewonnene Kraft oder Einsicht im Körper zu verankern und sich selbst nach dieser Reise gut zu spüren.

Geistige Helfer, Krafttiere und geistige Lehrer

Zu einem Tanz lassen sich gern auch die Wesen aus der geistigen Welt einladen, insbesondere die Krafttiere tanzen sehr gern mit uns Menschen und lassen uns dabei ihre Energie spüren. Die geistigen Helfer sind es auch, die uns zur Seite stehen, wenn wir uns auf schamanische Reisen begeben. Bisher haben wir von ihnen noch gar nicht gesprochen, da die erste Reise dazu diente, einfach erst einmal die nichtalltägliche Wirklichkeit kennenzulernen.

Die zweite Reise führt Sie nun aber üblicherweise zu einem geistigen Helfer. Die nichtalltägliche Wirklichkeit ist nämlich ebenso bewohnt wie unsere alltägliche. Es gibt Wesen in menschlicher Gestalt, die zu unseren geistigen Lehrern werden können. Es gibt Tiere aller Arten bis hin zu auf der Erde ausgestorbenen Tieren sowie Fabelwesen wie dem Garuda oder dem Pegasus. Sie alle können wir beim schamanischen Reisen treffen. Sie können uns etwas raten, uns beistehen, uns etwas zu begreifen helfen. Und einzelne von ihnen können zu unseren Krafttieren werden.

Im Indianischen geht man davon aus, dass jeder Mensch ein Krafttier hat. Und auch in der modernen Praxis zeigt sich, dass tatsächlich für jeden Menschen ein oder sogar mehrere Krafttiere bereitstehen, um ihn fortan zu begleiten und zu unterstützen. Meist haben die Menschen ein Haupt-Krafttier, mit dem sie eine lebenslange Verbindung eingehen. Und daneben gibt es andere Krafttiere, die sie phasenweise oder aber in bestimmten Themenbereichen unterstützen.

Der Weg, sie kennenzulernen, ist der gleiche, wie wir ihn bei der Reise zum Kennenlernen der nichtalltäglichen Wirklichkeit beschrieben haben. Sie bereiten sich und Ihren Raum vor und begeben sich in Ihrer Vorstellung an Ihren Platz in der Natur. Dort formulieren Sie noch einmal Ihre Absicht, die diesmal lautet: »Ich möchte meinem Krafttier begegnen.« Dann gehen Sie durch Ihren Durchgang und betreten die andere Wirklichkeit. Schauen Sie sich um – Sie werden ganz sicher einem oder mehreren Tieren begegnen. Vielleicht spüren Sie sofort, wer Ihr Krafttier ist. Oder Sie fragen nach. Kommunizieren Sie.

Krafttiere zeigen sich als Tiere, die all die Eigenschaften aufweisen wie ihre irdischen Verwandten. Zugleich aber geht das, was sie können und was wir mit ihnen gemeinsam und durch ihre Hilfe erleben können, weit darüber hinaus. So ist der Braunbär als Krafttier groß, zottelig, stark und aggressiv, aber auch kuschlig und liebevoll, er kann Raubtier und Teddy in einem sein. Wenn wir ihm auf einer schamanischen Reise begegnen, kann er sich so klein machen, dass er in unsere Hand passt, oder so sehr anwachsen, dass er uns einen Stern pflückt. Wir können auf ihm reiten, schwimmen und sogar fliegen – was auch immer zu unserem Anliegen passt, was auch immer uns helfen und uns etwas bewusst machen kann. Als Teil der geistigen Welt sind ihm keine Schranken gesetzt. Jedes Krafttier kann gewissermaßen alles. Haben Sie Ihr Krafttier – oder einen anderen geistigen Helfer – gefunden, steht Ihnen fortan ein unendliches Potenzial in der geistigen Welt offen. Lassen Sie sich überraschen, es ist alles möglich, was Sie für möglich halten. Wie aber wird diese Verbindung lebendig? Letztlich ist es ein bisschen wie bei uns Menschen. Wenn Sie auf eine Party gehen, werden Sie dort viele Leute treffen, einige sind Ihnen sympathisch, andere weniger, und manchmal passiert auch die berühmte Liebe auf den ersten Blick. Mit denen, die Ihnen sympathisch sind oder in die Sie sich gleich verlieben, werden Sie sich unterhalten, Sie werden sich wiedertreffen und nach und nach besser kennenlernen, bis eine Vertrauensbasis entstanden ist. Ganz ähnlich ist das mit den Krafttieren. Sie begegnen einem Tier, erfahren von ihm, dass es Ihr Krafttier ist (oder Sie erfragen es) – und dann reisen Sie immer wieder zu ihm, um eine Beziehung entstehen zu lassen und den Energieaustausch zu stärken, so wie Sie es im »richtigen Leben« mit einem anderen Menschen auch machen würden.

Am Ende einer jeden Reise sollten Sie sich bei Ihrem Krafttier oder den anderen Gefährten, die Sie kennengelernt haben, bedanken, sich verabschieden und zurück durch Ihr Tor in die Alltagswelt gehen.

Was auch immer auf den Reisen erlebt wird, letztlich ist es die Kraft dieser Gefährten, die uns heilt. Es ist das Energiefeld, von dem sie umgeben sind und das sich auf uns überträgt. So reicht beispielsweise im richtigen Moment ein Blick in die gütigen Augen des Braunbären – und das Herz öffnet sich, Tränen fließen, alte Wunden heilen. Oder Sie versetzen sich in einen Tiger hinein und spüren seine unbändige, aber vollkommen ruhige Kraft, eine Erhabenheit, die Ihnen niemand beschreiben kann, die Sie selbst erleben müssen, um sie zu kennen – und damit auch in sich selbst zu entdecken. Ebenso die gewitzte Lebensfreude eines Sperlings, die grazile innere Aufrichtung eines Flamingos, die erstaunliche Tapferkeit eines Marienkäfers oder die ungeheure Größe und Selbstverständlichkeit eines Blauwals. In Verbindung mit einem Krafttier machen Sie sich Kräfte bewusst, die auch in Ihnen schlummern. Sie zu erfahren heilt, stärkt, nährt und hilft dabei, das eigene Potenzial zu entfalten.

Achtsamkeit, Stille, Heiligkeit

Der Großstadtschamanismus steckt voller Möglichkeiten, den Reichtum der nichtalltäglichen Welt in den Alltag zu holen und sich dort heilwirksam verankern zu lassen. Immer mehr Menschen leben heute mit dieser Ausrichtung, jeder auf seine individuelle Weise. Manche nennen es schamanisch, viele andere bezeichnen es ganz anders. Doch indem es eine wachsende Zahl von Menschen so lebt, wird auch unsere gemeinsame Wirklichkeit immer mehr zu einem Ort der Kraft und der Schönheit.

Welcher spirituellen Praxis Sie auch folgen mögen, immer verändern Sie Ihr Bewusstsein und schalten zu einer umfassenderen Wahrnehmung um als der alltäglichen. Und immer führen Sie diese Praktiken dahin, deutlich achtsamer zu sein. Beim Eröffnen des heiligen Raumes, beim Einladen der geistigen Welt, beim Formulieren einer Absicht für das schamanische Reisen, beim Kontakt mit einem geistigen Gefährten – immer vollzieht sich ein Wandel in Ihrem Bewusstsein. Sie bemerken mit wachen Sinnen, was in diesem Moment geschieht. Sie erleben, was in Ihnen selbst passiert. Sie schulen nicht zuletzt auch Ihr Körperbewusstsein und Ihre Aufmerksamkeit ganz allgemein.

Sie kommen beispielsweise von einer schamanischen

Reise zurück und empfinden bloße, pure, staunende, berührte Dankbarkeit darüber, dass Sie so etwas erleben dürfen. Sie fühlen sich im tiefsten Inneren berührt und auf seltsame Weise eins mit den größeren Kräften des Lebens, die es möglich machen, dass sich beispielsweise Mensch und Tier in einer nichtalltäglichen Wirklichkeit auf so herzliche Weise nahekommen. Sie entwickeln ein Bewusstsein für Kraft und Tiefe, für die reine Fülle des Lebens.

Wie auch bezüglich heilsamer Aufenthalte in der Natur geht es hier genau darum: um das Ankommen bei sich selbst, das Gefühl der Geborgenheit, das Wahrnehmen der Stille hinter den Geräuschen, das Erspüren der Heiligkeit, die das Leben für den ausmacht, der hinter die Dinge schaut. Dass Sie sich in einem solchen Zustand nicht nur wacher, sondern auch wohler fühlen, hängt aus der schamanischen Sicht unter anderem damit zusammen, dass alle Dinge beseelt sind. In allem, was ist, wohnt ein göttlicher Funke, alles gehört zum Sein, zum Göttlichen, zum Leben selbst dazu. Das ist schwer zu erklären, da Worte hierfür nicht ausreichen. Aber es ist zu erspüren, wenn Sie zum Beispiel nachts in den Sternenhimmel schauen und einfach nur staunen. Wenn alles beseelt ist, wenn alles den gleichen Funken an Lebendigkeit in sich trägt wie wir Menschen auch, dann ist es genau der schamanische Bewusstseinszustand, der uns das nicht nur wissen, sondern erleben lässt – und uns damit heilt, also »in Ordnung« bringt.

Nochmals: Das Umschalten

Wir hatten bereits vom »großen Umschalten« gesprochen und kommen hier vor dem Hintergrund des schamanischen Wissens erneut darauf zurück, um es gut in den Alltag zu integrieren. Was unser Leben heute zu einem großen

Teil bestimmt, das sind Stress, Leistungsdruck und Zeitnot. Und das sind nicht nur die Feinde unserer Gesundheit und unseres Wohlbefindens, es sind auch die Zustände, die dem schamanischen Bewusstseinszustand entgegenstehen. In diesem Zustand der zweiten Aufmerksamkeit aber, offen für andere Realitäten, haben wir Zugang zu heilsamen Kräften in uns selbst, in der Natur und in der geistigen Welt. Wir haben also die Wahl: alltägliche Trance der Unbewusstheit oder ein zunehmend wacher Geist, der die Realitäten klar erfassen kann.

Der wesentliche Schritt, um so klar zu sehen, ist oftmals das Brilleputzen oder noch besser: das Weglegen der Brille. Dem geht aber der Schritt voraus, erst zu erkennen, dass man die Welt durch eine Brille betrachtet. Ja, fast immer sehen wir die Welt durch fremde Brillen, die uns unsere Eltern, frühere Lehrer oder auch bestimmte Zeitschriften oder Fernsehkanäle aufgesetzt haben. Dann hört jemand zum Beispiel immer so nebenbei diese fröhlichen Radiosender, die ihre Hörer rund um die Uhr unterhalten und in gute Laune versetzen wollen. Dort herrscht häufig die Grundstimmung, dass die Arbeit eine lästige Mühsal ist und dass man die Zeit bis zum ersehnten Feierabend oder Wochenende irgendwie herumkriegen muss – und erst dann würde das eigentliche Leben beginnen. Wer das so annimmt, lässt sich eine »Arbeit-ist-lästig«-Brille aufsetzen, und das kann dazu führen, dass er diesen Teil seines Lebens ausklammert von dem, was eigentlich zählt. Er vergisst, dass Arbeit ein wesentlicher Teil des Lebens ist, dessen sinnvolle Gestaltung auch alles andere bereichert.

Eine solche Brille ist wie eine Lebensblase um einen Menschen herum, die alle seine Wahrnehmungen filtert. Ist sie grün, wird er alles mit einem Grünstich wahrnehmen. Ist seine Grundenergie Wut, dann sieht er eher rot.

Dann sind alle Leute, denen er begegnet, furchtbar, störend und falsch, alles geht schief, nichts läuft, wie er möchte – und das steigert die Wut noch weiter. Wir erschaffen unsere Realität tatsächlich selbst. Bei den Kahunas, den Schamanen Hawaiis, heißt es:»Die Welt ist das, was du denkst, was sie ist.« Wir entscheiden also mit unserer Wahrnehmung und unseren Gedanken, wie die Welt ist. Nicht eine objektive Welt – was könnte überhaupt »objektiv« sein? –, sondern die Welt, in der wir ganz individuell leben. Es geht nicht darum, von den realen Gegebenheiten wegzuschauen und »nur« auf das Schöne, Gute, Angenehme zu blicken, sondern darum, die Aufmerksamkeit auf das zu lenken, was förderlich ist. Dem Verhalten, den Qualitäten und Zielen die Aufmerksamkeit zu schenken, die wir vermehren wollen. Dann leben wir mit unserem Bewusstsein in einer Welt, in der positive Veränderungen möglich sind und es immer wieder neue Lösungen gibt.

Es ist eine der vielen Formen des Umschaltens in einen wacheren Bewusstseinszustand, sich klar zu werden, dass man eine gefärbte Brille oder Blase mit sich herumträgt, die die Wahrnehmung trübt. Selbstbeobachtung kann hier sehr gut helfen, beispielsweise mit einer Einfrierübung, wie wir sie schon für Naturerfahrungen vorgeschlagen haben (siehe Seite 87). In der Stadt klappt das ohne Zeitaufwand am besten, wenn Sie irgendwo warten, vielleicht an der Supermarktkasse, an der Bushaltestelle – oder einfach zwischendurch. Mit dieser Übung entwickeln Sie mit der Zeit ein Bewusstsein dafür, wie Sie denken, sich bewegen, wie Sie fühlen. Sie werden mit etwas Praxis bemerken, wie sich bestimmte Muster beinah von selbst lösen. Sie trainieren sozusagen Ihr Bewusstsein, und durch die Aufmerksamkeit, die Sie auf eine Angewohnheit oder eine Prägung richten, ändert sich diese mit der Zeit.

Äußeres und inneres Innehalten

Sie stehen oder sitzen irgendwo in Ihrem Alltagsgeschehen, erinnern sich an diese Übung und halten plötzlich inne, wie eingefroren.

Dann nehmen Sie bewusst wahr: Wie stehe ich? Wie sitze ich? Was fühle ich? Welche Haltung hat mein Körper, wie fühlt sich mein Gesicht an? Was machen die Hände? Nehmen Sie nur wahr, verändern Sie nichts.

Fragen Sie sich auch: Bin ich in Verbindung mit meiner Umgebung? Nehme ich sie wahr? Oder habe ich allenfalls durch den Schleier meiner aktuellen Stimmung geschaut oder von einem rasenden Gedankenkarussell aus nichts mehr wahrnehmen können?

Das bewusste Bemerken dessen, was Sie tun, bewirkt immer schon ein kurzes Aufwachen.

Sie können mit dieser Übung auch spielen und sich Zeichen setzen, die Sie zum Innehalten auffordern, wie Sie es schon in der freien Natur geübt haben: Das erste grüne Auto, das Sie sehen, wenn Ihre Kollegin zum Rauchen hinausgeht oder Sie ein lautes Geräusch wie Bremsenquietschen oder Hupen hören – immer dann »frieren Sie ein« und nehmen sich und Ihre Umgebung bewusst wahr. Oder aber Sie stellen sich den Wecker Ihres Handys, der Sie dann erinnern soll, zwischendurch vollständig wach zu werden.

Sie können die unterschiedlichsten Techniken durchprobieren und weitere erfinden. Denn das Umschalten im betriebsamen Alltag braucht einerseits Übung und andererseits immer wieder eine bewusste Erinnerung. Wir können nicht ununterbrochen bewusst sein, wir werden immer wieder ins Unbewusste abtauchen. Aber wir können uns darin schulen, dies immer häufiger zu bemerken. Und indem wir es bemerkt haben, sind wir bereits wach geworden.

Falls Sie interessiert, warum oder wie Sie eigentlich immer wieder unbewusst werden, können Sie das in einer Meditation erkunden.

Was ist mein nächster Gedanke?

Setzen Sie sich bequem, mit aufrechtem Rücken hin. Atmen Sie ein paarmal tief ein und aus. Atmen Sie dann normal in einem ruhigen natürlichen Rhythmus weiter und entspannen Sie sich mehr und mehr.

Fragen Sie sich nun: Was wird mein nächster Gedanke sein?

Und nun warten Sie ab. Lauschen Sie gespannt, damit Sie diesen nächsten Gedanken nicht verpassen, sondern sofort bemerken, wenn er kommt.

Merken Sie, was passiert? Er lässt sich etwas Zeit. Jetzt, wo er derartig stark unter Beobachtung steht, bleibt der Gedankenapparat erst einmal stumm. Was bleibt, ist achtsame Aufmerksamkeit, klares Bewusstsein, Leere, Stille.

Und irgendwann bemerken Sie, dass Sie doch schon wieder an irgendetwas denken und schon wieder zur Wachheit zurück umschalten müssen. Wie aber hat das Denken begonnen? Forschen Sie weiter – es verschafft Ihnen vor allem immer wieder Momente klarer Bewusstheit.

Diese Übung wird beispielsweise beim Erlernen der Quantenheilung gern vorgeschlagen, weil man für diese Methode in der Lage sein muss, einen Zustand des reinen Bewusstseins zu erschaffen und für einige Momente zu halten. Überall stoßen wir darauf, dass es heilsam ist, diese Wachheit zu erreichen.

Kostbare Momente wacher Stille

Das Umschalten in ein wacheres Bewusstsein ist immer wieder das Wesentliche, auf das wir hier zurückkommen. Es ist nicht *das*, sondern *der* »Dreh-Moment«, der Moment, in dem es sich dreht, in dem Sie von der reinen Denktätigkeit oder einer Alltagstrance in die Wachheit kommen, in die Aufmerksamkeit und Achtsamkeit. Sie spüren sich selbst und Ihre Umgebung. Wach, freudvoll und lebendig.

Im Schamanischen lernt man diesen Bewusstseinszustand am einfachsten auf der schamanischen Reise kennen. Wir haben sie hier auch deswegen so ausführlich beschrieben, weil sie das Werkzeug ist, das diesen veränderten Modus am sichersten erfahrbar werden lässt. Wenn Sie das Switchen in der Wahrnehmung vom Fokus auf das Alltägliche hin zum Nichtalltäglichen beim Reisen einmal erlernt haben, wird es Ihnen auch im Alltag leichtfallen, darauf zurückzugreifen – und einfach umzuschalten in die »zweite Aufmerksamkeit«. Sie sind dann zunehmend in der Lage, auch mittendrin im Alltagsgetümmel wach zu sein und das wahrzunehmen, was Sie sonst nicht bemerken: die Lebendigkeit in einem Baum, Ihren eigenen Atem, die Stille hinter den Geräuschen. Letztlich das Unbeschreibliche, dem sich Worte immer nur annähern können, das sie aber nie ganz erfassen können. Es lässt sich nur erleben, in all seiner heilsamen und belebenden Kraft.

Die Stadt als Ort der Kraft

Wir wollen nun die schamanischen Grundlagen, um die es im letzten Kapitel ging, mitten in die Stadt, mitten in unser Leben bringen. Das schamanische Reisen findet ja überwiegend in der Wohnung statt, ganz gleich, wo diese sich befindet. Jetzt aber gehen wir hinaus auf die Straßen und Plätze und sehen uns mit einem neuen Blick auf die Realität um, die plötzlich aus viel mehr Ebenen besteht.

Die Stadt neu entdecken – voller heilsamer Naturkräfte

Auch Großstadtschamanen sind Mittler zwischen den Welten. Sie sind insbesondere Brückenbauer zwischen Stadt und Natur. Denn was zunächst wie der Gegensatz schlechthin anmutet, ist bei näherer Betrachtung doch verbunden.

Schamanismus wird immer mit der Natur in Zusammenhang gebracht – schließlich gilt er als die älteste spirituelle Lebenshaltung und Heilform, und über Jahrtausende war Natur für den Menschen selbstverständlich allgegenwärtig. Heute ist sie für viele Großstadtmenschen in den Hintergrund gerückt – aber sie ist dennoch da: im Boden, auf dem die Häuser stehen, unter dem Straßenpflaster, in all den Bäumen und Sträuchern, in Parks und Rasenflächen,

Vögeln und Tieren und nicht zuletzt auch in fast allem, was wir essen. Die ganze Stadt baut auf Natur auf, denn alles Materielle, was es auf der Erde gibt, kommt ursprünglich aus der Natur. Selbst unser Körper ist Natur. Bevor sich die Menschheit so rasant vermehrte, gab es nichts als unbearbeitete Landschaften. Die Siedlungen, Dörfer und später auch Städte wurden mitten in die Natur gebaut und haben die Atmosphäre der Orte stark verändert.

Unsere Vorfahren haben ihre Städte dort gebaut, wo sie sich wohlfühlten, wo sie sich gut versorgen und auch halbwegs sicher wähnen konnten. Alles begann mit einem ersten Häuschen, dem weitere folgten. Zwischendurch gab es Brände, dann wurde wiederaufgebaut. Das Zentrum war häufig ein Kraftplatz. Dort traf man sich, dorthin kam später die Kirche, dort stand auch meist ein Brunnen, dazu ein alter Baum, oft eine Linde, die zum Rasten oder zu Dorffesten einlud. Das für die Menschen Wesentliche also war im Zentrum: Religion, Gebet, Andacht sowie geselliges Miteinander.

Die Zeiten wandelten sich, die Zentren unserer heutigen Städte sind meist Shoppingmeilen. Vielleicht ein Sinnbild dafür, was bei uns heute vor allem anderen zählt: Konsum und das Ankurbeln der Wirtschaft? Mittlerweile allerdings gibt es die Befürchtung, dass die Stadtzentren diese Funktion verlieren, da die Menschen zunehmend übers Internet einkaufen. Nach und nach verschwinden Geschäfte, zuerst die kleinen, dann die großen und die Ketten. Das ist einerseits bedauerlich, denn gerade die kleinen individuellen Läden gehören zumindest für uns unbedingt zum Zentrum einer Stadt. Andererseits würden die Herzen der Städte nun allmählich wieder frei für andere Funktionen, für etwas Neues, was uns wichtig ist. Was könnte das heute sein?

Mit wachen Sinnen die Stadt neu erleben

Oft sieht man die Bäume vor lauter Häusern nicht. Die Natur aber ist da und will auf vielfältige Weise wiederentdeckt werden. Als wir zu einem der ersten Gespräche für dieses Buch mit unserer Programmleiterin und dem Verlagsleiter in dessen Büro mitten in München saßen, redeten wir davon, dass es im Großstadtschamanismus auch um Naturerfahrungen geht. Weil sie eng mit dem Schamanismus verbunden sind und zudem einfach zum Heilsamsten gehören, was Menschen bis heute widerfährt. Die Rückverbindung zur Natur ist ein wesentlicher Teil des Schamanismus großstädtischer Prägung. Während wir sprachen, fragte ich (Vera) die geistige Welt noch einmal, ob wir tatsächlich über die Natur in der Stadt schreiben sollten. Genau in dem Moment tauchte hinter dem Kopf meines Gegenübers auf dem Baum vorm Fenster ein Eichhörnchen auf. Es schaute direkt ins Zimmer hinein und wuselte dann wieder davon. Später zeigte es sich sogar noch einmal, als ich in meiner Praxis auf dem Balkon saß, in den Hinterhof blickte und über die Buchthemen nachdachte. Da kamen zwei Eichhörnchen den Baumstamm herunter. Sie jagten sich gegenseitig und zeigten mir damit all das Spielerische, das ich so gern in die Arbeit mit meinen Klienten und Seminarteilnehmern einbringe und das auch in diesem Buch eine der Grundenergien ausmachen sollte.

Wie auch immer Ihre Stadt aufgebaut ist, es gibt viel Natur. Mehr, als Sie vermutlich glauben. Und sie geht weit über Baum und Eichhörnchen, Park und Sperling am Imbissstand hinaus. Bleiben wir zunächst einfach beim Grün: Sie können ja mal mittels Google Earth über Ihre Stadt fliegen und schauen, wie grün sie tatsächlich ist. Nicht überall, aber im Ganzen sicherlich schon. Oder Sie spazieren durch Ihr Viertel und achten einmal nur darauf, wie viel Natur sich darin versteckt.

Die Stadt mit neuen Augen sehen

Es gibt viele Möglichkeiten, wieder einen ungetrübten, frischen und wachen Blick auf die eigene Stadt zu erlangen, auch wenn man ein wenig betriebsblind geworden sein sollte.

Fahren Sie zum Bahnhof oder gehen Sie an eine Bushaltestelle und stellen Sie sich vor, Sie seien ein Tourist, der zum ersten Mal in die Stadt gekommen ist. Spazieren Sie los und erkunden Sie die Stimmung. Schauen Sie sich um wie ein Kind, staunend, mit offenen Augen und Ohren. Wie gefällt Ihnen die Stadt? Wie viel Grün entdecken Sie? Wie wirken die Menschen auf Sie?

Fahren Sie mit Bus oder Bahn in ein Viertel Ihrer Stadt, das Sie nicht so gut kennen. Streunen Sie dort ziellos durch die Straßen und Gassen. Lassen Sie zu, dass Sie sich sogar verlaufen. Schlendern Sie genüsslich umher und erkunden Sie Ihren Wohnort mit neuen Augen, den Fokus auf die Natur gerichtet.

Auch die Menschen können Sie mit neuen Augen anschauen. Sie könnten sich zum Beispiel in der U-Bahn beim Anblick der wechselnden Mitfahrenden fragen: Wer ist aus meiner Sicht naturverbunden, wer nicht? Nach einer Zeit können Sie reflektieren: Wie viele Naturverbundene leben hier in der Stadt? Und: Was sind eigentlich die Kriterien, an denen ich die Naturverbundenheit zu erkennen meine?

Stadt ist nicht nur Stadt, sie ist Stadt mit Natur. Ein Löwenzahn mag sich zwischen zwei Betonplatten hindurchringen – gerade das ist Natur! Ein Baum mag klein, dürr und krumm sein, weil er einfach nicht mehr Platz hat oder nur wenig Licht abbekommt. Aber so, wie es Bäume in den unterschiedlichsten Größen, Gestalten und Charakteren gibt, so ist es auch bei uns Menschen. Die Natur wertet nicht. Alles, was da wachsen will, bekommt die gleichen Gesetze zur Grundlage seines Daseins. Aber die einen haben bessere Bedingungen als die anderen. So haben auch wir Menschen völlig unterschiedliche Startpositionen in unser Leben: die genetische Disposition, das Elternhaus, Kriegs- oder Friedenszeit, die Region, die vielen Erwachsenen, die das Kind prägen, und so weiter. Auch wenn es heute beliebte Vorlagen für das Schöne und Reiche gibt – warum sollten wir sie uns zum Maßstab machen? Es wirkt ungeheuer erleichternd, sich bewusst zu machen, dass man aufgrund mannigfaltiger Umstände so geworden ist, wie man ist. Vielleicht fühlt sich jemand ein wenig wie der krumme, dürre Baum im Hinterhof. Und staunt dann im Frühjahr, wenn er wunderschöne Blüten entfaltet.

Den Naturbegriff erweitern

Über eine längere Zeit beobachtete ich (Franziska), dass mein Leben irgendwie mit dem Mondrhythmus verbunden war. Immer wenn er wieder als kleine, schmale, zunehmende Sichel erschien, war etwas geschafft, war eine Herausforderung gemeistert oder konnte etwas Neues beginnen. Diese schmale helle Sichel am Himmel wurde mit der Zeit ein Zeichen, das mich jedes Mal sehr berührte. Den Mond so zu sehen erinnert mich bis heute daran, wie sehr alles einem Wechseln und Wandeln unterliegt und dass auch das Leben eines jeden von uns bestimmten Zyklen unterworfen ist. Sie sind sicherlich nicht immer leicht, aber wir können uns vom natürlichen Rhythmus ein wenig tragen lassen.

Für mich (Vera) ist es eher das Bild der aufgehenden Sonne, das Trost bringt. Richtig bewusst wurde mir das, als ich mit einer Gruppe Frauen auf einen heiligen Berg steigen wollte. Noch vor dem Morgengrauen ging es los – und eine Frau hatte schreckliche Angst, in der Dunkelheit zu stürzen. Ich half ihr beim Gehen und machte ihr Mut: »Wir können ganz langsam gehen. Was auch immer wir machen, selbst wenn wir hier stehen bleiben, bald geht die Sonne auf, und es wird wieder hell.« Und: Sie macht das überall auf der Erde, auch mitten im finstersten Viertel einer Großstadt geht jeden Morgen die Sonne auf.

Die Natur ist da, mit ihren Rhythmen, ihrer Beständigkeit, ihrer Kraft, die unsere weit überragt. In den Pflanzen, in den Tieren, im Boden unter unseren Füßen, als Blume in der Vase und als Stern, Mond oder Sonne am Himmel. Überall und jederzeit können wir uns mit der Urkraft des Lebens verbinden und darüber zu unserer eigenen Kraft zurückfinden.

Nicht zuletzt auch beim Essen: Nehmen Sie sich bei einer Mahlzeit doch mal die Zeit, Ihr Essen etwas genauer zu betrachten. Lassen Sie es auf sich wirken, betrachten Sie es neugierig, seine Farben und Formen, die einzelnen Bestandteile. Gehen Sie bei den jeweiligen Grundnahrungsmitteln in Gedanken zurück: Woher stammen die Dinge? Welchen Weg mussten sie teilweise bis hierher zurücklegen? Wie viele Wesen und Menschen waren daran beteiligt, dass sie heute auf Ihrem Teller liegen? Wie viel Natur ist in dieser einen Mahlzeit enthalten? Wenn Sie wollen, können Sie all den Beteiligten danken und sie segnen, bevor Sie zu essen beginnen. Mit einer solchen Reflexion sind Sie sofort mit der Natur verbunden und spüren, wie sehr Sie Teil von allem sind.

Parallelwelten in Ihrer Stadt

Falken, Füchse, Hasen, Marder, Wildschweine in Berlin, ein Uhu im Englischen Garten in München. Sie alle werden im Alltag kaum bemerkt, aber es ist auch ihre Stadt. Sie wohnen dort ebenso wie wir Menschen. Sie haben sich angepasst, haben sich eingerichtet, kommen mehr oder weniger gut zurecht. Alle möglichen Zivilisationsfolger haben sich nicht in die letzten ungestörten Naturrefugien verzogen, sondern sind den Menschen ins Urbane nachgekommen, wo sie bessere Futter- und Lebensbedingungen vorfinden. Nicht immer lieben wir sie, denn unsere Bedürfnisse passen oft nicht so recht zusammen.

Aber sie sind da – es ist das Nebeneinander paralleler Welten: Wir leben unsere Zivilisation. Die Tiere ihre Natur. Die meisten begreifen die Gesetze des Straßenverkehrs einfach nicht, sie weichen uns überall im Leben so gut wie möglich aus. Aber auch sie sehen die Stadt als ihren Lebensraum an, an den man sich bestmöglich anpassen muss. Gerade die Anpassungsfähigkeit ist etwas, was wir uns von ihnen abschauen können.

Mit solchen Parallelwelten lässt sich auch sehr gut spielen, um den Kopf frei zu bekommen und aufzutanken. Vom Balkon oder der Parkbank aus können Sie ganz in die Natur eintauchen. Ich (Vera) sitze in der Mittagspause gern auf dem Balkon zum Hinterhof meiner Praxis. Ich schau mir die alte Linde an, die Rinde, die Äste, die Blätter – und wenn ich ganz ruhig werde, höre ich die Vögel singen, ich nehme wahr, wie sich das Licht im Laub verändert, viele unterschiedliche Grüntöne werden sichtbar. Ich lasse meine Seele baumeln und entspanne Körper und Geist.

Erholung in der Parallelwelt

Setzen Sie sich am Abend oder in der Mittagspause auf Ihren Balkon oder eine Bank und lassen Sie den Alltag für einige Minuten hinter sich.

Wenn Sie den Himmel sehen, beobachten Sie, ob ein paar Wölkchen vorüberziehen – und geben Sie ihnen all Ihre Alltagsgedanken mit.

Schauen Sie sich um, ob Sie einen Baum mit ein paar Meisen oder Amseln entdecken, ein Eichhörnchen oder, wenn Sie sie mögen, eine Taube. Beobachten Sie sie ein wenig und folgen Sie ihnen in ihre Welt, wie Sie sich diese vorstellen. Imaginieren Sie einen ruhigen Ort, an dem diese Tiere leben, spielen, sich ihr Futter suchen, ihren Nachwuchs großziehen.

Während Sie ganz in diese parallele Welt eintauchen, können Sie die Vögel zwitschern hören, ein paar Bäume oder Büsche betrachten, Sonne tanken. Erholung pur.

Bäume mögen den meisten Menschen sehr vertraut sein, einfach weil sie eine Konstante im Leben sind, ob wir uns das bewusst machen oder nicht. Wenn wir Bäume jedoch ganz neu und wie zum ersten Mal betrachten, können sie uns durchaus fremd erscheinen. Sie stehen immer an derselben Stelle und werden teilweise gewaltig groß. Als biologische Lebensform sind sie der unseren nicht sehr nah.

Und dennoch fühlen sich viele so wohl in ihrer Gegenwart, dass man annehmen darf, es gibt eine tiefere Verwandtschaft. Mit der folgenden kleinen Übung können Sie Ihr Bewusstsein für Fremdheit und Vertrautheit schulen und sich innerlich immer mehr für andere Perspektiven auf das Leben öffnen.

Wahre Größe

Suchen Sie einen Baum in der Stadt und schauen Sie zu seiner Krone hinauf. Nehmen Sie seine enorme Größe wahr und spüren Sie, wie klein Sie im Gegensatz zu ihm sind.

Machen Sie sich vielleicht auch bewusst, wie anders der Baum lebt als Sie – und dass Sie beide doch den Lebensraum miteinander teilen. Vielleicht steht er schon sehr lange an seinem Platz und beobachtet die Welt um sich her …

Danken Sie dem Baum und der Natur Ihrer Stadt dafür, dass sie da sind.

Die Kraft der Elemente wirkt überall

Wenn man sich bewusst macht, dass alle Materie aus einem oder mehreren der vier Elemente besteht, scheint die Trennung zwischen Natur und »Nichtnatur« noch einmal mehr zu verschwimmen. Alles, was uns auch in der Großstadt umgibt, basiert auf Natürlichem – es wurde aber teilweise so stark verändert, dass das nicht mehr erkennbar ist. Vieles kann auch nicht mehr so leicht in etwas Natürliches zurückverwandelt werden.

Wie stark die Natur alles durchdringt und durchwebt, kann man am Vorkommen der Elemente sehr gut untersuchen. Auf der geistigen Ebene waren es diese Kräfte, die wir für die Eröffnung eines heiligen Raumes hinzugebeten haben. Ihre Kraft tiefer erspüren zu lernen, das geht auch im alltäglichen städtischen Kontext.

Das Element Wasser

Als ich (Franziska) mal für eine Zeit in der Nähe einer Kleinstadt mit Schwimmbad wohnte, habe ich das vor allem in den Wintermonaten gern genutzt. An den Vormittagen war meist sehr wenig los, und ich ertappte mich mehrfach erstaunt dabei, minutenlang auf dem Beckenrand zu sitzen und auf das Wasser zu schauen. Was in den wärmeren Jahreszeiten meine Lieblingsmeditation ist – an einem See sitzen und aufs Wasser blicken –, das hatte ich hier ins Schwimmbad verlagert. Ich blickte friedlich versunken auf das Chlorwasser, freute mich an den Spiegelungen der elektrischen Lichter im Becken und tauchte in die Tiefenentspannung. Keine Gedanken mehr, stille Meditation. Mir wurde klar, dass es das Element Wasser ist, das mich anzieht, das mich selbst in diesem Schwimmbad in einen meditativen Zustand versetzen konnte. Und wenn das möglich ist, dann müsste es tatsächlich überall möglich sein, zu meditieren, in die Tiefe zu gehen, mehr als nur die physische Oberfläche zu sehen und, ja, sich aus der Übermacht des Denkens zu lösen und andere Ebenen wirken zu lassen. Zum Beispiel die Gefühle, für die Wasser ja sinnbildlich auch steht.

Wasser findet sich in so vielen Zusammenhängen,

schließlich heißt es nicht umsonst: Wasser ist Leben. Im Folgenden ein paar Ideen, die Sie zum Weiterforschen anregen wollen und Ihnen viele Möglichkeiten erschließen, sich auch mitten im urbanen Alltagsgetümmel bewusst mit einem der vier Pfeiler der materiellen Natur zu verbinden. Wasser findet sich:

- natürlich im Fluss, in Bächen, in Seen und Teichen, im Meer;
- im Regen, in den Pfützen;
- in Springbrunnen und Wasserspielen;
- in Nebel, Schnee, Eis, Reif und Tau;
- in den Körpern aller Lebewesen;
- in Getränken, in Suppen, Soßen, fast allen Speisen.
- Wir nutzen es im Bad, in der Küche, für alle möglichen Reinigungsaktionen, in der Industrie, in jedem Fahrzeug, bei Wellness und Spa.
- Im übertragenen Sinne findet es sich auch in unserer Gefühlswelt – und konkret natürlich in unseren Tränen.

Übrigens bedeutet bei vielen traditionellen Schamanen ein Regenguss während oder am Ende eines Rituals, dass die Ahnen der Zeremonie und den Beteiligten ihren Segen erteilen.

Zurück zur Quelle

Stellen Sie sich, wenn Sie ein gutes Mineralwasser trinken, dabei doch einmal vor, wo es seinen Ursprung nahm – an einer Quelle mitten in der Natur, nachdem es jahrelang durch Gesteinsschichten gesickert ist, rein gefiltert und auf natürliche Weise mit Mineralien angereichert wurde. Haben Sie diese Bilder im Sinn, wird das Trinken zu einem heilsamen Genuss. Und vielleicht verspüren Sie den Impuls, dem Wasser dieser Erde zu danken oder sogar für seine Reinheit auch in der Zukunft einen Herzenswunsch oder ein Gebet zu sprechen.

Seit alters werden die Elemente auch bewusst in Heilvorgänge einbezogen. Sie können uns beispielsweise reinigen und stärken. Mit Wasser geht das natürlich ganz hervorragend – und Sie brauchen dazu nicht einmal einen klaren See oder einen munter sprudelnden Bergbach. Das Element Wasser finden Sie ja reichlich auch in der Stadt.

Reinigung und Stärkung mit Wasser

Suchen Sie sich einen Springbrunnen, den Sie mögen. Stellen Sie sich dann so nah an das herabfallende Wasser, wie Sie möchten. Ganz Mutige können sich im Sommer auch direkt duschen lassen, sofern das ohne Gefahr möglich ist.

Bitten Sie das Wasser nun, sinnbildlich alles von

Ihnen abzuwaschen, was nicht zu Ihnen gehört, was Sie belastet und stört oder was Sie nur von anderen aufgelesen haben. Wenn der Brunnen mythische Figuren, Götter, Drachen oder Engelchen zeigt, die das Wasser ausgießen oder ausspeien, bitten Sie diese, Sie zu reinigen.

Wenn Sie sich wieder klar und sauber fühlen, können Sie das Wasser oder die Figuren bitten, Sie mit einer bestimmten Qualität zu übergießen: Kraft vielleicht, Geduld oder Fröhlichkeit, was immer Sie gerade benötigen.

Danken Sie zum Abschluss den Figuren und dem Element Wasser und lassen Sie ihnen Ihre guten Wünsche und vielleicht einen Segen da.

Das Element Feuer

Feuer ist ein besonderes Element, da es sehr stark von den anderen abhängig ist. Ohne Erde – also etwas, was verbrannt wird – und Luft, die den Sauerstoff liefert, kann Feuer keine Sekunde existieren. Da es nicht nur segensreich wirkt, sondern auch Schäden anrichten kann, wird es von uns immer möglichst gut kontrolliert. Es findet sich also nicht so offensichtlich in unserem Umfeld. Es ist aber dennoch da:

- als Sonne am Himmel und auch in Form der Sterne;
- in den Stoffwechselprozessen unseres Körpers;
- überall dort, wo etwas verbrannt oder Wärme erzeugt wird: Heizungen, Herde, Öfen, Verbrennungsmotoren, zum Beispiel in Autos;

- in künstlichen Lichtquellen;
- in Kerzen oder in Räucherstäbchen;
- im übertragenen Sinne in Geistesblitzen und in der Leidenschaft.

Bei traditionellen Schamanen stellt das Feuer immer die Mitte einer Gemeinschaft oder einer Versammlung dar. Seine erhellende und wärmende Kraft ist das Zentrum.

Der spirituelle Funke

Eine besonders achtsame Form, eine Kerze anzuzünden: Sie haben die Kerze und das Streichholz oder Feuerzeug vor sich, schließen einen Moment die Augen und verbinden sich nach oben mit dem Göttlichen, mit der geistigen Welt, mit dem höchsten Spirituellen, wie auch immer sich das für Sie erfahren lässt. Bitten Sie um den göttlichen oder spirituellen Funken und spüren Sie, wie er als sanfte, Sie weitende Erhellung in Ihren Scheitel eindringt und zu Ihrem Herzen weiterfließt. Ist er in Ihrem Herzen angekommen, zünden Sie – gewissermaßen mit diesem Funken – das Streichholz oder Feuerzeug an und entzünden die Kerze.

Halten Sie noch einen Moment inne und erleben Sie das Feuer außen in Form der brennenden Kerze ebenso wie den göttlichen Funken in Ihrem Herzen.

Feuer ist ganz nah verwandt mit dem Licht. Das Glühen in einer Lampe lässt es hell werden, das Brennen der Sonne bescheint unsere Erde. Damit können Sie auch in der nächtlichen Stadt spielen, um sich dem Element Feuer zu nähern. Betrachten Sie doch die Leuchtreklame einmal so, dass Sie dabei Blickkontakt mit vielen kleinen Feuern halten. Sie schauen – und werden tausendfach angeschaut. Das macht Sie lebendig und wach. Oder Sie stellen sich unter eine Laterne, die ihr Licht dann wie ein Scheinwerfer auf Sie richtet. Machen Sie sich dabei bewusst: »Ich bin da.« Wenn Sie zu denen gehören, die beim Anblick des Lichtermeeres ihrer nächtlichen Stadt ein starkes Heimatgefühl empfinden, sind Sie ebenfalls mit dem Feuerelement verbunden.

Das Element Erde

Zum Element Erde gehören alle festen Stoffe, alle Materie. Sie finden es also überall, wo auch immer Sie sind: Ihr Körper, Ihre Nahrung, Ihre Kleidung, der Boden unter Ihren Füßen, die Baustoffe der Häuser, alles gehört zum Element Erde. Dieses Element ist es, das uns trägt und stützt. Es macht Ihr körperliches »Ich bin« vor allem aus. Auch wenn Sie zu einem höheren Prozentsatz aus Wasser bestehen als aus »Erde«. Gefühlt gehört der Körper zu diesem Element. Bewusst zugeordnet wird Erde:

- Steinen, Edel- und Halbedelsteinen, Kristallen, aber auch Kieseln und Sandkörnern;
- Landschaften und insbesondere Gebirgen;
- Samen, die die Erdkraft speichern und neues Wachstum vorbereiten.

Es tut gut, sich das Element Erde bewusst zu machen, indem man sich erdet: sich hinsetzt, hinlegt, niederlässt. Alles wird schwerer, langsamer, entspannt. Man verbindet sich mit Mutter Erde, die für traditionelle Schamanen immer vor allem mit diesem Element verwoben ist. Die Mutter von allem, nichts existiert ohne sie.

Wurzeln und Fundamente

Gehen Sie zu einem Baum in der Stadt und nehmen Sie Kontakt mit ihm auf (siehe Seite 84 und 143. Lenken Sie Ihre Wahrnehmung im Gespräch mit ihm oder in der bloßen wachen Betrachtung auf seine Wurzeln, die tief in die Erde reichen. Spüren Sie nach, wie es sich anfühlt, so fest verwurzelt zu sein.

Betrachten Sie dann ein Haus mit seinen Fundamenten. Empfinden Sie auch hier die Verwurzelung nach.

Setzen Sie sich anschließend auf eine Parkbank oder zu Hause aufs Sofa und spüren Sie Ihre eigenen Wurzeln. Wo sind Sie verwurzelt im Leben? Was sind Ihre Fundamente?

Das Element Luft

Auch die Luft ist überall oder vielmehr überall dort, wo keine feste Materie ist. Sie umschließt und umhüllt alles, was zu den Elementen Wasser und Erde gehört. Die Luft wird am leichtesten übersehen, einfach weil sie nicht sichtbar ist. Über die Nase und die Haut allerdings ist sie dennoch mittelbar wahrzunehmen – Sie können sich auf ihre Spuren begeben und beispielsweise mal erschnuppern und erspüren, wie unterschiedlich sich die Luft an unterschiedlichen Plätzen anfühlt: im Park, zwischen Häuser-

zeilen, am Morgen, am Abend, im Sommer, im Winter ...
Luft steht für:

- die Atmosphäre der Erde;
- den Wind, jeden Hauch oder Luftzug, aber auch eine Bö oder einen Sturm;
- den Atem;
- im übertragenen Sinne für unsere Gedanken und Ideen.

Für die Schamanen gehört die Luft zu Vater Himmel. Auch ohne ihn ist kein Leben möglich. Dem Körper aus Erde wird Atem eingehaucht, dadurch wird er lebendig. Diese alttestamentarische Vorstellung ist wohl universell.

Weite im Außen, Weite im Innen

Besonders an Tagen mit eher trüber Stimmung ist diese Übung hilfreich: Suchen Sie, wo immer Sie gerade gehen oder stehen, mit den Augen den am weitesten entfernten Punkt. Sie werden unwillkürlich den Blick zum Himmel heben, irgendwo zwischen zwei Häuserzeilen hindurch oder über die Dächer hinweg. Was geschieht? Ein erhobener Blick wirkt sich positiv auf die Stimmung aus, und die äußerlich wahrnehmbare Weite kann auch im Herzen spürbar werden.

Zur Luft gehört selbstverständlich auch der Wind – und der pfeift nicht nur um die Häuserecken, sondern sogar unter der Erde, wo Sie ihn bewusst nutzen können: Wenn die U-Bahn aus einer Station abfährt, gibt es einen kleinen

Windhauch. Und dem können Sie bewusst etwas mitgeben, was Sie nicht mehr möchten: schlechte Stimmung, Sorgen, unangenehme Angewohnheiten. Bitten Sie den Wind, das Element Luft, sich dieser Energie anzunehmen und sie zu verwandeln.

Verbindungen der Elemente

Natürlich tauchen die Elemente selten allein und isoliert auf, sondern verbinden sich untereinander. Beim Feuer ist das wie beschrieben überhaupt nicht anders möglich. Einige rituelle Handlungen nutzen ganz bewusst alle vier Elemente, um auf diese Weise die Ganzheit wirksam werden zu lassen. Beim Räuchern zum Beispiel ist das Feuer nötig, als Glühkohle oder zum Anzünden der Kräuter. Diese selbst stellen den Aspekt Erde dar. Der aufgehende Rauch gehört zum Element Luft. Und um auch das Wasser hinzuzunehmen, wird häufig in einer Muschel geräuchert, die für dieses Element steht. Auch die traditionelle Schwitzhütte nutzt alle vier Elemente: Erde (Steine), Feuer (Hitze), Wasser (die Aufgüsse und der aufsteigende Dampf) sowie Luft (die Energie der Gebete und Dankesopfer, die immer dazugehören).

Wenn Sie mit all diesen Hinweisen im Sinn jetzt die Stadt neu betrachten, werden Sie überall die Elemente antreffen.

Um mich herum – alles Natur

Begeben Sie sich an irgendeinen beliebigen Platz in der Stadt. Setzen Sie sich auf eine Bank, an einen Café-tisch im Freien oder auch an Ihr Fenster oder bleiben

Sie ganz einfach mitten in der Fußgängerzone oder in einem Gewerbegebiet stehen.

Schauen Sie sich um und prüfen Sie, wie viele Vertreter der vier Elemente Sie wahrnehmen. Bleiben Sie nicht an der Oberfläche, sondern gehen Sie tiefer. Sie können auch die Blumenvase auf dem Tischchen und die Wolken am Himmel mit einbeziehen, die Pfützen auf dem Gehweg und den Windhauch.

Die Elemente als Spiegel unseres Wesens

Nicht nur auf der materiellen, sondern auch auf der mentalen und psychischen Ebene gehören die Elemente zu uns. Denken Sie nur an die vier Temperamente, von denen jedes einem Element zugeordnet ist: Der Melancholiker ist schwer wie die Erde. Der Choleriker aufbrausend wie das Feuer. Der Sanguiniker leicht und flexibel wie die Luft. Und der Phlegmatiker fließt wie das Wasser immer nach unten.

In der Betrachtung der Elemente können wir uns aber nicht nur über uns selbst, sondern auch über Projekte, Beziehungen, Lebensphasen und Ähnliches klar werden. Denn wie jedes Element in unterschiedlichen Erscheinungsformen oder Zuständen auftreten kann, haben auch unsere Lebensprojekte ihre unterschiedlichen Phasen.

Wasser kann als Meer oder Tautropfen, als Eis oder Dampf, als Springbrunnen oder Wasserfall sichtbar werden und unzählige weitere Formen annehmen. Beziehungen oder auch Projekte durchleben euphorische ebenso wie stagnierende Phasen, ein gleichförmiges Fließen ebenso wie ein unkontrolliertes Strudeln, scheinen mal zu Eis erstarrt und dann auch wieder rasend schnell in ihrer Entwicklung.

Feuer gibt es als kleinen Funken und lodernde Flamme, als Kerzenlicht oder großflächigen Buschbrand und in seiner Endphase als Glut. Luft kann warm oder kühl, heiß oder eisig sein, schneidend oder mild, stillstehend, vom Wind bewegt oder vom Sturm gepeitscht. Erde kann warm oder kühl, feucht oder trocken sein, die unterschiedlichsten Farben haben und sich als Element in allen möglichen festen Materialien zeigen. Und so ist auch alles in unserem Leben einem stetigen Wandel unterworfen.

Kraftorte – auch urban

»Die Vorstellung von Kraftorten, an denen die Mauern und Gesetze der vergänglichen Welt sich auflösen, um Wunder zu enthüllen, ist wahrscheinlich so alt wie die Menschheit selbst«, sagt Joseph Campbell.[9] Üblicherweise vermutet man Kraftorte immer in der Natur. Die Mehrzahl dieser Plätze mit einer besonders wohltuenden Schwingung wird sich in der Tat irgendwo »draußen« befinden. Aber natürlich gibt es sie auch in den Städten – nicht zuletzt weil man die frühen Ortschaften gern auf oder in der Nähe solcher Plätze gebaut hat.

Die Nutzung von Orten für rituelle oder kulturell hochstehende Zwecke hat die Energie dort über die Zeit zusätzlich spürbar angehoben. So sind einige Kirchen bis heute echte Kraftorte.

Bauwerke, die Kraft spenden

Architektur und Gestaltung selbst haben ebenfalls einen großen Einfluss auf die Energie. So etwas wie Feng-Shui oder Vastu kannte man früher auch im mittleren Europa, weswegen man insbesondere sakrale Bauten so konzipieren konnte, dass die Energie optimal floss. Auch in Museen mit bestimmten hochschwingenden Gemälden ist die Energie wohltuend. Oder in manchen Opernhäusern wie der Dresdner Semperoper, wo der Besuch natürlich wegen der Aufführungen lohnt, aber nicht zuletzt auch deshalb, weil der Saal eine so belebende und erhebende Energie hat. Durchstreifen Sie Ihre Stadt einmal im Hinblick auf Kultur-Kraftplätze und lassen Sie sich von ihnen vitalisieren und inspirieren.

Das geht durchaus auch im Bereich der Popkultur. So entstand in München nach dem Tod von Michael Jackson ein Kraftplatz der besonderen Art: Fans des Künstlers haben ein Orlando-di-Lasso-Denkmal mitten in der Stadt einfach umfunktioniert und nach und nach in eine Erinnerungsstätte für ihren Popgiganten verwandelt. An solchen Plätzen schlägt das Herz einer bestimmten Gruppe von Menschen. Ihre Energie manifestiert sich hier und kann sich auf andere übertragen.

An all solchen Orten – ob klassisch oder Pop – kann auch die Stille, von der wir eingangs viel gesprochen haben, wieder hörbar werden.

Die Stille erleben – an einem Lieblingsort in der Stadt

Begeben Sie sich an einen Platz in der Stadt, den Sie mögen: ein Park, ein Friedhof, ein Baum in der Fußgängerzone, ein Denkmal, ein historischer Ort, ein Museum oder auch ein Theatersaal einige Minuten vor Vorstellungsbeginn.

Stellen oder setzen Sie sich möglichst bequem hin und atmen Sie einige Male tief durch. Werden Sie sich Ihres Körpers bewusst. Spüren Sie Ihre Füße und die Art, wie Sie stehen oder sitzen. Nehmen Sie Ihre Haltung wahr und atmen Sie in Ihrem eigenen Rhythmus ruhig weiter ein und aus. Das alles geht ganz unauffällig, niemand wird es bemerken.

Nun beginnen Sie zu lauschen, einfach nur in die Umgebung oder den Raum hineinzuhören und die Stille wahrzunehmen, die auch dann da ist, wenn es Geräusche gibt.

Falls es in Ihrem Kopf noch etwas unruhig ist, hilft es manchmal, kurz die Luft anzuhalten und aufmerksam dafür zu bleiben, was passiert. Lauschen Sie gleichzeitig weiter in die Stille ringsumher.

Entspannen Sie Ihren Körper und spüren Sie die Stille hinter allen Dingen.

Spüren Sie diese Stille nun auch in sich selbst, in jeder Ihrer Zellen. Lassen Sie die Stille tief in Ihren Körper einsinken. Spüren Sie nach, wo genau Sie sie besonders gut oder angenehm wahrnehmen können.

Wenn Sie durch irgendetwas in der Umgebung

abgelenkt oder gestört werden, nehmen Sie es einfach wahr. Und bemerken Sie auch, dass die Stille
davon nicht beeinträchtigt wird. Die Stille bleibt weiter da, auch wenn Sie zwischenzeitlich von den Geräuschen abgelenkt werden und das Dahinter nicht mehr
bemerken.

Wenn Sie nach einer Weile wieder in Ihr Alltagsbewusstsein zurückgekehrt sind, bewahren Sie sich
ein bisschen von der Stille und der inneren
Ruhe. Schauen Sie sich um: Wie wirkt die
Stadt oder der Raum jetzt auf Sie?

Der verinnerlichte Kraftplatz

Vielleicht besuchen Sie ja von Zeit zu Zeit Ihren Kraftplatz
in der Natur, um dort aufzutanken und durchzuatmen.
Wenn Sie einige Male dort waren, sodass er wirklich zu
Ihrem Kraftort geworden ist, können Sie seine nährende
oder beruhigende Qualität auch direkt von der Stadt aus
oder von überall da, wo Sie gerade sind, nutzen. Am besten
geht das über den sogenannten Herzensweg: Wir hatten Sie
auf Seite 101 dazu angeregt, den Weg zu Ihrem Natur-Kraft-
platz in allen Details zu verinnerlichen. Immer und immer
wieder, bis er wirklich ein Teil von Ihnen geworden ist.

Genau diesen Weg können Sie nun im Alltag in Ihrer
Vorstellung wieder gehen. Schritt für Schritt. Sie erinnern
sich dabei an alles, was diesen Weg ausmacht: an einzelne
Bäume, vielleicht einen Zaun oder eine Wurzel, über die
Sie steigen müssen, was auch immer zu Ihrem Herzens-
weg gehört. Spüren Sie, lauschen Sie, riechen Sie, nehmen
Sie Ihren Weg mit allen Sinnen wahr. Schließlich kommen

Sie in Ihrer Vorstellung an Ihrem Kraftplatz an, setzen sich nieder und genießen die Energie, derentwegen Sie diesen Ort so lieben.

Eine solche innere Übung kann zu den unterschiedlichsten Gelegenheiten hilfreich sein: Sie können sie auf dem Weg zur oder von der Arbeit in der Straßenbahn machen, ebenso zur Vorbereitung auf einen wichtigen Termin. Sehr gut eignet sie sich auch abends, um zur Ruhe zu kommen, besonders wenn Sie Einschlafschwierigkeiten haben. Der langsame achtsame Gang Ihres Herzenswegs führt Sie aus dem alltäglichen Stress und Ihren Gedankenwelten in die Stille der Natur und in Ihren eigenen Körper.

Der persönliche Kraftplatz mitten in der City

Selbstverständlich können Sie sich aber auch mitten in der Stadt einen Kraftort kreieren und häufiger besuchen. Es könnte dann sogar Ihr Mittagspausen- oder Freitagabendritual werden, dort zu entspannen, Kraft zu tanken und vielleicht ein aufbauendes Schwätzchen mit einem Baum oder Busch zu halten.

Bewusstsein und Ausdauer – so entsteht ein neuer Kraftort

Wählen Sie einen Platz in der Stadt, der Ihnen guttut. Vielleicht kennen Sie einen Ort, den Sie schon lange mögen und an dem Sie sich gern aufhalten. Fällt Ihnen nichts ein? Dann unternehmen Sie einen Spaziergang, um Ihren Platz zu entdecken. Sie sollten sich dort rundum wohlfühlen. Und natürlich ist es sinnvoll, einen zu wählen, den Sie auch gut erreichen können.

Wenn Sie Ihren Platz gefunden haben, nehmen Sie sich die Zeit, ihn in Ruhe kennenzulernen. Setzen Sie sich dorthin, wenn das möglich ist, und kommen Sie richtig an – bei sich und an dieser Stelle. Wenn andere Menschen hier sind, können Sie sie einfach als Teil dieses Ortes wahrnehmen. Bleiben Sie bei sich. Atmen Sie tief durch und spüren Sie in Ihren Körper hinein – in die Füße, die Arme, den Rumpf.

Begrüßen Sie nun diesen Platz und, wenn Sie wollen, auch die Wesen, die hier leben. Schauen Sie sich um, was es alles gibt. Vielleicht einige Bäume oder Sträucher, vielleicht Gebäude, ein Springbrunnen, ein Denkmal. Vögel und Insekten. Bestimmt gehören auch feinstoffliche Wesen dazu. Sie können sich vorstellen, dass auch sie hier sind und Ihr Ankommen bemerkt haben. Begrüßen Sie also alle, die hier an diesem Platz leben. Bitten Sie darum, diesen Ort als Ihren Kraftplatz nutzen zu dürfen, den Sie dann öfter aufsuchen möchten, um sich aufzutanken und zu inspirieren.

Lauschen Sie, ob Sie eine Antwort empfangen. Vielleicht spüren Sie, wie sich Ihr Herz öffnet, fühlen sich gestreichelt oder liebevoll umarmt. Vielleicht hören Sie Worte in Ihrem Kopf oder das einladende Zwitschern eines Vogels. Vielleicht hören Sie einen Gesprächsfetzen von vorüberziehenden Passanten, der Ihnen die Antwort gibt.

Lassen Sie den Ort nach und nach zu Ihrem Freund werden. Gehen Sie, sooft Sie wollen und Zeit haben, dorthin. Genießen Sie das, was Ihnen dort gefällt, und erforschen Sie tiefer, was hier alles wahrnehmbar ist und was Ihnen guttut. Kommen Sie zu sich, indem Sie hier ausspannen, mit den Wesen des Ortes kommunizieren und sie vielleicht auch ab und zu um Rat oder um genau die Kraft bitten, die Sie gerade benötigen. Gehen Sie auch in der Stadt immer respektvoll mit einem Kraftplatz um. Sie können sich überlegen, ob Sie hier alltägliche Dinge machen möchten wie Plaudereien am Telefon oder die Organisation in Ihrem elektronischen Kalender. Oder Sie nutzen die Ausflüge an Ihren Kraftort ausschließlich dafür, um für kurze Momente alles hinter sich zu lassen und ganz zu sich, zur Ruhe und in Ihre Kraft zu kommen. Wenn Sie den Platz verlassen, ist es schön, sich zu verabschieden und zu danken.

Solch ein neu etablierter Kraftplatz, der über eine längere Zeit besucht und dessen Energie mit Achtsamkeit aufgeladen wird, ist ein sehr hilfreicher Anker im Alltag und erdet Sie für alle möglichen Herausforderungen des Lebens. Sie werden über die Zeit sicherlich beobachten können, wie er sich verändert. Natürlich wandelt sich Ihr Blick auf diesen Ort, den Sie immer besser und intensiver kennenlernen. Aber auch er selbst verändert sich aufgrund der liebevollen Energie, die ihm zuteilwird, wenn Sie dort schamanisch mit der geistigen Welt kommunizieren, einen geistigen Gefährten einladen oder meditativ der Stille hinter allen Dingen lauschen, wenn Sie beten und danken oder einfach Ihr Herz überfließen lassen. Je mehr Sie diesem Platz geben, umso mehr werden Sie von ihm erhalten. Und seine immer kraftvollere Ausstrahlung wird sich natürlich auch auf die anderen Menschen auswirken, die hier entlangkommen.

Den Geist der Stadt entdecken

Zu manchen Städten empfinden wir eine ganz besondere Beziehung, eine emotionale Bindung und eine tiefe Vertrautheit. Sind es Heimatstädte oder Orte, an denen wir sehr lange gelebt haben, verbindet uns damit natürlich sehr viel Persönliches. In anderen Fällen ist eine Sympathie wie die zu einem anderen Menschen da, obwohl wir die Stadt gar nicht so gut kennen und vielleicht sogar zum ersten Mal dort sind.

Schamanen ehren seit jeher den Platz, an dem sie sind. Sie verbinden sich dabei auch mit dem Geist dieses Ortes, um ihm zu danken und ihm ihren Respekt zu zollen. Davon ausgehend, dass alles beseelt ist, können Sie es ihnen nachempfinden und auf der geistigen Ebene mit der Stadt selbst Kontakt aufnehmen und ihr Wesen, ihren Geist, den *Genius Loci,* kennenlernen. Sehr stark empfinden durfte ich (Franziska) das vor nicht allzu langer Zeit auf Malta, als ich für ein paar Wochen in Valletta lebte. Ich genoss eine kleine Auszeit, bummelte viel durch die Hitze der Stadt und saß abends auf »meiner« Dachterrasse mitten zwischen anderen Dachterrassen unterm sternenklaren Himmel. Ich war sehr glücklich, so eine ruhige, genussvolle Zeit erleben zu dürfen. Ich liebte diese alte Stadt mit ihrer sehr wechselvollen Geschichte. Und während eines Abends mein Herz vor Dankbarkeit überlief, konnte ich ihn spüren: den Geist der Stadt, der sich – so nahm ich es wahr – bei mir dafür bedankte, dass ich ihm so achtsam und wertschätzend begegnete. Es ist schwer zu beschreiben, aber bis heute erinnere ich mich an diesen Moment als unendlich freudvoll, kostbar und wichtig für mich. Als hätte ich einen Freund, eine Freundin gewonnen.

Wenn diese Zeilen etwas in Ihnen zum Klingen bringen, probieren Sie es aus. Sie wissen sicher genau, mit welcher Stadt Sie sich tiefer verbinden möchten – Ihrer Heimatstadt, Ihrem aktuellen Wohnort, einer Stadt aus Ihrer Jugend- oder Studienzeit, einem besonderen Urlaubsort. Sie können ihren Geist auch erspüren und mit ihm in einen Austausch treten, wenn Sie momentan gar nicht dort sind. Und wenn Sie ihm in Ihrem Herzen begegnen und es sich gut für Sie anfühlt, können Sie ihn auch fragen, was er sich für die Stadt wünscht, was Sie für die Stadt tun könnten. Vielleicht möchte er ein Lied an einem bestimmten Ort, ein paar Blumen an einer bestimmten Stelle oder eine Reinigung mit Salbeirauch?

Haben Sie Lust, ein klareres Gespür für das ureigene Wesen Ihrer Stadt zu bekommen, für den Kern ihrer Wesensart, die sich vielleicht sogar durch die Jahrhunderte hindurch erhalten hat? Mit einer schamanischen Reise können Sie den Geist Ihrer Stadt besuchen.

Reise zum Geist Ihrer Stadt

Sorgen Sie dafür, dass Sie für etwa eine halbe Stunde ungestört sind. Eröffnen Sie einen heiligen Raum und räuchern Sie sich und diesen Platz. Setzen oder legen Sie sich dann entspannt hin, atmen Sie ein paarmal tief ein und aus und kommen Sie auch mit Ihrem Denken und Fühlen ganz dort an, wo Ihr Körper ist.

Formulieren Sie Ihre Absicht, sagen Sie also leise für sich oder laut: »Ich möchte eine schamanische Reise unternehmen, um den Geist der Stadt XY kennenzulernen. Ich bitte meinen geistigen Helfer, mich dabei zu unterstützen.«

Stellen Sie nun die CD an oder trommeln Sie selbst.

Schließen Sie die Augen und gehen Sie zu Ihrem Platz in der Natur. Kommen Sie dort in Ruhe an, bevor Sie noch einmal Ihre Absicht wiederholen und durch Ihren Durchgang in die nichtalltägliche Wirklichkeit gehen. Ihr geistiger Helfer begrüßt Sie wahrscheinlich schon auf der anderen Seite.

Lassen Sie sich nun überraschen, wohin Ihr geistiger Verbündeter Sie führt oder ob sich der Geist der Stadt ohnehin bereits zeigt, weil er Sie schon erwartet hat. Lernen Sie ihn auf die Weise kennen, die er Ihnen anbietet, vielleicht im Gespräch, möglicherweise über Bilder oder Empfindungen. Fragen Sie ihn, was Sie wissen möchten, und erkundigen Sie sich eventuell auch, ob es etwas gibt, was der Stadt guttun könnte.

Am Ende bedanken Sie sich beim Geist der Stadt und bei Ihrem geistigen Helfer, verabschieden sich und gehen zurück zu Ihrem Tor. Dort verlassen Sie die nichtalltägliche Welt.

Sie kommen nun wieder ganz in Ihrem Körper und in der alltäglichen Realität an. Sie können sich rekeln und strecken, um sich wieder richtig im Körper zu spüren.

Es empfiehlt sich, die Eindrücke der Reise aufzuschreiben.

Achten Sie in den kommenden Tagen darauf, ob Sie Ihrer Stadt nun verändert begegnen und was Ihnen alles einfällt, um den Wunsch der Stadt – so sie einen geäußert hat – wahr werden zu lassen.

Eine weitere sehr schöne Reise kann die zum Schöpfungsmythos Ihrer Stadt sein. Wo liegen ihre Wurzeln? Wie ist sie entstanden? Welche Kräfte formten sie? Es geht dabei nicht um einen historischen Abriss ihres Wachsens und Werdens. Strengen Sie sich nicht an, eine Geschichtsstunde aus Ihrer Reise zu machen. Vielmehr bezieht ein Schöpfungsmythos die tieferen Gründe ihres Soseins mit ein und macht auch die geistigen Qualitäten sichtbar oder erfahrbar, die das Wesen einer Stadt prägen. Sie können einfach unbekümmert Ihren Eindrücken in der nichtalltäglichen Welt folgen.

Wenn Sie eine solche Reise unternehmen wollen, formulieren Sie Ihre Absicht etwa so: »Ich möchte erfahren, wie meine Stadt (oder mein Stadtviertel) entstanden ist. Ich bitte meinen geistigen Helfer, mich dabei zu unterstützen, den Schöpfungsmythos meiner Stadt zu erfahren.« Eine solche Reise zu den Urgründen einer Stadt kann ein ganz neues Licht auf sie werfen. Der Wandel, den sie über Jahrhunderte erlebte, wird sichtbar. Es ist, als würde man von einem erwachsenen und vielleicht auch schon etwas verlebten Menschen plötzlich Kinderfotos betrachten, die ihn in großer Unschuld, mit ungezähmter Lebensfreude und vielen Träumen im Herzen zeigen. Plätze, die Sie zuvor nicht mochten, werden Ihnen danach vielleicht liebenswert erscheinen.

Welche der praktischen Anregungen Sie bis hierher auch probiert haben mögen – mittlerweile sehen Sie Ihre Stadt sicherlich mit anderen Augen. Da sie nun Ihr Feld für schamanische Erfahrungen geworden ist, können Sie auch anfangen, sie als Ganzes wie einen Kraftplatz zu behandeln und sich immer wieder an ihre geistige Ebene zu erinnern. Das kann beispielsweise heißen, dass Sie sie begrüßen, wenn Sie von einer Urlaubs- oder Geschäftsreise zurückkommen, wenn Sie eine schamanische Übung in ihr machen möchten, oder auch morgens, wenn Sie zum ersten Mal das Haus verlassen und auf die Straße treten. Wenn Sie sich angewöhnen, den *Genius Loci* zu beachten, wird sich das ganz sicher auf Ihr Lebensgefühl in dieser Stadt auswirken. Ihr Eintauchen in die »zweite Bewusstseinsebene« schafft auch auf diese Weise eine Verbundenheit, die Sie spürbar durchs Leben trägt.

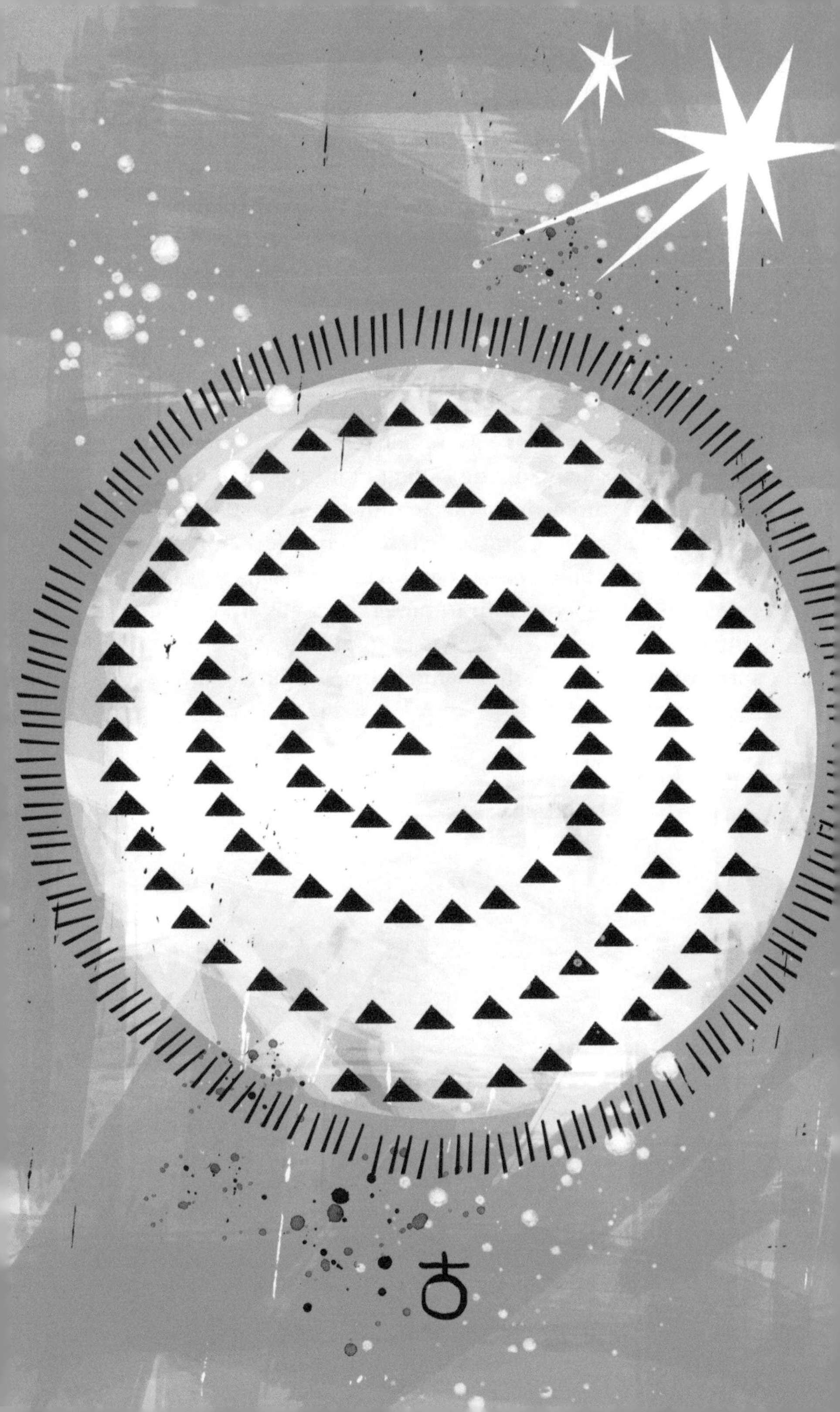

Rituale – so spielerisch wie wirksam

Was wäre der Schamanismus ohne Rituale? In allen Seminaren gibt es sie, in allen Büchern zum Schamanismus sind sie beschrieben. Auch der Großstadtschamanismus bezieht sie ein: wirkmächtige Handlungen voller Symbolkraft, die stellvertretend das zeigen, was sich danach auch in der Alltagswirklichkeit vollzieht. Rituale schärfen das Bewusstsein für ein bestimmtes Thema. Sie übersetzen Unsichtbares in sichtbare Handlungen. Dabei verwenden sie symbolhaft Gegenstände, Gesten oder Aktionen und bringen damit bereits eine erste Form der Manifestation in die Welt. Das nur Latente ist greifbar geworden.

Es gibt einmalige Rituale für bestimmte Anlässe: Das können Feiern zur Geburt eines Kindes sein, Bekräftigungen für eine Liebesverbindung oder ein Projekt, aber auch Rituale, die ein Ende bestätigen und begleiten: das einer Beziehung oder eines Lebensabschnitts beispielsweise. Jährlich wiederkehrende kollektive Rituale feiern die Wiedergeburt des Lichts am 21. Dezember, die Tagundnachtgleichen, die Sommersonnwende, es gibt Rituale des Opferns und der Fruchtbarkeit.

Eine andere Form von Ritual kommt dem näher, was auch wörtlich als »Ritual« bezeichnet wird: eine Handlung, die im Alltag immer wieder in der gleichen Weise ausgeführt wird. Wir reden in unserem Zusammenhang nicht vom routinemäßigen Zeitunglesen oder dem automatischen Zähneputzen vor dem Schlafengehen, sondern von Handlungen, die der Bewusstseinserweiterung, der Heilung, der Weiterentwicklung dienen. Die schamanische Reise, die mit einer stets neuen Absicht und neuen Ergebnissen dennoch in der immer gleichen Grundform durchgeführt wird, gehört dazu. Eine allmorgendliche Meditation oder ein abendliches Dankgebet sind ebenfalls einfache Beispiele dafür. Bei ihnen liegt die Wirkung nicht so sehr in der einmaligen Bewusstmachung von etwas oder in dem Wunsch, eine bestimmte Situation zum Besseren zu verändern, sondern in der Regelmäßigkeit. Wer jeden Morgen meditiert, wer jeden Abend dankt, wer eine für ihn positiv gefärbte Handlung bewusst und mit Herz immer wieder ausführt, dessen Leben wird sich entsprechend dieser Ausrichtung wandeln.

Zudem ist ein solches Ritual ein alltäglicher Aufwecker – wieder eine Form des Umschaltens in den wacheren Bewusstseinszustand. Es lockt uns aus dem Trott des allzu Alltäglichen, heraus aus dem Dauerdenken und dem Dauertun. Allein in dieser Hinsicht ist es sehr heilsam, noch unabhängig davon, woraus genau sein Inhalt besteht.

Im Folgenden finden Sie einige Vorschläge für unterschiedliche Rituale, die sich in der Stadt und zu Hause gestalten lassen. Wichtig war uns dabei vor allem, dass sie zwar wirksam, aber auch einfach und alltagstauglich sind. Noch ein paar mehr Ideen für kleine Alltagsrituale finden Sie im Kapitel »Alltäglich das Nichtalltägliche spüren«.

Rituale des Abschieds und des Loslassens

Beginnen wir mit Abschiedsritualen, in denen es um das Los- und Zurücklassen geht. Und, das wird oft vergessen, um das Würdigen dessen, was war. »Loslassen« heißt für viele »loswerden«. Aber nur was durchlebt, gefühlt, gewürdigt und im Herzen verabschiedet wurde, lässt uns wirklich weiterziehen. Wenn wir uns von einer Phase im Leben, einer Partnerschaft, einem Beruf verabschieden, dann lösen wir uns von den positiv erlebten Seiten dieser Zeit ebenso wie von den unangenehmen. Wir lassen all das hinter uns.

Abschiedsrituale werden ein- oder auch ein paarmal durchgeführt, bis das Loslassen erfolgt ist oder, anders gesagt, bis sich das Leben auf die eine oder andere Weise weiterbewegt und das Thema sich ausreichend gewandelt hat.

Das erste kleine Ritual eignet sich, wenn Sie etwas Überholtes abschließen und zurücklassen wollen, um dann verändert und geklärt weitergehen zu können. Es könnte um eine beendete, aber noch nicht ganz verdaute Beziehung gehen, um einen Streit, der nun endlich beigelegt werden soll, oder auch um ein abgeschlossenes Projekt.

Altes zurücklassen

Schreiben Sie einen Brief an das Leben selbst, an eine höhere Macht oder an einen geistigen Helfer, in dem beschrieben ist, was Sie hinter sich lassen wollen.

Suchen Sie sich dann einen Stein, der für Sie zu dem passt, was Sie entlassen möchten. Erspüren oder erfragen Sie, ob er bereit ist, Ihnen zu helfen. Wenn ja, legen Sie ihn auf den Brief und übertragen Sie auch mit Ihren Händen die alte Qualität, von der Sie sich lösen wollen, auf diesen Stein. Lassen Sie aus Ihrem Herzen alles, was zu diesem Alten gehört, in ihn hineinfließen.

Wählen Sie dann draußen einen Platz für Ihr Ritual. Bevor Sie ins Freie gehen, können Sie Ihr Energiefeld und Ihren Raum räuchern und damit reinigen. Dann gehen Sie zu Ihrem Platz und sprechen laut oder für sich im Stillen Ihre Absicht aus: »Ich möchte ... hinter mir lassen und bitte die geistige Welt um ihre Unterstützung.«

Gehen Sie möglichst in die Knie und legen Sie den Stein in die Erde, im Bewusstsein, dass Sie das, was er nun für Sie trägt, der geistigen Welt übergeben. Rufen Sie sich noch einmal detailliert in den Sinn, was Sie jetzt zurücklassen – das Schlechte übergeben Sie ebenso wie das Gute. Beides wird mit diesem Ritual zurückgelassen und gehört dann nicht mehr zu Ihnen. Würdigen Sie das, was gewesen ist. Verweilen Sie mit dem Herzen also auch in einer tiefen verbundenen Stimmung bei dem Guten, das war.

Bitten Sie um den Segen der geistigen Welt, bedanken Sie sich bei diesem Stein – und lassen Sie ihn liegen, wenn Sie wieder aufstehen.

Drehen Sie sich ganz bewusst um und gehen Sie zurück, weg von diesem Platz, hinein in ein von diesem Thema freies Leben. Den Brief können Sie anschließend verbrennen.

Das Ritual eignet sich auch für einen Charakterzug oder eine Eigenheit, die Sie ablegen möchten, weil sie nicht mehr zu Ihnen passt: das ständige Jasagen zum Beispiel. Es geht dabei nicht darum, unfreundlich und hart zu werden, um nur bloß nicht zu nachgiebig zu sein. Es geht um Klarheit und darum, zu den eigenen Bedürfnissen zu stehen. Eine Bekannte erzählte uns dazu ein gutes Beispiel. Sie musste als externe Mitarbeiterin zu einem Meeting, das jeden Mittwoch stattfand und in dem es zu der Zeit kaum um Belange ging, die sie betrafen. Daher wollte sie am betreffenden Mittwoch Bescheid geben, dass sie in der nächsten Woche wegen anderer Termine nicht konnte. Ihr Partner neckte sie am Morgen noch, indem er sagte:»Wahrscheinlich hörst du dich dann dort wieder sagen: ›Ach, kein Problem, ich kann nächste Woche auch kommen.‹« Dieser Satz von ihm weckte sie auf – und sie fand eine sinnvolle Lösung. Nachmittags in der Sitzung sagte sie sehr klar:»Es würde mir wegen anderer Verpflichtungen nicht leichtfallen, nächste Woche zu kommen. Daher mein Vorschlag: Ich kann meine Zuarbeit schriftlich machen und euch schicken. Und ihr gebt mir dann bis zum Dienstag Bescheid, ob es wirklich nötig ist, dass ich reinkomme. Dann würde ich es einrichten. Wäre dieses Vorgehen in Ordnung?« Sie behielt nicht nur die Höflichkeit, sondern hatte auch im Blick, die Projekte nicht zu gefährden. Die anderen reagierten zunächst so, dass ihr klar war, sie würde nicht um den nächsten Mittwoch herumkommen. Am Freitag aber kam eine Mail, dass es kein Problem sei, wenn sie nächste Woche fernbliebe.

Ein Ritual war in diesem Fall nicht nötig. Aber wir geraten doch häufiger an einen Punkt, an dem wir ein starkes Hilfsmittel wünschen, um etwas zu verändern. Wie die folgenden zwei Rituale, mit denen Sie belastende Emotionen transformieren können, um das Leben nicht mehr von ihnen bestimmen zu lassen. Wenn Sie sich in einer Zeit der nicht enden wollenden Traurigkeit, beispielsweise wegen einer Scheidung oder einer anderen Art Abschied befinden, könnte Ihnen das nächste Ritual helfen.

Die Tränen weiterfließen lassen

Wählen Sie eine Schale und füllen Sie sie mit Wasser. Gestalten Sie sie liebevoll mit Schwimmkerzen oder einem Kristall, den Sie auf den Grund legen. Bitten Sie die geistige Welt oder Ihr Krafttier, diese Schale zu segnen und Sie zu unterstützen.

Nehmen Sie sich nun täglich einen Moment Zeit. Setzen Sie sich vor Ihre Schale, die all die Tränen symbolisiert, die Sie in dieser Lebensphase weinen oder die ungeweint in Ihnen stecken geblieben sind.

Schöpfen Sie einen oder mehrere Löffel Wasser aus dieser Schale und lassen Sie sie im Abfluss wegfließen. Sie können sie auch in einen Blumentopf geben und die Erde bitten, die Trauer zu transformieren.

Achten Sie Ihre Gefühle, spüren Sie sie bei diesem Ritual, weinen Sie oder nehmen Sie wahr, dass Sie es nicht können oder wollen.

Wenn die Schale nach ein paar Tagen leer geworden ist, entscheiden Sie, ob Sie sie nachfüllen möchten oder ob Sie das Ritual vollständig beenden können, weil die Trauer gegangen ist.

Die folgende Ritualanleitung ist sehr schön für Loslassprozesse, die länger dauern. Sie kann beispielsweise helfen, eine Affäre zu beenden, die nicht mehr guttut, oder Sie auch unterstützen, die Kündigung einzureichen, wenn Sie wissen, dass sie richtig ist, sich aber noch nicht recht trauen – dann kann es helfen, dass der bereits erfolgten inneren Kündigung auch bald die äußere folgt. Die tägliche, bewusste Auseinandersetzung mit dem Thema bereitet zudem den fruchtbaren Boden für das Neue, für das, was reifen möchte.

Das immer kürzer werdende Band

Machen Sie sich bewusst, was in Ihrem Leben Sie beenden möchten.

Suchen Sie sich ein Band, beispielsweise ein breites Geschenkband in einer Farbe, mit der Sie das verbinden, was Sie beenden möchten. Sie können es auch schmücken oder Knoten hineinmachen für alles, was Sie in diesem Job oder der Beziehung erlebt haben. Das Band kann einen, aber auch drei oder vier Meter lang sein. Je schwerer Ihnen das Loslassen fällt, umso länger sollten Sie es wählen. Binden Sie dieses Band am besten mit einem Ende irgendwo fest.

Nehmen Sie sich nun jeden Tag einen Moment Zeit und denken Sie an das, was Sie beenden möchten. Schneiden Sie von dem Band ein Stück ab. So viel, wie Sie jeweils davon loslassen zu können glauben. An manchen Tagen wird das ein halber Meter sein, weil Sie wütend sind und das Ganze endlich hinter sich haben wollen. An anderen Tagen werden Sie sich eher an dem Alten festklammern wollen und nur ein paar Millimeterchen wegschneiden. Spüren Sie, was Sie dabei empfinden, seien Sie nachsichtig mit dem, was in Ihnen auftaucht. Und vertrauen Sie darauf, dass Sie eines Tages vollständig loslassen werden.

Rituale zum Krafttanken und Wandeln von Qualitäten

Rituale werden durchgeführt, damit sich etwas verändert, in uns, in unserem Leben, in der Welt. Die folgenden dienen dazu, Qualitäten, Stimmungen und Energien in uns zu wandeln, uns dadurch Kraft zu geben und so auch nicht zuletzt die Welt ein wenig schöner zu machen. Beginnen wir mit der Entspannung. Die meisten Menschen heute sagen, dass sie dringend mehr Entspannung brauchen, aber keine Zeit dafür finden. Die folgende Idee zeigt Ihnen, dass Sie die Zeiten dafür nur wahrnehmen und bemerken müssen. Zum Ritual wird sie, wenn Sie sie immer dann nutzen, sobald sich die Gelegenheit dazu bietet: im Stau, auf Ämtern, an der Supermarktkasse, an der S-Bahn-Station … Natürlich ist das nicht das Gleiche wie ein dreiwöchiger Strandurlaub, aber es ist ein Anfang.

Warten als Entspannungszeit

Wenn Stau ist, geht nichts mehr. Wenn die S-Bahn ausfällt, wenn sich eine Warteschlange bildet, dann heißt es eben warten. Und genau das ist die Gelegenheit für einen Moment der Entspannung. Sie wissen, dass Sie die Situation nicht ändern können. Auch wenn Sie es nicht vorhatten, es hat sich unerwartet ein Zeitfenster aufgetan.

Da Sie jetzt ohnehin still irgendwo sitzen oder stehen, spüren Sie doch einmal in sich hinein. Lenken Sie die Aufmerksamkeit weg von der Situation im Außen und nehmen Sie sich selbst wahr, Ihren Körper, Ihren Atem. Können Sie eine Anspannung spüren, weil es eigentlich weitergehen sollte? Wie fühlt sich das an? Wo im Körper spüren Sie das?

Vielleicht mischen sich immer wieder ärgerliche Gedanken ein. Aber es hilft nichts. Sie kommen jetzt nicht so schnell weiter, wie Sie wollen. Aber Sie sitzen oder stehen hier, Sie atmen. Sie sehen, wie langsam sich alles bewegt oder dass sich gar nichts tut. Sie atmen ruhig ein und aus, entspannen die Bauchdecke, lassen die Schultern sinken. Aufmerksam und doch entspannt verfolgen Sie das Geschehen, sind ganz bei sich und machen Pause.

Schamanen kennen seit Langem die Technik des Shape-Shifting. Das heißt, sie können sich nicht nur mit einem Tier, einem Baum, einer Pflanze, einem Stein oder Fels unterhalten und sich in sie hineinversetzen, sie können regelrecht mit ihnen verschmelzen. Sie werden dann zu diesem Tier, zu diesem Baum, zu dieser Pflanze, diesem Stein und erfahren deren Energie in voller Gänze. Es ist eine kraftvolle Methode der Bewusstseinsschulung, da die Energien des Lebens in ihrer ganzen Differenziertheit sehr lebendig und direkt erlebt werden.

Diese manchmal auch »Grocken« genannte Technik haben Sie vielleicht selbst erlebt, wenn Sie mit Ihrem Krafttier tanzten und dabei ebenso mit ihm verschmolzen sind: Sie hatten mit einem Mal seine Beine, seine Kopfform, seine Grundenergie und konnten so unmittelbar wahrnehmen, wie es lebt und was sein Wesen ausmacht. Sie konnten seine Kraft direkt selbst erfahren und in sich verinnerlichen. Und Sie können seither auch schnell darauf zurückgreifen, da diese Kraft in gewisser Weise ein Teil von Ihnen geworden ist.

Wir haben diese Methode hier nun zu einem Ritual abgewandelt, mit dem Sie sich als ein anderer Menschentyp erleben können. Dies ist eine spielerisch leichte Art, den Blick auf sich selbst zu erweitern und sich der Gesamtheit des Potenzials, das in Ihnen liegt, anzunähern. Sie aktivieren Ressourcen, die auch in Ihnen liegen und an die Sie bis jetzt vielleicht noch nie gedacht haben. Natürlich brauchen Sie nichts von dem, was Sie an Verrücktheiten ausprobieren, im Alltag umzusetzen. Aber Sie nehmen sich selbst nicht mehr ganz so ernst und erweitern Ihr Spektrum.

Wer bin ich auch?

Gehen Sie in einen Klamottenladen und probieren Sie etwas an, was Sie vom Stil her noch nie getragen haben und wahrscheinlich auch niemals tragen würden. Wechseln Sie also komplett Ihr Outfit, schlüpfen Sie hinein in einen völlig anderen Typ.

Betrachten Sie sich ausgiebig im Spiegel und nehmen Sie bewusst wahr, wie Sie sich mit dieser Kleidung fühlen.

Vielleicht gefällt Ihnen sogar etwas so gut, dass Sie es kaufen. Ansonsten ziehen Sie sich wieder um und gehen nach Hause. Dort setzen Sie sich bequem hin und rufen sich noch einmal das Spiegelbild vor Augen, das Sie im Geschäft von sich gesehen haben. Und nun gehen Sie in diesen Spiegel hinein wie in eine andere Welt – eine Welt, in der Sie ebendiese Kleidung tragen und ein Leben führen, das genau zu dieser Kleidung passt.

Wer sind Sie in jenem Leben? Wie geht es Ihnen? Wie fühlen Sie sich? Kosten Sie mit allen Sinnen das fremde Leben, das zugleich auch Ihres ist.

Kommen Sie nach einer Zeit durch den Spiegel hindurch wieder zurück in Ihr eigentliches Dasein.

Auch Spiralen eignen sich gut, um Rituale zu gestalten, die eine Qualität wandeln und uns Kraft schenken. Spiralen sind von alters her wirkmächtige Symbole. Sie wurden in vielen Kulten alter Kulturen verwendet, beispielsweise auf Malta oder bei den Kelten. Wir hier nutzen ihre Kraft in einfachen Ritualen zu Hause.

Spiralwege

Schaffen Sie sich etwas Raum und legen Sie am Boden eine Spirale aus. Es sollten mindestens drei Umrundungen um den Mittelpunkt sein, so breit, dass Sie hindurchgehen können. Sie können zum Markieren der Linien ein dickes Seil nehmen, aber es eignen sich beispielsweise auch Kieselsteine oder Halbedelsteine.

Gehen Sie nun ganz langsam, Schritt für Schritt, den Weg nach innen. Lassen Sie mit jedem Aufsetzen des Fußes etwas hinter sich, was Sie anspannt, stört oder ärgert. Kommen Sie mit jeder Umdrehung tiefer zur Ruhe und in Ihr Zentrum.

Wenn Sie in der Mitte angekommen sind, halten Sie inne. Lauschen Sie auf die Stille hinter allen eventuellen Geräuschen und erleben Sie diese Stille auch in sich selbst. Spüren Sie in einer aufrechten Haltung, wie sich Himmel und Erde in Ihnen vereinen.

Wenn Sie nach einer Weile wieder hinausgehen, tanken Sie Schritt für Schritt neue Kraft. Spüren Sie, wie die Erde unter Ihren Füßen Sie trägt und hält, wie Ihnen der Himmel über Ihnen Raum zum Wachsen gibt.

Wenn Sie die Spirale verlassen haben, können Sie noch einen Moment nachspüren, wie Sie sich jetzt fühlen. Bedanken Sie sich bei Himmel und Erde für die neue Kraft, die Sie möglicherweise in sich wahrnehmen.

Eine Variante: Bevor Sie in Ihre Spirale hineingehen, können Sie sich auch ein Orakelset ins Zentrum legen. Sprechen Sie dann ein Anliegen für dieses kleine Ritual aus und gehen Sie wieder langsam, Schritt für Schritt, in die Spirale hinein. Sind Sie in der Mitte angekommen und haben Sie sich zentriert, ziehen Sie eine Karte und lassen das Bild wirken. Gehen Sie dann langsam wieder den Spiralweg nach außen und bewegen Sie dabei die Botschaft in sich. Am Ende treten Sie bewusst aus der Spirale zurück in den Alltag.

Eine andere Möglichkeit ist, die Spirale gleich aus umgekehrt liegenden Orakelkarten zu legen und unterwegs zu bestimmten Teilfragen Ihres Anliegens eine Karte zu ziehen.

Rituale des Übergangs

Sie sind die Klassiker unter den Ritualen: Übergangsrituale, die den Menschen von einer in die nächste Lebensphase begleiten. Es bieten zunehmend im weitesten Sinne schamanisch Praktizierende ihre Unterstützung an, wenn es darum geht, Übergänge im Leben zu meistern. Denn es gibt diese Begleitung heute auf der gesamtgesellschaftlichen Ebene leider kaum noch in einer angemessenen und wirklich tief fühlbaren Weise.

Die folgenden Rituale sind Möglichkeiten, mit denen Sie sich selbst einen Übergang erleichtern können: bei einer Trennung, nach einem Streit, der weiterschwelt, in einem Projekt, das endlich geboren werden will. Das erste ist ein Ritual, bei dem Sie bewusst von der Schwelle aus zurückschauen, würdigen, wandeln – und dann ins Neue treten. Traditionell waren diese Schwellenrituale sehr wichtig. Immer fanden sie in drei Phasen statt: zunächst die Ablösung vom Alten, dann die Phase der Schwelle, in der weder das Alte noch bereits das Neue Gültigkeit hat. Es ist ein Niemandsland, nichts gilt mehr. Bis dann die Schwelle überschritten werden kann, die dritte Phase, und der neue Lebensabschnitt erreicht ist. Unser Ritual hier lässt Sie dies ganz sinnbildlich durchleben.

Ein Schwellenritual

Machen Sie sich zunächst bewusst, zu welchem Thema es für Sie jetzt eine Schwelle zu überschreiten gibt. Um sich für das Ritual zu reinigen, können Sie duschen und sich mit Salbei räuchern.

Suchen Sie sich dann in der Wohnung oder draußen im Park eine »Schwelle«: eine echte Türschwelle, ein Seil auf dem Boden, die Teppichkante, ein Tor. Auf der einen Seite ist das Alte, auf der anderen das Neue. Wenn Sie mögen, können Sie auch diese Schwelle räuchern.

Treten Sie auf die Schwelle und blicken Sie zurück zum Alten – auf die Beziehung, die Situation, das Projekt, den Job. Tun Sie so, als würden Sie es zum ersten Mal sehen. Wir wirkt es auf Sie? Was nehmen Sie wahr?

Schauen Sie darauf, als hätte es nichts mit Ihnen zu tun. Als betrachteten Sie einen Film, ein Foto. Versuchen Sie, in dieser neutralen Betrachtung eine völlig neue Deutung für das Geschehen zu finden. Wie würde eine fremde Person das Thema sehen?

Finden Sie nun ein paar wertschätzende Worte für den oder die anderen Beteiligten, für das Projekt oder die Stimmung, von der Sie sich verabschieden möchten.

Konnten Sie diese Worte ehrlich äußern, drehen Sie sich um neunzig Grad auf Ihrer Schwelle um. Jetzt sind

Sie genau zwischen dem Alten und dem Neuen angekommen. Das Alte ist vorbei, das Neue noch nicht da. Atmen Sie tief durch.

Stellen Sie sich vor, der oder die Beteiligten stünden jetzt vor Ihnen. Was würden Sie tun?

Entscheiden Sie jetzt, ob Sie sich noch einmal zurückdrehen müssen oder ob Sie sich weitere neunzig Grad zum Neuen hin wenden wollen.

Wenn Sie schließlich mit dem Blick zum Neuen hin stehen: Wie möchten Sie, dass es weitergeht? Welche Erfahrung aus dem Alten wollen Sie mitnehmen?

Setzen Sie nun bewusst den ersten Schritt von der Schwelle weg ins Neue. Atmen Sie dort tief durch und spüren Sie nach, wie sich das anfühlt.

Um das Neue genauer zu erkunden, könnten Sie eine kleine Visionssuche in der Stadt anschließen (siehe den entsprechenden Abschnitt im Kapitel »Die Stadt als Ort der Kraft«).

Auch die folgenden beiden Rituale begleiten und unterstützen einen Übergang in eine neue Phase des Lebens. Machen Sie das erste in einer Wellness-Anlage oder einem gut ausgestatteten Fitness-Center. Das wirkt für einen rituellen Ort ungewöhnlich, ist es aber gar nicht allzu sehr. Denn auch die traditionell arbeitenden Schamanen unterziehen sich vor jeder größeren Zeremonie einem Reinigungsritual, in Nordamerika beispielsweise in der Schwitzhütte. Hier lassen sie Altes zurück, beten für sich, die Gemeinschaft und die Umwelt und bereiten sich auf ihr Vorhaben vor. Ähnlich können Sie das im folgenden Ritual erleben. Werden Sie sich zuerst bewusst, welcher Übergang ansteht. Vielleicht soll ein Projekt in die Welt gebracht werden. Oder Sie möchten sich nach einer Phase der Zurückgezogenheit wieder stärker am Leben draußen beteiligen.

Wellness für eine Neugeburt

Teil 1: Gehen Sie in die Sauna oder auch zum Spinning oder aufs Laufband – und schwitzen Sie das Alte ordentlich heraus: Ihre Zweifel und Ängste, die Isoliertheit, den alten Job oder die Art, wie Sie bislang Ihr Beziehungsleben führten. Machen Sie danach eine Pause.

Teil 2: Nun setzen Sie sich ins Dampfbad, schließen die Augen und stellen sich vor, Sie säßen in einem Uterus, einer Gebärmutter, die Sie umschließt, wärmt und nährt. Fragen Sie sich: Was möchte in mir neu geboren werden? Brüten Sie über dieser Frage und genießen Sie dabei die wohltuende, feuchte Wärme des Dampfbads. Horchen Sie tief in sich hinein, was für eine Qualität da heranwächst.

Teil 3: Wenn Sie so weit sind, gehen Sie mit dem Neuen hinaus. Sie gebären sich selbst und Ihre neue Qualität, indem Sie das Dampfbad verlassen. Duschen Sie sich ab und »seien« Sie einfach mit dem Neuen. Während Sie noch etwas ruhen, können Sie nachspüren: Welche Kraft ist jetzt in mir vorhanden? Wie fühlt sich das an? Was möchte ich damit alles anstellen? Welche Bilder tauchen auf? Vielleicht zeigt sich auch ein neues Krafttier.

Machen Sie sich bewusst, dass die Menschen in Ihrem Umfeld Sie jetzt schon in Ihrer neuen Kraft wahrnehmen. Wie fühlt sich das an? Vielleicht noch etwas ungewohnt? Trauen Sie sich, ganz allmählich wirklich die (oder der) zu sein, die Sie jetzt sind.

Wenn Sie Lust haben, können Sie nun noch durch die Stadt bummeln, sich ein neues Kleidungsstück kaufen oder ein Tuch als Symbol dieses Neuanfangs. Oder Sie setzen sich in ein Café und genießen Ihr neues Lebensgefühl. Vielleicht wollen Sie aber auch für sich sein und sich zu Hause etwas verwöhnen oder einfach ausruhen.

Reise ins Neue

Suchen Sie sich eine Gegend in der Stadt, die für Sie das Alte repräsentieren könnte, das, was Sie nun hinter sich lassen wollen.

Spazieren Sie durch diese Gegend und schauen Sie sich neugierig um. Was entdecken Sie hier – und was hat das mit Ihrer zu Ende gehenden Lebensphase zu tun? Assoziieren Sie, um sich das Alte noch einmal stark zu vergegenwärtigen.

Gehen Sie dann zu irgendeiner Bus- oder Straßenbahnhaltestelle. Während Sie warten, nehmen Sie bewusst vom Alten Abschied. Würdigen Sie es, danken Sie dieser Phase Ihres Lebens und seien Sie sich der Qualitäten bewusst, die Sie daraus mitnehmen.

Fahren Sie dann einfach mit der nächsten Straßenbahn mit und bleiben Sie während dieser Reise sehr wach.

Schauen Sie aus dem Fenster. Straßenzüge ziehen vorüber, Häuser, Cafés, Geschäfte, Menschen, Autos. Alles wandelt und verändert sich – genauso, wie sich Ihr Leben jetzt gerade verändert und etwas Neues entstehen lässt, auch wenn Sie es noch nicht erkennen können.

Falls Sie möchten, können Sie auch umsteigen oder kreuz und quer hin und her fahren. Tun Sie, was sich auf dieser Veränderungsreise stimmig anfühlt.

Irgendwann werden Sie spüren, dass es passiert ist. Sie haben so viel Wandel erlebt und gesehen – jetzt sind Sie angekommen, jetzt ist das Neue da.

Steigen Sie mit diesem Gefühl aus und spazieren Sie durch die Gegend, in der Sie gelandet sind. Schauen Sie sich neugierig staunend um: Das ist Ihr neues Leben. Wie wirkt es auf Sie? Toll? Gewöhnungsbedürftig? Oder irgendwie gut, aber nicht so wie vorgestellt? Was entdecken Sie an Neuem? Sammeln Sie die Eindrücke und überlegen Sie, wie Sie sie in Ihr Leben integrieren könnten.

Rituale des Neubeginns

Es ist eine wundervolle Energie, die jeden Neuanfang beflügelt. Wir fühlen uns frei und kraftvoll, mutig und voller Lebenslust. Vielleicht kennen Sie auch diese Momente nach einer Krise, wenn man spürt: Es ist vorbei. Jetzt geht es wieder aufwärts. Eine neue Zeit bricht an. Man wird ganz still und dankbar und möchte diesen besonderen Moment regelrecht zelebrieren …

Die folgenden Ideen bieten kleine Rituale zur Bestärkung eines Neuanfangs, denn oftmals ist es vor allem wichtig, sich richtig bewusst zu machen, dass etwas Neues beginnt.

Der Schritt ins Neue

Wenn Sie zum letzten Mal vor dem Urlaub, einer Beförderung oder einer anderen Veränderung aus dem Haus gehen, können Sie sich für die Rückkehr etwas Schönes vorbereiten: Spannen Sie beim Hinausgehen hinter sich ein Band quer durch den Flur oder in den Türrahmen des Eingangs. Legen Sie noch eine Schere dazu und gehen Sie zur Arbeit.

Beim Zurückkommen öffnen Sie die Tür und finden das Band vor. Machen Sie sich bewusst, dass jetzt etwas Neues beginnt – der Urlaub oder eine Phase in einer neuen Position oder bei einem anderen Arbeitgeber. Durchschneiden Sie dann feierlich das Band und treten Sie als neuer Mensch in Ihre Wohnung.

Ein neuer Zopf

Geben Sie Papiere, die Sie nicht mehr brauchen und die für Sie das Alte repräsentieren – beispielsweise Arbeitsunterlagen von abgeschlossenen Projekten –, in den Schredder.

Nehmen Sie dann ein paar der Papierfäden wieder heraus und legen Sie sie wie Haare nebeneinander. Suchen Sie sich dann ein Band in einer Farbe, die das Neue für Sie symbolisiert – Blau für neue Freiheit, Rot für eine neue Liebe, Violett für die Spiritualität, die einen neuen Raum einnehmen soll. Flechten Sie dieses Band mit den Papierstreifen zu einem Zopf und hängen Sie ihn für ein paar Tage an eine Stelle in der Wohnung, wo Sie ihn gut sehen können. Er symbolisiert den Neuanfang, der auf der Basis des Alten möglich wurde.

Solche Rituale lassen viel Raum für das Neue, damit es sich so entfalten kann, wie es auch aus der größeren Sicht der geistigen Welt am besten ist. Indem Sie den Samen gießen, die geistige Welt um Unterstützung bitten oder regelrecht eine neue Lebens- und Körperhaltung »anprobieren«, sorgen Sie dafür, dass sich etwas bewegt – in Ihnen und in den äußeren Dingen. Aber Sie fixieren sich nicht mit aller Willenskraft auf ein bestimmtes Ziel, das unbedingt so erreicht werden muss, wie Sie es sich wünschen. Wer Raum dafür lässt, was die geistige Welt im Sinne des größeren Ganzen für ihn vorgesehen hat, der kann Überraschungen erleben. Er erhält vielleicht nicht immer das Gewünschte. Aber er wird meist feststellen, dass es ganz und gar zu ihm und seinem Lebensweg passt. Und nicht selten ist es so wundervoll, dass er es sich gar nicht besser hätte wünschen können.

Ein Ritual für Dankbarkeit

Ob Sie großstadtschamanisch wirken oder Yoga üben, ob Sie die Zen-Meditation oder die Quantenheilung praktizieren oder Engel-Energien in Ihr Leben einladen – auf einem spirituellen Weg werden Sie immer wieder Momente erleben dürfen, in denen Sie sich vor lauter Dankbarkeit, vor lauter Überfluss aus Ihrem Herzen kaum zu helfen wissen. Spontan werden Sie dann vielleicht ein Dankgebet sprechen, hinaus unter den Sternenhimmel gehen oder ein Lied singen. Vor allem aber werden Sie spüren, wie wundervoll das Leben im Grunde ist.

Das folgende kleine Ritual ist eins des Dankes und der Freude. Es hilft vor allem in Momenten, in denen wir nicht so recht spüren können, wie viel Grund für Dankbarkeit, herzensvolle Demut und grundlegende Freude wir tatsächlich haben.

21 Gründe für Dankbarkeit

Eine Lieblingsübung von Vera für ihre Klienten: Nehmen Sie sich einen Moment Zeit und nennen Sie 21 Gründe, warum Sie dankbar sein können – von der warmen Dusche am Morgen über das Lächeln einer Nachbarin und ein wohlschmeckendes Mittagessen bis hin zur Tatsache, dass Sie in Frieden und Wohlstand leben und sogar frei Ihre Spiritualität leben können.

Dankbarkeit entsteht auch, wenn wir uns bewusst machen, dass alles, was uns heute zur Verfügung steht – seien es technische Errungenschaften, Kunst wie die Musik, die Notenschrift und die Instrumente oder aber Menschenrechte und Bürgerrechte sowie auch persönliche Qualitäten –, ein Erbe früherer Generationen von Menschen ist. Und auch denen können Sie im Geiste einfach einmal danken.

Visionssuche in der Stadt

Ein Großteil der esoterischen Praktiken richtet sich seit jeher darauf, Antworten zu erhalten. Antworten auf die drängenden Fragen und Unsicherheiten des Lebens, ausgesprochen von einer höheren Macht, der geistigen Welt, Göttern oder deren Vermittler: Orakel. Seit einigen Jahren wenden sich viele Menschen wieder verstärkt solchen Ratgebern zu, die nicht nur die rationale Seite, sondern ebenso die Gefühle, die Intuition, die spirituelle Ebene miteinbeziehen.

Im traditionell, aber auch modern Schamanischen ist es oft die Natur, die als Beraterin angesprochen wird. Manchmal geschieht dies völlig intuitiv, ohne dass man etwas von spirituellen Techniken weiß. Wenn eine Antwort auf die aktuelle Lebenssituation nicht mehr im Pool der Gedanken und Erklärungen gefunden werden kann, gehen viele Menschen in die Natur. Sie wenden sich an einen Baum, erzählen ihm ihre Sorgen, lehnen sich an ihn an, werden unter seinem Schutz still – und erhalten dann nicht selten Antwort, die sie ein Stück weiterbringt. Genauso befragen andere Ratsuchende Orakelkarten oder bitten eine höhere Kraft, Gott, das Leben selbst um ein Zeichen – und warten, was geschieht. All das funktioniert.

Die Welt als Spiegel

Etwas im Außen, scheinbar zufällig gewählt oder aus einem Kartenstapel gezogen, kann uns die Antwort geben, die uns gefehlt hat, um eine Herausforderung zu lösen oder ein emotionales Leid zu lindern. Es ist wieder diese eigentümliche Verbindung von Innen- und Außenwelt, die es möglich macht, dass die Natur, ja die ganze Welt wie ein Spiegel wirkt. Ob wir per Gebet um eine Antwort bitten, ein Orakel nutzen oder einen Baum befragen: Wir beziehen eine nichtrationale Komponente mit ein. Viele nennen sie »Zufall«. Jemand hat eine Frage und zieht »zufällig« die Karte, die ihm weiterhilft. Ein anderer bittet um ein Zeichen dafür, dass er seine Einsamkeit überwinden wird, und schon klingelt »zufällig« das Telefon. Und die Kommunikation mit dem Baum? Ist dem Fragesteller die Antwort dort »zufällig« eingefallen? »Zufällig« geschehen Dinge, deren Zusammenhang man sich nicht erklären kann. Albert Schweitzer sagte hierzu sehr schön: »Der Zufall ist das Pseudonym, das der liebe Gott wählt, wenn er inkognito bleiben will.« Geben wir ihm also die Chance, uns »unerkannt« zu beraten und zu helfen, wenn wir nicht weiterwissen. Schauen wir in den Spiegel unserer Großstadtwelt und erkennen wir uns selbst und unsere aktuelle Situation klarer.

Ein neuer »Dreh-Moment«

Oftmals ist die Kunst ja vor allem, aus dem Gedankenkreiseln in einen anderen Zustand zu kommen, um eine Botschaft überhaupt wahrnehmen zu können. Wenn uns etwas stark beschäftigt, haben wir beinah ausschließlich gelernt, es im Kopf zu bewegen. Wir analysieren, reden und zerreden es, machen Plus- und Minus-Listen, durchdenken es und grübeln. Oftmals sehen wir dann den Wald vor lauter Bäumen nicht mehr. Eine hilfreiche, echte Lösung zeigt sich meist erst dann, wenn wir das Denken für einen Augenblick beiseitelassen. Deswegen kommen vielen die besten Ideen morgens nach dem Aufwachen. Im Schlaf haben sie auf eine andere Ebene gewechselt, das System hatte Zeit, alle Eindrücke zu verarbeiten – und morgens wirft es dann eine kreative Lösung aus.

Genau diesen Effekt nutzen alle möglichen Formen des Orakelns und der Visionssuche. Sie beziehen die geistige Ebene mit ein und sorgen durch ihren oft rituell gefärbten Aufbau dafür, dass wir das Denken verlassen und uns anderen Eindrücken öffnen. Die Intuition bekommt Raum.

Sind dann Botschaften da, heißt das noch nicht, dass wir genau wissen, wie es jetzt weitergeht. Auch das Verstehen braucht die intuitive Seite. Manchmal sind die Zeichen nicht so glasklar zu deuten, aber wir spüren, dass sie stimmen. Sie haben etwas in uns angestoßen, was nun arbeitet, anstachelt, verändert, umwälzt. Und eines Morgens wachen wir auf und wissen Bescheid.

Es gibt Situationen, in denen die Zeichen sogar sehr klar sind – aber die eigenen Wünsche bezüglich der Fragestellung verhindern, dass man es erkennt. So erinnerte sich eine Freundin daran, dass sie einmal für ein paar Tage in einem Hotel war und schrecklichen Liebeskummer hatte. Der Mann ihrer Sehnsucht hatte kaum Zeit für sie, bekannte sich nicht zu ihr, und das Ganze tat ihr schon längst nicht mehr gut. Aber sie wollte, wie sie erzählte, dass es mit ihm klappt, dass alles gut wird. In diesem Hotel bat sie nun darum, bis zu dem Moment, wo sie sich abends ins Bett legt, drei Zeichen zu erhalten. Ihre Frage: Wie soll es für mich in dieser Liebe weitergehen?

Das erste Zeichen erschrak sie sehr: eine schwarze Feder,

die völlig zerzaust vor der Eingangstür auf dem Fußabstreifer lag. Das zweite Zeichen: Ein paar Stunden später entdeckte sie die Feder wieder, etwas glatter wirkend und diesmal im Warmen innen in der Empfangshalle. Das dritte Zeichen: Es blieb aus, und sie fing an, an sich und dem Sinn von solchen Botschaften überhaupt zu zweifeln. Erst über ein Jahr später, als sie diese Beziehung hinter sich gelassen und das Ganze emotional verarbeitet hatte, war ihr alles klar: Das erste Zeichen war ihr damaliger Zustand. Das zweite bezeichnete den Weg, den sie gehen würde: Sie kam wieder ins Warme und heilte ihre Wunden. Und danach war nichts mehr mit dieser Liebe. Sie hatte sich aufgelöst, keine Bindung mehr, kein Sog, nichts, und deshalb auch kein drittes Zeichen. Die Botschaften damals trafen es genau – aber sie war noch nicht so weit, das zu erkennen. Oder ehrlicher: Wenn sie sich an ihr Gefühl erinnerte, musste sie sagen, dass sie es durchaus begriffen hatte. Aber sie hatte nicht gewollt, dass die Dinge so sind, wie sie waren. Also dachte sie, dass solche Zeichen bei ihr eben nicht funktionieren. Doch sie hatten absolut funktioniert!

Kurzer Einschub: Macht Angst Visionen unsichtbar?

Ja, könnte man antworten. Wenn wir zu sehr in unsere Sorgen verstrickt sind und die fragliche Situation Angst in uns hervorruft, erstarren wir. Angst kommt im Wortsinne von »Enge«. Herz, Blick, Sinne, Gedanken – alles wird eng und hält verkrampft an dem fest, was es fürchtet. Wir sitzen da wie das sprichwörtliche Kaninchen vor der Schlange. Eine Vision, eine kreative Lösung, eine echte Antwort kommt aber immer dann, wenn wir uns weiten, wenn wir von dem loslassen, was wir schon tausendmal durchdacht, schon hundertmal versucht haben. Wenn die Antwort neu sein soll, unverbraucht, frisch, dann müssen wir uns einem deutlich weiteren Feld öffnen als dem, das wir schon kennen. Genau deswegen ist es ja so erfolgreich, die Intuition und die geistige Welt mit einzubeziehen: Sie bringen uns auf Dinge, die sich unser Verstand allein nicht hätte ausdenken können, da er nur in dem operiert, was er bereits kennt.

Was aber tun, wenn Sie in einer Angst feststecken und die Sorgen Sie im Griff haben? Lockern Sie sich, bevor Sie das Orakeln oder eine Visionssuche, wie wir sie gleich vorstellen werden, beginnen. Legen Sie Musik auf und tanzen Sie durch die Wohnung. Oder machen Sie den Knochentanz, der alles Verkrampfte und Starre von Ihnen abschüttelt: Sorgen Sie für einen ungestörten Raum und stellen Sie sich ruhig hin. Sie spüren Ihren Körper, von den Füßen bis hinauf zum Kopf, und imaginieren dann eine schöne Landschaft. Sie spüren die Sonne auf Ihrem Körper, während ein leichter Windhauch aufkommt, Sie an Ihrer Haut berührt, an ihr reibt. Es ist ein warmes, angenehmes Reiben, das nun langsam alles Alte und Überholte den Elementen, dem großen Ganzen zurückgibt. Stück für Stück löst sich die Haut und dann auch die Muskeln, die Sehnen und Bänder. Alles wird ganz langsam und angenehm zu Sand und zerrinnt. Alles löst sich auf, bis nur noch die Knochen übrig bleiben.

Jetzt spüren Sie diese Knochen und merken, wie sie langsam zu tanzen anfangen. Idealerweise von einer Trommel begleitet, tanzen nun Ihre Knochen, das Skelett, das Sie trägt und aufrichtet. Sie lassen die Bewegungen einfach geschehen und tanzen sich frei. Ganz in Ihrem Rhythmus.

Nach einer Zeit beenden Sie den Tanz. Sie atmen mehrere Male tief und bewusst ein und wieder aus. Noch in der Bewegung spüren Sie wieder ganz bewusst die Wärme der Sonne. Die Sonne, die Sie nährt. Ihr Körper füllt sich wieder ganz auf, er setzt sich wie von selbst wieder in seiner Ganzheit zusammen. Sie sehen wieder die Landschaft um sich herum. Sie spüren die Kraft der Sonne, des Wassers und der Erde. Alles ist da, um Sie in Ihrer neuen Ganzheit zu begrüßen, und Sie nehmen Ihren gereinigten Körper in seiner Lebendigkeit und Frische wahr. Sie spüren wieder Ihre Füße auf der Erde, die Sie trägt, der Sie sich immer und bedingungslos anvertrauen können ... Als geführte und mit der Trommel begleitete Übung finden Sie diesen Knochentanz auch auf CD[10]. Damit lässt er sich natürlich deutlich leichter nacherleben.

Eine ruhigere Variante, um sich von Gedankenkreiseln und Ängsten zu lösen, bevor man auf Visionssuche geht, ist es, die Sinne zu aktivieren. Denn das lenkt die Energie von dem Denken weg aufs Hören, Spüren, Riechen, Schmecken und Sehen. Das funktioniert mit den Übungen aus dem Kapitel »Die Natur als Kraftquelle« sehr gut, die Sie auf die Erscheinungen der Natur lenken und in die sinnliche Wahrnehmung führen. Und damit sind Sie bereit für die Visionssuche.

Von der traditionellen zur urbanen Vision Quest

Eine Vision Quest ist ein Höhepunkt des schamanischen Arbeitens, der oft wie eine Initiation wirkt. Traditionell dauert sie mehrere Tage und wird intensiv vorbereitet: beispielsweise durch Fastenzeiten und andere Reinigungen wie einem Schwitzhüttenritual und durch Gebete und Meditationen. Dann begibt man sich in die Natur, um sich dort einen heiligen Raum zu eröffnen, an dem man für einige Tage und Nächte in der Stille verweilt und auf Zeichen und Omen aus der geistigen Welt wartet. Es ist ein intensives

Ritual der Einsamkeit und der Entbehrung, eine Konfrontation mit allem, was sich in dieser Zeit in der Natur und im eigenen Inneren zeigen will. Oft gehört die Auseinandersetzung mit Tod ebenfalls dazu.

Die Vision Quest stellt einen Point of no Return dar. Die dort erhaltene Vision stellt die Weichen neu und gibt dem Leben eine veränderte Ausrichtung. Der Rat der geistigen Welt, der sich in Form eines Traums, einer plötzlichen Intuition oder weniger greifbar in einer inneren Wandlung zeigen kann, macht den Suchenden zu einem anderen Menschen. In diesem Sinne ist die Visionssuche auch ein Initiationsritual, wie es in vielen traditionellen Kulturen heute noch praktiziert wird.

Auch für unseren modernen Kontext gibt es mittlerweile weltweit sehr gute Angebote, eine solche Vision Quest angeleitet und geschützt in der Gruppe zu unternehmen. Aber nicht jedem ist es möglich, sich einem solch aufwendigen Ritual und einem so tief gehenden Transformationsprozess zu unterziehen. Vielen ist es zu intensiv, zu langwierig, zu fremd. Ihnen können wir jetzt etwas ganz Besonderes anbieten: die Visionssuche in der Stadt. Sie beruht in ihrer Grundidee auf der Tradition, die unseren großen Respekt hat. Sie hat den Vorteil, dass sie relativ wenig Zeit braucht und überall, wo auch immer Sie gerade sind, durchgeführt werden kann.

Wie bei der traditionellen Vision Quest und dem Ausschauhalten nach Omen ganz allgemein geht es auch bei der urbanen Visionssuche um ein »suchendes Schauen«. Im Wissen darum, dass innere und äußere Natur zusammengehören und die Welt wie ein Spiegel betrachtet werden kann, ordnen wir alles, was uns auffällt, der Frage zu, die wir für die Vision Quest klären wollen.

Der Ablauf sieht so aus:

- Legen Sie den Zeitpunkt fest, zu dem Sie die Visionssuche unternehmen wollen. Schaffen Sie sich also ein Zeitfenster.
- Ist der Zeitpunkt gekommen, legen Sie Ihre Absicht fest. Sie bestimmen also genau die Frage, auf die Sie eine Antwort erhalten möchten – sei es beruflicher Natur, eine Beziehungsfrage, der Umgang mit Ihren Kindern, der allgemeine weitere Verlauf im Leben, Ihre spirituelle Entwicklung. Formulieren Sie Ihre Frage so genau wie möglich, am besten schriftlich.
- Eröffnen Sie einen heiligen Raum und räuchern Sie. Bitten Sie die geistige Welt und Ihre dortigen Verbündeten um Unterstützung. Damit schalten Sie nicht zuletzt Ihr Bewusstsein auf die wachere offenere Wahrnehmung um.
- Legen Sie einen Startpunkt fest, ab dem Sie alles, was Sie wahrnehmen, als Teil der Antwort ansehen. Das kann beispielsweise der Moment sein, in dem Sie zur Haustür herauskommen oder an einer bestimmten Station aus der S-Bahn steigen.
- Bei der Grundform der urbanen Vision Quest unterteilen Sie Ihre Frage in vier Detailfragen:
  1. Klärung der Frage.
  2. Was unterstützt mich?
  3. Was muss ich loslassen?
  4. Wie könnte der nächste Schritt aussehen?
- Sie wissen also, dass Sie viermal ein Zeichen erhalten werden, und dann wird Ihre Suche beendet sein.
- Nun gehen Sie los. Behalten Sie die »zweite Aufmerksamkeit« bei, die Sie mehrschichtig und vielfältiger wahrnehmen lässt. Spazieren Sie durch die Straßen, lassen Sie sich treiben und achten Sie auf Zeichen. Sie werden es ganz sicher merken, wenn Sie etwas sehen, was Ihre Antwort enthält. Darauf können Sie vertrauen. Und eben-

falls darauf, dass Ihre Füße Sie dorthin tragen, wo Sie Ihre Antwort erhalten.

- Sobald Sie feststellen, dass sich die erste Frage beantwortet hat, merken oder notieren Sie sich die Bilder oder Ereignisse und gehen zur nächsten Detailfrage über. Sie durchstreifen die Stadt, bis Sie alle vier Antworten gefunden haben. Verlassen Sie sich auf Ihr Gefühl. Sie müssen die Antworten noch nicht sofort rational verstehen.
- Wenn alle Schritte unternommen sind, bedanken Sie sich bei der geistigen Welt für die Unterstützung.
- Wenn Sie zurück sind, machen Sie sich am besten Notizen oder zeichnen auf, was Ihnen begegnet ist. Schreiben Sie dazu, was Sie damit bezüglich Ihrer Fragestellung anfangen können.
- Jetzt lassen Sie das Ganze in sich nachwirken.

»Jetzt ist der Moment der Kraft«

Dieser Satz ist eine Weisheit der Kahunas, und er passt sehr gut für die Vision Quest, weil er auch den Augenblick beschreibt, in dem der Suchende seine Antwort entdeckt. Wann aber ist dieser Moment? Sie können darauf vertrauen, dass Sie es bemerken werden, wenn Sie Ihr Zeichen entdeckt haben. Sie können also einfach loslaufen und darauf warten, dass Sie das erste Zeichen bemerken. Haben Sie es, laufen Sie weiter – jetzt geht es um die zweite Detailfrage. Durch die Vorbereitung in den ersten Phasen des Rituals und die klare Absicht haben Sie Ihren Geist darauf ausgerichtet, diesmal nicht mit dem Alltagsblick umherzugehen, sondern mit dem wachen Bewusstsein eines Menschen auf Visionssuche.

Fällt es Ihnen schwer, darauf zu vertrauen, dass Ihre Intuition die richtigen Bilder, Erlebnisse oder Begegnungen herausfiltert, die die gesuchte Antwort enthalten? Oder fürchten Sie, trotz aller Vorbereitung immer wieder in Ihre Gedankenwelten zu rutschen, statt auf die Botschaften zu achten? Dann können Sie mit sich selbst Signale ausmachen, die anzeigen, dass jetzt die nächste Antwort in Ihrer Umgebung wartet. Vielleicht erinnern Sie sich an diese Übung aus dem Kapitel zu den Naturerfahrungen: Ist man draußen unterwegs, kann man beim ersten Eichhörnchen, das man sieht, innehalten oder beim ersten Stöckchen, das unter dem Schuh knackt.

Für die Stadt gibt es ebenfalls eine große Zahl an Aufweckern, die Sie mit sich selbst vereinbaren und dann nutzen können. Sie legen damit fest, in welchem Moment oder an welcher Stelle Sie auf das blicken, was die gesuchte Botschaft enthält. Vielleicht ist Ihnen in dem Moment sofort klar, was der Anblick zu bedeuten hat, oder Sie nehmen ihn zur Kenntnis und wissen erst später, was er mit Ihrer Situation zu tun hat:

- Sie können beispielsweise einen bestimmten Rhythmus festlegen, mit dem Sie um die Straßenecken gehen: Zweimal links abbiegen, dann einmal rechts, und wenn Sie das nächste Mal links abbiegen, sehen Sie das, was die Antwort enthält.
- Oder Sie zählen alle weißen Kleinbusse oder alle roten Autos – und beim dreizehnten liegt die Antwort vor Ihnen.
- Oder Sie spazieren umher, und immer wenn Sie eine Kirchenglocke (oder ein Autohupen) hören, ist die Antwort in Reichweite.
- Oder Sie hören über Ihr Smartphone ein paar Musiktitel, die Sie mögen – und immer wenn ein Lied zu Ende ist, kommt der Moment, um aufzuschauen und das Zeichen zu entdecken.

- Eine weitere Möglichkeit ist es, die Wegstrecke vorher zu bestimmen und darauf vier Stellen festzulegen, an denen Sie jeweils eine der vier Antworten erhalten: der Moment, in dem Sie in die Straße XY einbiegen, das Erste, was Sie wahrnehmen, wenn Sie aus dem Fußgängertunnel wiederauftauchen ...

Vision Quest in der urbanen Praxis

Wir haben diese neue Form der Visionssuche nicht nur selbst unternommen, sondern auch Freunde gebeten, sie auszuprobieren. Ein paar Beispiele wollen wir Ihnen aus dieser »Pilotgruppe« vorstellen. Sie können Ihnen das Potenzial dieser großstadtschamanischen Vision Quest deutlicher zeigen und sollen Ihnen Lust machen, selbst loszuziehen.

Beispiel: Wohnsituation

Eine Bekannte war seit Längerem unzufrieden mit ihrer Wohnsituation. Sollte sie ihre Wohnung umbauen lassen und dabei die kleine Nachbarwohnung hinzunehmen, die zum Verkauf stand? Sollte sie ihre Wohnung verkaufen und aufs Land ziehen? Mit ihrem Partner zusammenziehen? Noch warten? Sie kam keinen Schritt voran – und begab sich auf Visionssuche. Hier ihre Ergebnisse:

Frage: Wie sieht die Wohnsituation aus, die mir wirklich guttut?
Ich geh runter in den Hof, da steht ein Umzugswagen von einem neuen Mieter, der hier einzieht. Ist das schon Teil der Visionssuche? Es sollte ja erst gelten, wenn ich auf die Straße trete. Was heißt das? Soll ich umziehen?

1. **Klärung der Frage:** Ich laufe lange umher, komme aber seltsamerweise immer wieder zu meiner Wohnung zurück. Dann begegne ich meinem Freund auf der Straße und freu mich. Vorher konnte ich das Viertel nicht verlassen, lief immer im Kreis, bin irgendwie nicht weggekommen. Also: Die Frage kann nur zusammen mit meinem Freund gelöst werden.

2. **Was unterstützt mich?** Ich entdecke einen alten Linien- oder Reisebus, der als Wohnmobil umgebaut in einer Unterführung steht. Das heißt für mich: auf die Reise gehen, beweglich werden, an alte Wünsche anknüpfen, das Nicht-Perfekte, Unvollendete suchen. Ich kann überall ein Heim kreieren. Veränderung.

3. **Was muss ich loslassen?** Ich sitze in einem kleinen Park auf einer Bank. Hinter mir die Kamine der Müllverbrennungsanlage. Ein Jogger zieht als Gewicht einen Autoreifen hinter sich her. Ich assoziiere: zurücklassen des von Menschen Gemachten, Fokus auf Natur. Weiß nicht so genau, soll ich hinaus aufs Land? Jedenfalls geht es darum, etwas, was nicht natürlich ist, zurückzulassen.

4. **Wie könnte der nächste Schritt aussehen?** Ich sehe einen Teil eines Plakats, der untere Teil ist vom hohen Gras verdeckt, daher für mich jetzt nicht wichtig. Ich lese: »… wirklich Frau sein …« Für mich ist das die Aufforderung, meine Weiblichkeit stärker zu leben.

Resümee: Ich wusste an jeder Station, dass es die Antwort ist. Vorher lief ich manchmal lange umher – aber dann plötzlich war es da, eine tiefe Resonanz. Ich merke, wie es in mir arbeitete, wie sich die Bilder fügen. Ich weiß sehr klar: Veränderung steht auf jeden Fall an, und ich fühle mich jetzt bereit dazu. Wie genau es weitergeht, muss ich sich entwickeln lassen.

Beispiel: Berufliche Situation

Eine Freundin unternahm die Visionssuche im Hinblick auf ihren weiteren beruflichen Weg. Sie ist Musikerin und hat eine zusätzliche therapeutische Ausbildung, aber momentan wusste sie nicht weiter.

Frage: Wo soll es für mich jetzt beruflich hingehen?

1. Klärung der Frage: Ich bin gegangen und habe mich mit dem Thema beschäftigt. Gleichzeitig nach Dingen, Eindrücken, Bildern geschaut, die mich zum Thema begleiten. Das Erste, was mich gleich fünfzig Meter von der Haustür entfernt aufmerken ließ, war ein Baum, zu dessen Füßen Pilze wuchsen, daneben ein alter, zerbrochener Ziegelstein. Irgendwie dachte ich:»Das kann es ja noch nicht sein«, und ging weiter. Ich folgte der Sonnenseite der Straße und kam dann wieder zurück zu genau diesem Baum. Ich setzte mich auf einen Stuhl, der zu einer Gastwirtschaft gehörte, die aber zuhatte, und spürte nach. Assoziation: Altes trägt nicht mehr, so wie der Ziegelstein, der da zerbrochen liegt. Therapeuten ebenso wie Musiker wachsen wie Pilze aus dem Boden. Ich muss etwas verändern, etwas ganz Neues machen.

Dann kam ein Lieferwagen. Es stieg eine Frau aus. Ich sah sie in meiner konzentrierten Haltung an – sie dachte daher, ich wolle etwas von ihr. Sie sprach mich an und sagte, die Telefonnummer auf dem Wagen sei nicht die richtige und ob ich die richtige haben wolle. Es wurde ein nettes Gespräch. Für mein Thema: Ich muss aussprechen, was ich bin, ich muss es kundtun und dann meinem Weg folgen. Ich suche also eine Arbeit, die von mir kommt und mir entspricht, die auf mich zugeschnitten ist.

2. Was unterstützt mich? Ein Brunnen. Eine große Kugel,

mehr als einen Meter im Durchmesser, aus der von oben langsam das Wasser fließt und unten plätschernd abläuft. Ich verstehe: fließen lassen, auch wenn die Farbe abgeht (die vom Brunnen). Hören, was das Wasser sagt. Das Wasser als Helfer.

3. Was muss ich loslassen? Ich gehe weiter, und die Straße ist blockiert, nichts geht vorwärts, weil sie zu schmal ist. Vier Autos verkeilt, einer in Gegenrichtung. Plötzlich, das war es, ein Plakat:»Du willst es!«, stand darauf. Mein Wollen ist schon immer stark gewesen. Aber das ist eben oft sehr kopflastig, nur mit dem Willen erreicht man nicht immer sein Ziel.

4. Wie könnte der nächste Schritt aussehen? Ich ging um eine Ecke, die Schaufenster eines Reisebüros. Ein Plakat: »Die Welt sucht Entdecker!« Klar! Ich bin eine Pionierin, möchte tiefer eintauchen in das Potenzial von Musik. Ich möchte mit Menschen arbeiten, die die heilende Kraft der Klänge neu entdecken wollen, für eine neue Zeit im neuen Bewusstsein.

Resümee: Ich möchte beide Welten stärker miteinander verbinden, die Musik und die Therapie. So eine Art Musiktherapeutin! Die Idee, beides zusammenzubringen, hatte ich für mich nie ins Auge gefasst, dabei ist es so naheliegend. Danke!

Varianten der Visionssuche

Die Visionssuche lässt sich in vielerlei Hinsicht abwandeln, Ihrem Ideenreichtum sind keine Grenzen gesetzt:

- Sie können mit dem Fahrrad auf Stadt-Visionssuche gehen.

- Sie können die Straßenbahn oder den Bus nutzen und für jede Frage einmal aussteigen – ganz intuitiv oder zum Beispiel an jeder vierten Haltestelle.
- Natürlich könnten Sie auch die U-Bahn nehmen und immer das Erste als Zeichen ansehen, was Sie sehen, wenn Sie wieder im Tageslicht ankommen.
- Oder Sie bleiben innerhalb der U-Bahn-Welten und sammeln Ihre Zeichen dort.
- Sie können auch in geschlossenen Gebäuden Ihre Vision Quest erleben, ein Museum zum Beispiel ist ideal.
- Wenn es Ihnen angenehmer ist, begleitet zu werden: Bitten Sie ein Krafttier, mit Ihnen zu gehen.

Beispiel: Innere Spannungen – Visionssuche mit dem öffentlichen Nahverkehr

Frage: Was hilft mir, meine starken inneren Spannungen aufzulösen?

1. Klärung der Frage: Ich gehe aus dem Haus. An der nächsten Ecke steht ein Mann, der etwas crazy aussieht, mitten auf der Kreuzung und tanzt. Ich muss lachen: Da hat sich jemand lockergemacht – aber nicht jeder Weg dahin wird mir recht sein.

2. Was unterstützt mich? Ich fahre zunächst mit der U-Bahn in die eine Richtung, steige an der nächsten Station aus und fahre zurück zur ersten U-Bahn-Station. Steige dort in die Straßenbahn. Die bringt mich zum Friedhof. Ich steige aus, betrete den Friedhof durch das Haupttor, gehe entlang der großen Familiengräber, die den Toten nicht wichtig, aber den Lebenden bedeutsam sind. Ich gehe zum Grab meines Vaters. Mir wird klar: Im Angesicht des Todes ist nichts und alles wichtig, es ist alles richtig. Ich habe die volle Unterstützung meiner Eltern und

Großeltern. Die Ahnen stehen hinter mir, sie haben ihr Leben gelebt, ich darf meines leben. Ich darf es so gestalten, wie ich es will. Sie unterstützen mich. Das tut gut.

3. Was muss ich loslassen? Ich fahre mit der Trambahn zur Endhaltestelle, wo ich in die U-Bahn umsteigen will. Auf dem Weg zur U-Bahn komme ich zu einem alten Haus, an dem mehrere Glycinien hochranken. Sie haben die Regenfallrohre zerstört, verbeult. Um das Regenwasser abzuleiten, wurde drei Meter weiter, neben der nächsten Fensterachse, ein neues Fallrohr nach unten verlegt, um Gesimse herum und im Schwenk wieder ins Standrohr. Sofort ist mir klar: Die alten Wege funktionieren nicht mehr. Therapie, Kräuter und Tropfen, das bringt mich nicht mehr weiter. Ich muss das lassen und vollständig neue Wege gehen.

4. Wie könnte der nächste Schritt aussehen? Ich fahre eine Station mit der U-Bahn, steige in die Trambahn, fahre bis zur Endstation und fahre wieder zurück bis zu der Station, wo ich eingestiegen bin. Ich steige aus und lasse mich durch die nächtlichen Straßen treiben. Komme an vielen Läden vorbei. Einer ist umgebaut zu einem Atelier, in dem Kinder Keramik anmalen können. Ein paar Läden weiter hängen Mobiles aus Plexiglasscheiben. Ich bekomme spontan Lust, mir meinen alten Hobby-Dachboden wieder einzurichten. Da habe ich früher Stunden zugebracht und Modelle von Segelbooten gebaut. Sehr fein und individuell, alles aus Holz. Das ist auf der Strecke geblieben – und es hat mich früher tatsächlich immer beruhigt und total zufrieden gemacht.

Resümee: Die Visionssuche ist zu Ende, und ich fahre mit S- und U-Bahn heim. Die Leerfahrten mit der Trambahn waren als Zeit zur Reflexion nötig. Es hat eine Weile gedauert, bis ich mich richtig einlassen konnte. Ich wollte Klarheit, was den stressigen Job angeht, oder etwas zum besseren Zeitmanagement, irgendetwas. Auf die Hobbysache wäre ich nie gekommen. Aber es fühlt sich gut an.

Beispiel: Gesundheitliche Situation – Visionssuche im Museum

Eine Klientin hatte seit Längerem mit depressiven Verstimmungen zu ringen – und wählte für ihre Visionssuche die Neue Pinakothek in München.

Frage: Wie sollte ich mit meiner Depression umgehen?
1. Klärung der Frage: Bei den alten Meistern fiel mir schnell eine Mariendarstellung auf. Mutter Maria hielt liebevoll ihr Jesuskind im Arm. Das Kind aber schaute abwesend, das kenne ich von mir als Kind. Meine sofortige Assoziation: Ich möchte mir/dem Kind in mir eine liebevolle Mutter sein. Ich möchte wieder Kontakt zu diesem Teil von mir. Eigentlich frage ich wirklich genau danach: Wie kann ich liebevoller mit mir umgehen?
2. Was unterstützt mich? Ich entdecke auf einem Bild einen Faun, der mit einem Vogel spricht. Für mich heißt das: mit der Natur verbunden sein. Mich könnte unterstützen, halb Tier, halb Mensch zu sein, also nicht nur rational, sondern etwas triebhafter, instinkthafter zu werden.
3. Was muss ich loslassen? Ich komme in modernere Abteilungen, impressionistische Gemälde in dunklen Farben ziehen mich an. Ich soll also das Dunkel hinter mir lassen. Dann ein Raum, in dem ein Video läuft: Eine Frau hält eine lebensgroße Puppe, die genau so angezogen ist wie sie selbst. Sie küsst sie zum Abschied und lässt sie über ein Brückengeländer fallen. Meine Assoziation: Ich darf einen Teil von mir würdigen und gehen lassen. Ich

darf das dem Fluss des Lebens zurückgeben, was nicht mehr lebenstauglich ist.

4. **Wie könnte der nächste Schritt aussehen?** »Without love what would life be?«, sagte die Frau in dem Video. Der Satz klingt in mir nach, als ich im Museumsshop in einem Büchlein über Kirchenheilige lese:»Liebe muss man teilen.« Ich fühle mich an den Anfang meiner Visionssuche erinnert: Maria öffnet den Mantel und bietet liebevollen Schutz. Mein nächster Schritt: mich der Liebe öffnen, sie überall entdecken.

Kürzere Visionssuchen und Orakelgänge

Mit dem Grundmodell der Visionssuche können Sie spielen und sich auch kleinere Formen und raschere Abläufe überlegen. Gerade wenn im Alltag Fragestellungen auftauchen, die möglichst spontan gelöst werden sollten, bei denen man aber nicht so schnell auf eine Antwort kommt, kann die Welt als Spiegel befragt werden. Das wäre dann eine Miniversion der urbanen Vision Quest.

Zum Beispiel auf dem Arbeitsweg: Sie haben ein wichtiges Meeting, sind aber unsicher, wie Sie Ihren Part dort am besten anbringen könnten. Nutzen Sie doch den Weg zur Klärung dieser Frage! Legen Sie den Rahmen für diese kleine Visionssuche fest – der gesamte Fußweg, von der S-Bahn-Station bis zur Firmentür oder auch innerhalb der Straßenbahn – und beobachten Sie, was sich dann zeigt. Oder Sie schauen bei Ihrem Stadt-Kraftplatz vorbei, halten dort einen Moment inne und blicken sich nach Ihrem Zeichen um. Bei solchen Kurzformen brauchen Sie nur eine Frage, nicht vier Detailfragen.

Welche Form der Visionssuche Sie auch wählen, Sie werden bemerken: Wenn Sie mit dem veränderten Fokus, ausgerichtet auf Ihre Fragestellung, durch die Stadt gehen, werden Sie sie mit ganz neuen Augen erleben. Es wird Ihnen so vorkommen, als würde die ganze Stadt zu Ihnen sprechen. Selbst von einem festen Platz aus ist es möglich, Botschaften zu empfangen:

- Setzen Sie sich an eine nette Stelle – und lauschen Sie auf die Botschaften: im Café, in der Fußgängerzone, im Bus, am Bahnhof …
- Stellen Sie die Musik-App Ihres Smartphones auf »zufällig« und lauschen Sie, was Ihnen die Titel, die dann gespielt werden, zu Ihrem Thema sagen wollen. Vielleicht enthält der Text die Antwort, oder Sie erinnern sich daran, wie, wo oder mit wem Sie den Song zum ersten Mal gehört haben. Oder Sie assoziieren mit den Interpreten etwas Bestimmtes.
- Zu Hause oder im Auto können Sie auch das Radio selbst einen Sender auswählen lassen und dann lauschen, was der gerade zu Ihrem Thema sagt.
- Gehen Sie an Ihr Bücherregal und wählen Sie spontan ein Buch aus, oder Sie nehmen für jede der vier Teilfragen eines. Schlagen Sie das Buch irgendwo auf, tippen Sie mit dem Finger auf die Seite, ohne hinzusehen – und lesen Sie, welche Botschaft da steht. Assoziieren Sie ganz entspannt, was sie mit Ihrer Frage verbinden könnte.
- Das Gleiche geht natürlich auch in einer Buchhandlung. Dort können Sie auch festlegen: Ich gehe an das Regal ganz links und nehme das fünfte Buch von rechts in der drittobersten Regalebene. Und dort schlage ich Seite 124 auf.
- Selbst die Speisekarte in einem Restaurant können Sie nutzen, um sich Ihre Situation spiegeln zu lassen. Besonders schön ist dafür eine mit chinesischen oder thailän-

dischen Spezialitäten, die manchmal mit sehr blumigen Namen bezeichnet werden und zugleich Nummern tragen. Vielleicht stecken hinter den Namen der Gerichte 15, 32, 76 und 12 Ihre Antworten?

- Sie können natürlich auch dieses Buch irgendwo aufschlagen und dem nachgehen, was auf der Seite steht, die Sie getroffen haben. Vielleicht erwischen Sie sogar eine praktische Anregung, die Sie in Verbindung mit Ihrem Thema umsetzen können.

Ein Freund, der sich beruflich verändern wollte, machte so einen kleinen Orakelgang. Er hatte eine verlockende Stelle in Aussicht, die seinen Fähigkeiten entsprach und ihm sehr viel Freude machen würde. Aber natürlich war sie auch mit einer Menge Verantwortung verbunden.

Seine Frage lautete:»Was hilft mir jetzt bei meiner beruflichen Neuorientierung?« Er hatte sich eine konkrete Stelle überlegt, an der er sein Zeichen entdecken wollte. Er spazierte los, und als er in die Nähe des Ortes kam, an dem er das Zeichen finden wollte, schlug er für die letzten hundert Meter die Augen nieder, um nicht schon lange vorher die Gegend nach allen möglichen Botschaften abzusuchen. Schließlich kam er an der Stelle an, hob den Blick – und schaute mitten auf ein Stoppschild.

Peng! Das hatte er weder erwartet, noch mochte er diese Botschaft. Er wollte ja voran, das Neue wagen, es probieren, die Chance nutzen. Nun aber hieß es: Stopp. Dieses Zeichen brachte ihn in ein ziemliches inneres Durcheinander. Er ließ die Gefühle und Gedanken für einige Stunden in sich toben, weil er sie nicht beruhigt bekam. Am Abend aber setzte er sich hin, konnte endlich zur Ruhe kommen und lud sich das Stoppschild wieder vor sein inneres Auge. Was wollte es ihm sagen?

Nach einer Zeit merkte er, dass er sehr euphorisch auf diese neue berufliche Chance zugerast war. Er war nicht klar. Alles fühlte sich so toll an. Dennoch gab es da Zweifel, die ihn ja auch zu dem Orakelgang veranlasst hatten. Während er ruhiger wurde, spürte er eine große innere Unklarheit in Form eines schwarzen weiten Raumes in sich. Das war nicht unangenehm, er wusste nur einfach nicht, was richtig war. Er beschloss, die Entscheidung erst dann zu treffen, wenn er es ganz klar spüren konnte, dass sie richtig war. Bis dahin würde er tatsächlich stoppen.

Es dauerte drei Tage – und diese drei Tage enthielten ein ungewöhnliches Geschenk für ihn. Er wurde sich nämlich in der Tiefe bewusst, was für einen großen Schritt diese Veränderung in seinem Leben bedeuten würde. Alle möglichen Erinnerungen an vergangene Entscheidungen und Lebensphasen stiegen in ihm auf. Er konnte sein Leben würdigen, die in ihm verborgene Kraft, die ihn immer weitergeführt hatte. Diese Kraft, so erkannte er jetzt, würde ihm auch bei seiner neuen Aufgabe mit ihrer größeren Verantwortung helfen. Er war in eine Art »Nicht-Zeit« eingetaucht, schwebte beinah zwischen den Zuständen, dem Alten und dem Neuen. Danach wusste er, dass er in sich die Kraft trug, die neue Herausforderung mit Freude und einer gewissen Leichtigkeit zu meistern. Am dritten Tag sah er vor seinem inneren Auge tatsächlich eine Schiene mit einer Weiche. Und der Zug seines Lebens fuhr nicht auf dem eingefahrenen Gleis weiter, sondern wählte die kleine unscheinbare Abzweigung. Noch eine ganze Zeit würden die beiden Schienen fast parallel nebeneinander herlaufen – doch irgendwann wäre endgültig klar, dass etwas vollkommen Neues für ihn begonnen hatte. Nach diesen drei Tagen, die ihn still und dankbar gemacht hatten, sandte er die entscheidende Mail ab. Und der Wandel nahm seinen Lauf.

Alltäglich das Nichtalltägliche spüren

Großstadtschamanismus ist eine Lebenshaltung. Damit ist er natürlich ein Teil des Alltags – er wird im Alltag gelebt, er färbt ihn etwas bunter, und er hilft bei alltäglichen und größeren Herausforderungen. Schamanen als traditionelle Brückenbauer werden im Großstadtschamanismus auch zu Vermittlern zwischen »gewöhnlichen« Zeiten des Normalen und außergewöhnlichen Zeiten des »Heiligen«, zwischen Alltäglichem und Nichtalltäglichem. All die Techniken, die Sie in den bisherigen Kapiteln kennengelernt haben, können Sie kreativ, frei und individuell in Ihrem Alltag nutzen – eine reiche Ressource für Erfüllung auf allen Ebenen. Zudem hat sich vielleicht auch Ihr Blickfeld geweitet, mit dem Sie jetzt die Stadt und Ihr Leben allgemein betrachten. Es wird mehr sichtbar – und damit auch mehr möglich: mehr Inspiration, mehr Ideen und mehr Kraft, dies alles umzusetzen.

Auf den folgenden Seiten finden Sie spezielle Ideen für den Alltag, die auf all dem basieren, was den Großstadtschamanismus ausmacht. Lassen Sie sich davon inspirieren und bauen Sie das in Ihr Leben ein, was Sie anspricht. Und dann: Lassen Sie vertrauensvoll den Wandel zu, der sich zeigen will.

Kraft für wesentliche Vorhaben

Heiliger Raum, Absicht, das Umschalten in den schamanischen Bewusstseinszustand, das Zusammenwirken mit geistigen Gefährten – all das haben Sie beim schamanischen Reisen im Kapitel »Die Grundlagen des Großstadtschamanen« kennengelernt, weil es unbedingt zu dieser Technik gehört. Es bildet aber auch die Basis für unzählige andere Möglichkeiten, sich großstadtschamanisch zu betätigen und damit heilsam auf sich selbst und seine Umgebung einzuwirken. Wieder geht es darum, die Essenz dessen zu erfassen, was bei der schamanischen Arbeit wirksam ist, und es dann auf weitere Lebensbereiche zu übertragen.

Das Besondere räumlich manifestieren

Bei der Hinführung zum schamanischen Reisen haben Sie die grundlegende Art kennengelernt, einen heiligen Raum zu schaffen. Dieser Raum kann auch alltägliche Vorhaben zu etwas Besonderem und damit auch besonders Wirkmächtigem oder Gelingendem machen. Beim Schreiben dieses Buches zum Beispiel haben wir fast immer einen heiligen Raum geschaffen, bevor wir richtig anfingen. Gerade wenn bei einer Arbeit eine wache Konzentration in innerer Stille und Ausgeglichenheit gefordert ist, sollten Sie es ausprobieren, sich zunächst einen heiligen Raum zu eröffnen. Die Arbeit – oder was auch immer Sie vorhaben – wird eine ganz andere Qualität bekommen und Sie überdies nicht so schnell erschöpfen.

Es gibt viele Möglichkeiten, einen heiligen Raum zu eröffnen. Je nach Anlass kann es lange dauern und sehr ausführlich gemacht werden oder die Sache von ein paar Sekunden sein. Hält man ein wichtiges, großes Ritual ab, wird man sich auch beim Schaffen des heiligen Raumes viel Zeit lassen: Man wird möglicherweise einen Kreis abstecken, in der Mitte oder an einer Seite eine Art Altar aufbauen, Kerzen oder ein Feuer in einer Feuerschale anzünden, man wird mit ausführlichen Worten die vier Himmelsrichtungen einladen und ihre jeweiligen Kräfte und Qualitäten begrüßen, man wird der geistigen Welt das Anliegen des Rituals mitteilen und um ihre Unterstützung bitten, man könnte zudem Opfergaben darbringen. Will man hingegen nur kurz ein Dankgebet sprechen, wird auch die Schaffung des heiligen Raumes sehr viel kürzer ausfallen: Im Bewusstsein dieses Vorhabens eine Kerze anzuzünden ist ausreichend. Ebenso beim alltäglichen Wirken. Hier einige Möglichkeiten, wie Sie einen heiligen Raum entstehen lassen und damit das Nichtalltägliche in Ihren Alltag einladen können:

- Im einfachsten Fall halten Sie kurz inne und verbinden sich innerlich mit dem reinen Bewusstsein, dem Göttlichen, der geistigen Welt – wie auch immer Sie es nennen wollen. Sie schalten um in ein wacheres Bewusstsein und dehnen dies auf den Raum um Sie herum aus.
- Auch an Ihrem Arbeitsplatz ist sicherlich ein solches Innehalten möglich – insbesondere vor besonders wichtigen Aktivitäten oder an Tagen, an denen Sie einfach Unterstützung brauchen. Vielleicht schließen Sie kurz die Augen und spüren ein Kraftfeld um sich und Ihren Schreibtisch oder Ihre Supermarktkasse herum. Oben gibt Ihnen der Himmel Schutz, unten die Erde eine Basis.
- Deuten Sie mit einer Geste den Raum um sich an, drehen Sie sich darin einmal im Kreis, um seine Abmessungen zu erspüren. Dann bleiben Sie in der Mitte stehen und gehen mit der Aufmerksamkeit zu Ihrem Herzen, ganz

zu sich. Erfühlen Sie dabei zugleich auch noch den Raum um Sie her, der durch Ihre Achtsamkeit geheilt wird.

- Zünden Sie eine Kerze und ein Räucherstäbchen oder etwas Räucherwerk an. Setzen Sie sich entspannt hin und beobachten Sie, wie der Rauch sich im Raum verteilt. Nehmen Sie die Stille wahr, mit der er aufsteigt und sich schließlich auflöst. Gehen Sie mit Ihrer Aufmerksamkeit in den Raum um sich her, der nun vom Duft erfüllt ist. Spüren Sie den Raum vor und hinter sich, zu beiden Seiten neben sich, über Ihnen und unten als stützende Erde.
- Entspannen Sie und spüren Sie in Ihr Herz hinein. Lassen Sie die Kraft der Liebe anwachsen und sich ausdehnen, bis sie einen heiligen Raum um Sie herum bildet.
- Visualisieren Sie, wie der Raum vom Altar aus von einer sanften Schwingung der Achtsamkeit erfüllt wird.
- Sie können sich vorstellen, von einer Kugel aus einem angenehmen, hellen Licht umgeben zu sein. Oder Sie lassen eine Lichtkugel um sich herumrollen und spüren, wie kraftvoll Sie in der Mitte dieses Raumes sitzen.

Heute geht es um unkompliziertere Wege. Überall, wo Sie gerade sind, können Sie zu sich kommen, Kraft entfalten und sich auf Heilung und Gelingen fokussieren. Und so entscheiden Sie auch immer neu, ob und wann Sie einen heiligen Raum schaffen wollen und wie intensiv Sie dies tun. Probieren Sie aus, was für Sie am einfachsten ist und optimal wirkt. Und verbinden Sie die Eröffnung des heiligen Raumes am besten innerlich gleich mit Ihrem Vorhaben: Sprechen Sie also im Geiste die Absicht aus, die Sie damit verfolgen. Das kann zum Beispiel sein: Klarheit in einem Projekt erlangen, gesund und konzentriert den Arbeitstag schaffen, sich für eine Inspiration öffnen, für andere und ihre Bedürfnisse da sein können.

Auch für die therapeutische Arbeit ist der heilige Raum übrigens sehr wichtig. Ich (Vera) nutze ihn ganz bewusst in meiner Arbeit mit Gruppen oder Klienten. Denn dieser Raum ist immer auch ein Raum der Bewusstheit, in diesem Feld sind alle Facetten des Seins potenziell enthalten. Und indem ich diesen Raum eröffne und mit meinem Bewusstsein halte, steht er für mein Gegenüber bereit. Er ist in der Praxis sozusagen ein wirkendes Feld, das dem Klienten hilft, seine eigenen Energien klarer und differenzierter wahrzunehmen. Dies geschieht von seiner Seite oftmals nicht bewusst, aber die Seele weiß immer, was gerade heilsam wirkt und nötig ist.

Zielgerichtete Absicht, auch mitten im Leben

»Absicht« ist ein feststehender Begriff beim schamanischen Arbeiten. Sie dient Ihrer Bewusstwerdung und stimmt die geistigen Ebenen darauf ein, in welche Richtung Sie unterstützt werden möchten. Die Absicht ist aber nicht zuletzt auch ganz allgemein im Leben wichtig. Dort nennen wir sie eher »Lebenseinstellung«, »Grundausrichtung« oder »Sichtweise auf die Welt«. Ist sie positiv, läuft es tendenziell gut, und auch Herausforderungen können gut gemeistert werden. So erfahren viele Menschen, dass sich ihre grundlegende Einstellung immer weiter verbessert, seit sie sich in irgendeiner Form dem Spirituellen öffnen, seit sie meditieren, Yoga üben, körperliche Beschwerden auch hinsichtlich möglicher psychischer oder seelischer Ursachen betrachten, seit sie sich stärker emotional auf die Natur einlassen oder öfter auf ihre Intuition achten. Es gibt unendlich viele Wege, sich nicht mehr nur auf die Wahrnehmung der äußeren Schale des Lebens zu beschränken, sondern hinter die Fassaden zu schauen, tiefer zu gehen, stärker zu sich zu kommen.

Die geistigen Gefährten einbeziehen

Einen geistigen Helfer wie ein Krafttier oder einen Lehrer kennengelernt zu haben ist wie der Beginn einer langen, oft lebenslangen förderlichen Freundschaft. Die Verbindung zu den geistigen Helfern ist eine ganz wesentliche Kraftquelle, die sich wunderbar alltäglich nutzen lässt. Sie können nicht zuletzt die Verbündeten selbst fragen, wie Sie den Kontakt zu ihnen intensivieren können. Je stärker dieser Kontakt ist, umso stärker wird natürlich auch Ihr Vertrauen zu diesen Helfern und zu ihren ungewöhnlichen Fähigkeiten sein, Sie im Leben zu unterstützen. Sie brauchen sie dann nur innerlich zu rufen – und schon können Sie spüren, wie sich etwas wandelt: Ihr Herz öffnet sich, eine Angst verschwindet, Ihr Geist wird weiter, oder Ihr Umfeld reagiert plötzlich ganz anders auf Sie.

Gerade mit den Krafttieren werden viele Menschen sehr kreativ, denn es macht einfach Freude, sie um sich zu spüren und sich immer wieder neu von ihren manchmal verrückten, aber stets wirksamen Ideen überraschen zu lassen. Wie Sie unabhängig von einer schamanischen Reise mit den Krafttieren in Kontakt treten können, kann ganz unterschiedlich aussehen. Hier einige Ideen:

- Das Einfachste ist es, im Alltag an das Krafttier (oder den geistigen Lehrer) zu denken und es um Unterstützung oder einen Rat, ein inneres Bild zu bitten. Indem Sie an den geistigen Verbündeten denken, ist er auch schon bei Ihnen. Mit Ihrem Bewusstsein wandeln Sie die Energie, dadurch wird das Krafttier spürbar.

- Auch in Tagträumen und Fantasien können Sie sich einem Tier, das Sie anzieht, nähern und es besser kennenlernen. Fantasiereisen zu Krafttieren gibt es darüber hinaus auch auf CD.[11]
- Sie können mit einem Krafttier tanzen: Legen Sie dazu eine Musik auf, die Sie mögen, und laden Sie das Krafttier ein, sich mit Ihnen dazu zu bewegen. Nach einer Zeit erleben Sie vielleicht, wie Sie mit dem Tier verschmelzen, wie Sie zu diesem Krafttier werden.
- Sie können es bitten, speziell bei einem bestimmten Termin bei Ihnen zu sein und Sie zu unterstützen – beim Zahnarzt oder einer Aussprache mit dem Chef.
- Sie können das Krafttier um Schutz auf einer düsteren Straße oder um Hilfe in einer emotional schwierigen Situation bitten. Sie fühlen es dann vielleicht schützend hinter sich oder nehmen es voller Geborgenheit an Ihrer Seite wahr.
- In einem morgendlichen oder abendlichen Kurzritual können Sie Kontakt aufnehmen und eine aktuelle Botschaft erfragen.
- Sie können mit dem Krafttier eine Geste ausmachen, die Sie mit ihm verbindet. Diese können Sie dann nutzen, wenn Sie es brauchen.
- Oder Sie fragen in einer angespannten Lage einfach: »Was hilft mir jetzt?« Sie stimmen sich auf das schamanische Bewusstsein ein – und bemerken dann vielleicht, wie Ihnen die Giraffe von hinten ihren Kopf auf Ihren legt. Sie müssen lachen, und alle Verbissenheit fällt von Ihnen ab.
- Sie können Ihren geistigen Gefährten auf einer schamanischen Reise direkt danach fragen, wie sich die Beziehung zu ihm auch im Alltag leben und auf welche Weise sich der Kontakt besonders heilsam gestalten lässt. Dies

bringt oft erstaunliche, aber sehr wirksame Ideen hervor.

- Auch für andere Menschen, denen es nicht so gut geht, die Sie aus eigener Kraft aber momentan nicht recht zu unterstützen in der Lage sind, können Sie die Krafttiere um Hilfe bitten. Wenn Sie einen solchen Wunsch formulieren, sollten Sie ergänzen, dass sich alles zum höchsten Guten für die Person und alle Beteiligten wenden möge, und dann der geistigen Welt überlassen, auf welche Weise sie die Dinge verändert.

Ein verspieltes Krafttierorakel

Eine sehr schöne, spielerische Art, die Kraft der Tiere ins Leben einzubeziehen, bieten Ihnen kleine Tierfiguren aus Kunststoff, die von verschiedenen Firmen in großer Vielfalt und auch recht naturgetreu angeboten werden. Wenn Sie die kleinsten kaufen, die Sie finden können, passen richtig viele in einen Stoffbeutel – und aus dem können Sie dann immer eines ziehen, wenn Sie Rat oder Unterstützung brauchen. Es gibt dabei unterschiedliche Weisen, die Botschaft zu interpretieren:

- Das erste Wort, der erste Satz, der Ihnen beim Anblick des Tiers einfällt, enthält oft bereits die Botschaft, so seltsam es anfangs auch erscheinen mag.
- Legen Sie sich das Tierchen auf die Hand und schauen Sie es genau an, von allen Seiten, mit einem weichen, offenen Blick, der auch sein Energiefeld, seine Schwingung erfasst. Lassen Sie das Tier erzählen, was es Ihnen sagen möchte. Spinnen Sie, fabulieren Sie – wenn Sie Inspiration suchen, liegt sie nicht in dem, was Sie ohnehin schon kennen. Irgendwann wird Ihnen die Botschaft klar sein. Sie wird sich einfach stimmig anfühlen.

- Mit dem gleichen weichen, offenen Blick können Sie das Tier auch regelrecht lebendig werden lassen. Dann sehen Sie seine Bewegungen wie in einem Film vor sich, spüren seine Wärme oder Kühle, blicken ihm in die Augen – und nehmen vor allem seine Kraft wahr. Die Qualität, die es ausmacht und die jetzt auch für Sie passen dürfte, wenn Sie das Tier gezogen haben. Äußere und innere Natur, Sie erinnern sich. Sie brauchen nun nichts weiter zu tun, als diese Kraft, diese Schwingung oder Atmosphäre des Tiers auf sich wirken zu lassen und tief zu verinnerlichen. Dann können Sie beobachten, wie sich das Thema verändert, um das es Ihnen ging.

Ein schöner Nebeneffekt solcher »Spiele«: Die kindliche Seite in uns wird neu erweckt, jene Seite, die uns Kraft und Lebensfreude gibt. Also, lassen Sie sie leben und freuen Sie sich daran!

Nutzen Sie dieses »Orakel«, erhalten Sie natürlich oft ein Tier, das Sie beim Reisen noch nie getroffen haben. In diesem Sinne ist es auch eher ein geistiger Helfer und nicht direkt ein Krafttier. Es ist gerade bereit, Ihnen zu helfen, wie ein Passant, den Sie nach dem Weg fragen. Er beschreibt ihn, geht vielleicht sogar noch ein paar Schritte mit Ihnen, Sie nehmen die Unterstützung an und bedanken sich am Ende.

Eine Bekannte beispielsweise bat mit so einem Krafttierchenbeutel um eine Botschaft dafür, wie sie mit ihrer wachsenden Überforderung im Job umgehen sollte. Ihre To-do-Listen wurden immer länger, sie verbrachte immer mehr Stunden im Büro und war dabei meist nicht mehr wirklich effektiv, sondern fühlte sich eher völlig zerfasert angesichts der vielen Aufgaben und zu erledigenden Kleinigkeiten.

Was sie nun zog, war ein Oktopus, der ihr im ersten

Moment nicht gefiel. Aber sie ließ sich schließlich auf ihn ein, tauchte mit in seine Welt und erkannte an seiner Körperform, worum es ging: Die Herausforderungen sind eine Tatsache – acht Arme wollen koordiniert sein. Das Zentrum aber ist in der Mitte, die Frau selbst mit Kopf, Herz und Bauch. Ist sie in dieser Wahrnehmung bei sich, spürt sie ihren Körper, bemerkt sie ihren Atem, dann kann sie die Herausforderungen um sich herum relativ gelassen wahrnehmen. Sie gehören zu ihr, machen sie aber nicht direkt aus. Sie kann so entscheiden, welchem der Dinge um sie her sie sich jetzt zuwenden will. Ist eines getan, kümmert sie sich ums nächste. Und immer wieder sorgt sie für ihre Verankerung in der eigenen Mitte, im Gespür für sich selbst. Dieses Bild war eine große Erleichterung für die Frau, sie fühlte sich nicht mehr so ausgeliefert, nicht mehr rein »re-agierend«, sondern in einer wachen Weise tätig.

Der geistigen Welt können Sie natürlich auch ab und zu danken. Für ihre Unterstützung und einfach dafür, dass ihre Anwesenheit auch Ihr Leben bereichert. Dabei können Sie außerdem die Wesen einbeziehen, die in der ländlichen oder der urbanen Natur um Sie herum leben.

Kleine Dankesgaben

Bringen Sie der geistigen Welt ab und an kleine Opfer, wenn sich das für Sie schön und stimmig anfühlt:

- eine Friedhofskerze (wegen der Sicherheit), die Sie auf dem Balkon anzünden,
- ein Lied oder ein Gedicht, das Sie ihnen singen oder aufsagen,

- ein gemeinsamer Tanz,
- Rauch von Harzen oder Kräutern, die Sie den geistigen Verbündeten zu Ehren verbrennen,
- etwas Prosecco, den Sie an Ihrem Geburtstag auf die Erde gießen,
- winzige Essenstückchen, die Sie auf ein Beet legen.

Individuelle Kraftquellen

Kraft ist etwas ganz Wesentliches für Schamanen. Nicht umsonst sprechen wir von »Krafttieren«, »Kraftorten« und »Kraftübertragung«. Es geht dabei weniger um Pferdestärken, sondern um Energie in ihren vielfältigen, heilsamen Facetten. Seit Sie ein Krafttier kennengelernt haben, wissen Sie sicher, wie es sich anfühlt, seine Kraft zu spüren und ins eigene Innere aufzunehmen. Wenn Sie einen Kraftplatz – in der Natur oder in der Stadt – etabliert haben, kennen Sie auch dort die heilsame Schwingung. Das Wirken von Kraft immer tiefer zu verstehen und zu erfahren ist sehr wesentlich für alle Menschen, die in irgendeiner Weise heilen und spirituell wachsen wollen. Ich (Vera) widme diesem Thema sogar ein ganzes Ausbildungsseminar.

Innere Klärung

Gerade im Großstädtischen ist es sehr reizvoll, hinter all dem offensichtlich Alltäglichen die verborgene Kraft zu erspüren und für sich nutzen zu lernen. Schlagen wir hierbei wieder den Bogen zur Natur und suchen wir eine weitere Art der Verbindung von Natur und Großstadt. Erinnern Sie sich an den Zusammenhang von äußerer und innerer Natur? Was wir im Außen wahrnehmen, kann uns als Spiegel für unser Inneres dienen. Ab Seite 190 hatten wir darüber geschrieben – und jetzt können wir das in den Alltag übertragen. Eine solche Reflexion bietet sich vor allem für Momente an, in denen Sie wissen möchten, was genau Ihre aktuelle Situation ausmacht. In denen Sie also mit Fragen befasst sind wie »Wie steht es gerade um meine Gesundheit?«, »Wie steht es um meine Beziehung?« und »Wo stehe ich gerade in meinem Job?«.

Wenn meine aktuelle Situation eine Landschaft wäre …

Legen Sie das Thema fest, um das es Ihnen gerade geht – Beziehung, Beruf, Gesundheit und so weiter –, und nehmen Sie sich einen Moment Zeit.

Schließen Sie die Augen und bitten Sie um ein inneres Bild aus der Natur, das sinnbildhaft anzeigt, wo Sie in Ihrem Thema gerade stehen.

Lassen Sie das Bild, das in Ihrem Inneren entsteht, einfach wirken. Tauchen Sie in die Landschaft ein, die Sie sehen. Lauschen Sie dem, was da spürbar wird. Vielleicht fallen Ihnen spontane Assoziationen dazu ein. Oder Sie nehmen es nur wahr und spüren auch, was Sie dabei fühlen oder was sich in Ihnen wandelt oder klärt.

Wir haben in der Übersicht ein paar mögliche Verbindungen von »Außen« und »Innen« zusammengestellt. Auch von ihnen können Sie sich inspirieren lassen: Suchen Sie sich dann einfach ein Naturphänomen aus und lassen Sie sich von den Fragen anregen, Klarheit über Ihre Situation zu erlangen.

Naturphänomen	Anregung zur Selbstreflexion
Blühende Wiese	Was bringt eigentlich mich zum Blühen? Welche Bereiche in meinem Leben haben schon geblüht und welche wollen noch erblühen? In welchen Farben blüht mein Leben gerade?
Bach, Fluss	Bin ich im Fluss? Stockt es in einem Lebensbereich, oder fließt alles seinen guten Weg? Strömt es vielleicht zu schnell voran?
See, Teich, Meer	Wie steht es um meine Gefühlswelt? Sind meine Gefühle derzeit ruhig oder bin ich aufgewühlt? Kann ich bis auf den Grund (meines Wesens) schauen, oder ist da zu viel Schlamm aufgewirbelt?
Hochwasser	Welche Gefühle überschwemmen mich? Mit welchen Emotionen überschwemme ich vielleicht sogar mein Umfeld?
Ein breiter, für sich stehender Baum	Kann ich mich in allen Bereichen meines Lebens entfalten? Habe ich genug Raum für mich und mein Potenzial?
Hoch hinaufschießende Bäume einer Monokultur	Wer oder was schränkt mich im Leben ein? Wo stehe ich in Konkurrenz zu anderen, sodass ich vielleicht schnell wachse, aber keine Breite gewinne? Lebe ich meine Individualität?

Naturphänomen	Anregung zur Selbstreflexion
Samen unter einer Buche im Herbst	Welchen Reichtum trage ich in mir? Wie viele Ideen in mir warten darauf, beachtet und umgesetzt zu werden? Wie viele werde ich verwirklichen können? Wie viele der Samen, die ich hervorgebracht habe, können aufgehen?
Waldboden	Auf welchem Boden stehe ich in meinem Leben? Was ist meine Basis? Woraus besteht der Boden, auf den ich meine Schritte setze? Welche Dinge geben mir Boden?
Kieselsteine im Flussbett	Weiß ich um meine Einzigartigkeit? Was macht mich einzigartig? Was macht mich individuell? Wo und wie verschwinde ich in der Masse? Kann ich die Einzigartigkeit in anderen sehen?
Wattenmeer	Weiß ich, dass die Dinge sich unentwegt wandeln? Kann ich einmal ganz voll und einmal komplett leer sein? Kann ich mich auch an Extreme anpassen?
Bergkette	Wie unerschütterlich bin ich? Wie viel Abstand brauche ich, um Größe zu erkennen? Was macht in meinen Augen wirkliche Größe aus?
Natur kann nicht nicht da sein, trocknet ein Tümpel aus, entsteht eine Wiese, vielleicht ein Wald …	Wie hat sich mein Leben im Laufe der Zeiten gewandelt und verändert? Wie wandelt sich die Natur meines Wesens im Laufe eines Jahres, eines Monats? Wie wandeln sich die Stimmungen vielleicht sogar über einen Tag?

Alltagsrituale

Eine große Kraft entfalten Dinge, die regelmäßig getan werden – Rituale, über die wir schon ausführlicher gesprochen hatten. Insbesondere als Alltagsrituale sind sie sehr wertvoll, weil sie uns tatsächlich alltäglich im Nichtalltäglichen verankern können. Das erweitert unseren Horizont nachhaltig. Viele Menschen erleben Momente großer Wachheit und weit geöffneter Tore im Herzen und im Geist. Durch den Alltag aber verschließen sie sich dann meist wieder, und wir verengen unseren Blick erneut. Alltagsrituale nun sorgen dafür, dass diese Tore nicht mehr ganz so weit zugehen und irgendwann vielleicht einfach offen bleiben – was auch geschieht, wir bleiben in unserer Mitte, wach, bewusst und klar.

Wollen Sie ein Alltagsritual in Ihrem Leben etablieren oder ausbauen, kommt es tatsächlich darauf an dranzubleiben. Die positiven Wirkungen flammen anfangs kurz auf, dann aber heißt es, auch an den Tagen weiterzumachen, an denen Sie keine Lust haben oder keine Zeit zu haben meinen. Suchen Sie sich daher ein kleines Ritual, das Ihnen wirklich Freude macht, Ihnen leichtfällt und nur so viel Zeit braucht, wie Sie tatsächlich täglich aufbringen können und wollen. Es sollten keine großen Vorbereitungen nötig sein, schließlich geht es um das Bewusstsein, mit dem Sie dabei sind, um das Umschalten zur inneren Klarheit und Wachheit. Wichtig ist einfach, dass Sie es zu einer stärkenden Gewohnheit werden lassen. Einmal etabliert, wirkt es immer, auch wenn Sie das nicht ständig spüren. Das gilt für schamanische Methoden ebenso wie für die halbstündige Zen-Meditation am Morgen. Möglichkeiten gibt es unendlich viele, zum Beispiel:

- ein Morgengebet – für Sie, für Ihre Lieben, für die Erde;
- jeden Morgen kurz innehalten und das Krafttier um eine Tagesbotschaft bitten; oder es nur begrüßen und kurz mit ihm in Kontakt sein;
- morgens unter der Dusche mit viel Spaß die Laute des Krafttiers nachahmen;
- ein Bild des Krafttiers als Bildschirmhintergrund einsetzen und bei jedem Hochfahren des Computers am Arbeitsplatz kurz innehalten, um mit ihm in Verbindung zu sein;
- nach dem Mittagessen innehalten und drei bewusste Atemzüge nehmen;
- jeden Abend nach der Heimkehr ein Musikstück lang tanzen;
- ein Lieblingslied, das Kraft und Freude vermittelt, vielleicht ein Kraftlied oder Mantra, einmal am Tag ganz bewusst hören und dabei in Herz und Bauch hineinspüren, beispielsweise auf dem Arbeitsweg;
- ein Kraftlied oder Mantra singen;
- die drei Anker (siehe Seite 103) neu beleben;
- abends eine Kerze anzünden und die vier Himmelsrichtungen grüßen, dazu Himmel und Erde;
- abends eine Kerze anzünden und sich mit dem Licht im eigenen Inneren verbinden;
- abends in einem Glückstagebuch reflektieren, was an diesem Tag schön war und gut gelaufen ist (fünf Dinge aufschreiben – eine Kernmethode der positiven Psychologie);
- abends für die Schönheiten des Lebens danken;
- ein Abendgebet sprechen.

Sie sehen, es können ganz simple Handlungen zu Ihrem Alltagsritual werden. Wichtig ist das regelmäßige Tun. Manches passt zwischen Anziehen und Zähneputzen: ein Lied, ein Dank. Oder das allmorgendliche innerliche Zuzwinkern zum geistigen Helfer, das genauso auch auf der Rolltreppe hinunter zur U-Bahn möglich ist.

Artefakte: Schamanische Kraftgegenstände

Es gibt jede Menge Kraftquellen, die wir uns erschließen können. Die Kunst ist nun aber auch, sich insbesondere die Kraft aus den erhabensten, außergewöhnlichsten, heilsamsten Erfahrungen und Momenten alltäglich erfahrbar und wiedererlebbar zu machen. Nicht immer sind wir in der Verfassung, einen wirklich tiefen Kontakt zur geistigen Welt zu spüren oder auf verinnerlichte Ressourcen zurückzugreifen. Genau dann helfen sogenannte Artefakte, Kraftgegenstände, in die wir die erlebte Kraft haben einfließen lassen. Für Schamanen sind sie die Verkörperung einer Kraft oder eines Geistes. Diese Gegenstände verankern die Energie der Heilung und der Transformation tief in unserem Leben und Wirken. So sind wir stets von ihr umgeben – eben nicht nur im Geiste und im Herzen, sondern auch im Materiellen.

Was genau sind Artefakte? Es sind Gegenstände, die für etwas stehen, da sie bewusst mit einer Kraft aufgeladen wurden. Sie werden meist künstlerisch kreativ gestaltet, ein Vorgang, während dessen man eine tiefe Verbindung mit dem Gegenstand und natürlich auch mit der entsprechenden Kraft eingeht. Es gibt viele Möglichkeiten, dieses Ziel zu erreichen, eine von Therapeuten oft empfohlene sind Collagen zu bestimmten Themen und Zielsetzungen. Auch sie sind Artefakte in einem verwandten Sinne. Was wir in unserem Buch *Vom Zauber der Rauhnächte* als Jahresmandala beschrieben haben, ist beispielsweise ein Kraftgegenstand: im Kreis angeordnet die zwölf Monate mit Bildern von all dem, was während der entsprechenden Nächte zwischen dem 25. Dezember und dem 6. Januar orakelt wurde oder sich anderweitig als bedeutsam zeigte. Es hat uns in dieser Zeit »zwischen den Jahren« viel Kraft und neue Klarheit gegeben – und diese wird mit dem Mandala für das gesamte kommende Jahr sichtbar, spürbar, erinnerbar gemacht.[12]

Artefakte für bestimmte Qualitäten

Vielleicht haben Sie schon einmal einen Stein oder eine Muschel vom Urlaubsstrand mitgenommen. Dieser Gegenstand erinnerte Sie dann zu Hause, wenn der Alltag begann, an die schöne, erholsame Zeit mit viel Sonne und dem wunderbaren Hauch von Freiheit. Auf eine ähnliche Weise funktionieren die Artefakte auch. Sie nehmen dafür zum Beispiel ebenfalls diesen Stein mit – aber Sie verstärken das, was er für Sie bewirken soll, noch. Sie sammeln sozusagen mit viel Bewusstheit die Energien ein. Das kann schon beginnen, während Sie losziehen, um nach Ihrem Objekt Ausschau zu halten. Sie formulieren dafür bewusst in sich die Absicht, etwas zu finden, was Ihnen als Anker für diese oder jene Kraft dienen kann. Wenn Ihnen der Stein dann unterwegs aufgefallen ist, halten Sie ihn in der Hand, vielleicht nehmen Sie sogar über das schamanische Bewusstsein Kontakt mit ihm auf, spüren sein Wesen und fragen ihn, ob er bereit ist mitzukommen. Dann setzen Sie sich mit ihm in Ruhe hin, eröffnen vielleicht sogar still und ohne viel Aufwand einen heiligen Raum um Sie herum, Sie erspüren noch einmal tief die Kraft, die er für Sie symbolisieren soll, und lassen sie über Ihre Hände und Ihr Herz in ihn hineinfließen. Sie können dafür auch einen geistigen

Gefährten um Unterstützung bitten. Diese Kraftqualität kann eine sein, die Sie momentan spüren und leben – im Urlaub eben zum Beispiel das Gefühl von innerer Ruhe und Vertrauen in die Zukunft –, oder es ist etwas, was Sie sich ersehnen, momentan nicht haben, aber doch als eine lockende Ahnung spüren können.

Zu Hause geben Sie dem Stein dann einen guten Platz in Ihrer Wohnung oder im Büro. Wenn Sie weiterhin regelmäßig innehalten, um sich mit dem Objekt und damit auch der Kraft zu verbinden, die er symbolisiert, dann verstärken Sie diese Kraft gleichzeitig in sich und im Stein. Er wird immer mächtiger und kann Sie bald auch dann unterstützen, wenn Sie nicht klar oder positiv genug sind, um diese Kraft aus sich heraus zu spüren: einfach indem Sie ihn anschauen oder halten und sich auf ihn einstimmen.

Mit einem solchen Artefakt können Sie zudem kreativ gestalterisch umgehen: Den Stein beispielsweise können Sie anmalen – vielleicht mit einer blauen Wellenlinie für das Meer und einer gelben Sonne darüber. Durch die Gestaltung wird das Objekt noch mehr zu »Ihrem«. Sie verbinden Ihr Inneres, aus dem die Gestaltungsidee kommt, noch stärker mit dem Artefakt und mit der Kraft, für die es steht. Vor allem für Stäbe eignet sich das gut. Äste, die man auf eine ähnliche Weise findet und in einem längeren oder kürzeren Prozess gestaltet und schmückt: mit Farbe, mit Bändern in einer symbolhaft passenden Farbe, mit einer Feder für Leichtigkeit, einem Stückchen Fell oder Leder für Erdung oder was immer Ihnen dazu in den Sinn kommt. Während des Gestaltens gehen Sie auch hier in eine enge Verbindung mit der Qualität, um die es Ihnen geht: vielleicht Zuversicht, Mut, Vertrauen ins Leben oder innere Zentriertheit.

Auch für das Gelingen eines bestimmten Projektes können Sie einen Stab oder einen Stein wählen und gestalten.

Manche Artefakte – im Schamanischen manchmal auch »Schilde« genannt – können über viele Jahre Ihre Begleiter sein. Indem Sie sie nutzen, verstärken sie immer weiter ihre Kraft. Das ist vergleichbar damit, wie sich ein Kraftplatz immer mehr mit Kraft auflädt, je öfter Sie ihn aufsuchen und dort meditativ, still, achtsam und mit seiner Qualität bewusst verbunden sind. Zugleich unterliegen auch sie der Zeit, die alles wandelt. So werden Sie merken, wenn ein Objekt nicht mehr in Ihr Leben passt, weil Sie sich weiterentwickelt haben. Sie können es dann verschenken, sodass jemand anders seine gesammelte Kraft nutzen kann. Oder Sie geben es mit einer kleinen Dankeszeremonie der Natur zurück.

Trommel und Rassel, die für Schamanen vieler Kulturen zu den wichtigsten Begleitern gehören, können aus dem Herzen heraus bemalt und geschmückt werden, und sie werden stets mit großer Sorgfalt behandelt. Das Wesentliche ist die Verbindung zum Geist dieser Instrumente. Der Geist der Trommel ist es dann auch oft, der dem Schamanen zeigt, mit welchen Motiven sie bemalt werden will. Zwischen diesen Instrumenten und jenen, die sie spielen, entwickelt sich eine sehr enge Verbindung. Sobald die ersten Klänge hörbar werden, heben sich die Schleier zur nichtalltäglichen Wirklichkeit, Trommel und Rassel sind die Kraftobjekte, die das – vor allem bei etwas Geübteren – möglich machen. Sie sind regelmäßig beim Ritual des Reisens oder des kürzeren Erfragens von Botschaften dabei und somit ganz enge Vertraute auf dem Weg des Menschen. Er macht mit ihrer Unterstützung seine Schritte im Leben, geht durch unterschiedliche Phasen hindurch und meistert die eine oder andere Herausforderung, und er lädt sie dabei immer weiter mit Kraft auf – mit der aus seinem Inneren und der aus der geistigen Welt, die durch dieses Trommeln oder Rasseln ja stets mit eingeladen wird. Auf solche Weise werden auch die Artefakte immer kraftvoller und immer stärker unterstützend.

Symbole für die Kraft der geistigen Gefährten

Auch Krafttiere in gegenständlicher Form können Artefakte sein. Gekaufte, gefundene oder selbst hergestellte Figuren, die ein Krafttier symbolisieren und mit dessen Energie aufgeladen werden. Sie sind keine Abbilder davon, sondern tatsächlich die Träger der Kraft, wenn Sie sie dazu machen. Am besten verbinden Sie sich dazu mit dem entsprechenden Krafttier und bitten es, seine Kraft in dieses Objekt fließen zu lassen – durch Ihre Hände hindurch oder direkt.

Kleinere Kraftgegenstände passen in einen »Medizinbeutel«, der schon traditionell Dinge enthält, die seinem Besitzer heilig sind und ihm guttun. In diesem Stoff- oder Lederbeutel bewahren Sie auf, was für Sie individuell bedeutsam ist: Das können neben Krafttierchen aus Kunststoff Steinchen oder Muscheln sein, ein Kettenanhänger, den Sie geschenkt bekommen oder zu einem bestimmten Anlass gekauft haben, ein Minifläschchen Aura-Soma, ein Knopf, den Sie gefunden haben, als Sie um eine Botschaft baten … was auch immer Sie stärkt. Kleine Beutelchen können Sie dann vielleicht in der Manteltasche bei sich haben. Größere legen Sie sich neben einen Ruhe- oder Meditationsplatz in der Wohnung und in besonders herausfordernden Zeiten unters Kopfkissen. So ist die Kraft immer mit Ihnen.

Wohnräume als Quelle der Kraft

Das Recht, in den eigenen vier Wänden ungestört zu sein, gehört zu den ganz wesentlichen Errungenschaften der Gesellschaft. Schließlich ist es vor allem die Wohnung, die uns vor der manchmal recht verrückten Welt »draußen« abschirmt und uns die Möglichkeit gibt, wieder aufzutanken und uns neu zu sortieren. Natürlich ist in ihr noch sehr viel mehr möglich, sie kann zu einem regelrechten Kraftplatz werden. Vor allem einen speziellen Raum oder ein Eckchen in einem Raum kann man über die Zeit so mit guter Energie beleben, dass man sich dann selbst dort immer neu belebt fühlt. Sogar Ihr Lieblingssessel kann Ihr Kraftplatz werden. Aufladen können Sie ihn wie ein Artefakt, und Sie können jederzeit einen geistigen Gefährten einladen, dort mit Ihnen zu sein.

Weihen, reinigen, räuchern

Das Haus, die Wohnung, ein Zimmer oder eben den Lieblings-Kraftsessel können Sie einweihen, auch wenn Sie schon eine Weile dort leben.

Räume einweihen

Fassen Sie zunächst als Absicht klar zusammen, wofür Sie Ihren Raum oder die Wohnung weihen wollen. Vielleicht für ein Lebensgefühl von Harmonie und Kraft, für ein ausgeglichenes, freudvolles Familienleben und eine stärkere Verbindung mit Ihrem eigenen Inneren.

Gehen Sie nun mit Räucherwerk wie beispielsweise dem Weißen Salbei durch den oder die Räume (oder um den Sessel herum) und bitten Sie die Kraft des Rauchs, alles aufzulösen und zu entfernen, was nicht in diese Räume gehört und Ihnen nicht förderlich ist. Öffnen Sie Türen und Fenster und lassen Sie bewusst alles entweichen, was hier keinen Platz mehr hat. Schließen Sie die Türen und Fenster dann wieder.

Jetzt können Sie rasseln, trommeln oder singen, um Ihre geistigen Verbündeten und all die Kräfte einzuladen, die Sie mit in Ihren Räumen haben möchten. Das können auch Hausgeister und andere Wesen sein, die an diesen Platz gehören, wenn sie Ihnen und Ihrer Familie sympathisch sind. Sie können sich auch einfach still mit diesen Kräften verbinden.

Bitten Sie darum, dass diese Kräfte Ihr Leben in diesen Räumen im Sinne Ihrer Absicht unterstützen, und sprechen Sie noch einmal aus, wie Sie hier leben wollen: erfüllt, in Harmonie, in einer spirituellen Grundausrichtung, voller Freude, als gesunder Mensch … oder was immer Ihnen das Wichtigste ist.

Vielleicht haben Sie auch ein Objekt – einen Stein oder Stab, eine geschmückte Zimmerpflanze oder etwas anderes – vorbereitet, das diese Qualität symbolisiert und Sie fortan daran erinnern soll. Segnen Sie diesen Gegenstand, oder die Pflanze, und stellen Sie ihn an den Platz, von dem aus er wirken soll.

Danken Sie den Kräften, und wenn Sie wollen, können Sie jetzt noch mit ihnen essen, trinken oder tanzen, um diese Einweihung zu feiern.

Das Gleiche funktioniert natürlich mit Ihrem Auto, auch wenn Sie dort sicherlich etwas unauffälliger vorgehen werden. Sie können auch ein Artefakt mit Kraft aufladen und in Ihr Auto legen oder hängen. So macht man es beispielsweise mit bunten, geweihten Bändern an vielen Orten Lateinamerikas.

Im Alltag lohnt es dann, nicht nur das eigene Energiefeld, sondern auch die Räume, in denen man zu tun hat, ab und an zu räuchern, was einer energetischen Reinigung gleichkommt. Durch das Räuchern verbinden Sie letztlich beide Welten, die alltägliche und die nichtalltägliche, und fühlen sich anschließend freier und leichter mit sich selbst und in Ihren Zimmern. Sie helfen sich mitten im Alltag damit, das Nichtalltägliche hinzuzunehmen: die Kraft des Innehaltens und des Räucherns. Genau das ist Großstadtschamanismus, und genau das macht auch seit jeher das Schamanische aus: das Verbinden der Welten.

Eine andere Form der Reinigung wäre, ab und an bewusst ohne Medieneinfluss zu bleiben. Fernseher aus, Internet aus, Radio oder Musik abstellen – und der Stille lauschen, die sich dann sofort in der Wohnung breitzumachen scheint, obwohl sie vorher ebenfalls schon da war. Wir haben sie nicht bemerkt, und nun nimmt sie sich Raum in unserem Bewusstsein. Wir werden ruhiger, der Geist entspannt sich, der Körper entspannt sich, wir atmen durch und spüren einfach nur das pure Leben, befreit von allem, was wir sonst unentwegt darin als Kulisse produzieren.

Die alltägliche Erinnerung: Der Altar

Ein kleiner Schrein am Meditationsplatz, der Herrgottswinkel in traditionellen katholischen Wohnstuben, die Buddhafigur in einer Ecke des Zimmers, die zum Ausspannen und zur Sammlung dient, der Kerzenhalter auf dem Nachttisch, neben dem man am Abend ein Dankgebet spricht: Zu vielen Wohnungen gehört ganz selbstverständlich eine Art Altar. Es ist ein Platz, der uns über bestimmte symbolhafte Gegenstände mit den höheren, den geistigen und spirituellen Ebenen verbindet. Wir wenden uns dort bewusst an sie und erhalten von ihnen ein Gespür für ihre wirksame Existenz zurück. Wir fühlen, dass sie da sind und dass wir ein Teil des großen Ganzen sind. Das gibt uns Kraft für unser Dasein, einen Sinn im Leben, der uns trägt und freudig stimmt. Altäre sind damit nicht zuletzt auch eine Erinnerung an diese nichtalltäglichen Ebenen, wenn wir im Trubel des oft gänzlich weltlichen Alltags unsere Orientierung darauf zu verlieren drohen.

Ein Altar muss dabei keinesfalls das klassische Tischchen mit einer Kerze und dem Bild von etwas Verehrtem sein. Es gibt ganz viele – und teilweise auch sehr unauffällige – Gestaltungsarten, die damit dann sogar auch ins Büro passen: das Foto auf dem Schreibtisch, das etwas symbolisiert, was Ihnen Kraft gibt. Die Collage an der Wand, die Sie mit dem verbindet, was Ihnen heilig ist. Die kleine Krafttierfigur, die Sie auf die Erde in einem Blumentopf gesetzt haben und die dort jetzt wie im Wald sitzend ein Stück Natur repräsentiert. Der Schlüsselanhänger in Form Ihres Krafttiers. Ein Bäumchen auf dem Balkon, an das Sie mit bunten Bändern Ihre Wünsche gehängt haben oder Ihre Gebete für die Natur und die Erde. All das ist nicht neu, viele gestalten sich ihr Umfeld seit Langem so. Wir brauchen uns nur daran zu erinnern, die Räume und Dinge um uns herum bewusst mit Kraft aufzuladen und als Kraftanker für ein erfülltes Alltagsleben anzusehen. Viele kreative Ideen, liebevoll einen kleinen Altar zu gestalten, finden Sie übrigens in asiatischen Geschäften und Restaurants.

Die kleinen Wunder bemerken

Ob zu Hause, am Arbeitsplatz oder auf den Straßen Ihrer Stadt, überall können Sie nach dem Zauberhaften des Lebens Ausschau halten, das so viel öfter spürbar wird, als wir es im Alltag meist bemerken. In dem Regenbogen, der auf Ihrem Schreibtisch erscheint, weil sich die Sonnenstrahlen in einem geschliffenen Glas am Fenster brechen. Im Lächeln eines Kindes. Im Schnurren einer Katze. In den Jugendlichen, die auf der Straße Musik machen oder jonglieren. In der Verkäuferin, die versonnen in sich hineinlächelt. In der alten Dame, die bedächtig und ruhig ihren Einkaufstrolley nach Hause zieht. Im Anruf einer Freundin, der genau in dem Augenblick kommt, in dem Sie sich allein fühlten. Und natürlich in Ihnen selbst, wenn Sie »umgeschaltet« haben und still, dankbar und offen hinter die Fassaden alles Lebendigen spüren.

Handwerkszeug für alle Fälle

Mit der Grundidee des Umschaltens in eine wachere Bewusstheit als Basis und all den weiteren mehr oder weniger schamanischen Anregungen können Sie Ihr Leben lang spielen, experimentieren und den Alltag kreativ gestalten. Geraten Sie in Untiefen, haben Sie ebenfalls einiges an Möglichkeiten, um sich zu helfen und die Herausforderung als Anstoß zur Weiterentwicklung zu nutzen. Das folgende »Handwerkszeug« will Sie nicht zuletzt einladen, auch selbst erfinderisch zu werden, um das Leben erfüllt und gelingend zu gestalten.

Stimmungen wandeln

Oft sind wir einfach nicht gut drauf. Das gehört zum Menschsein. Hier helfen Minirituale des Loslassens: Geben Sie eine schlechte Stimmung beispielsweise dem Fluss mit, wenn Sie über eine Brücke fahren oder gehen, bitten Sie das Wasser dabei darum, die Energie zu transformieren.

Oder Sie finden ein Symbol dafür, dass etwas zu Ende gegangen ist, und geben dies dem Fluss. Eine Freundin von uns hat am Ende ihrer Ehe der Isar, zu der sie eine innige Beziehung hat, ihren Ehering übergeben – sie hat ihn in einem kleinen Ritual von der Brücke geworfen. Natürlich sollen Sie nicht alles Mögliche in den nächstbesten Fluss kippen. Aber Sie können das, wovon Sie sich verabschieden, auf ein kleines Zettelchen schreiben, die Qualität aus Ihrem Herzen dort hineinfließen lassen und es dann dem Fluss übergeben. Mit der Bitte, er möge es transformieren und die Energie wieder dem Leben übergeben.

Nie geht es dabei darum, etwas »loswerden« zu wollen. Das ist gerade für die folgende Übung wichtig, bei der Sie sich fragen, wo die Energie hinter dem Gefühl, das für Sie nicht mehr stimmt, denn gebraucht werden könnte. Wut beispielsweise dient dann keinem aggressiven Ziel, sondern umgewandelt in konstruktive Zielgerichtetheit und Impulskraft einer Sache zum Wohle des Ganzen.

Ärger transformieren

Finden Sie ein Symbol für den Ärger, der Sie nicht mehr loslassen. Sie können ihn auch in Worten formulieren.

Bringen Sie das Symbol oder die Worte auf ein Stück Papier und spüren Sie Ihren Ärger, um ihn mit dort hineinfließen zu lassen.

Bitten Sie die geistige Welt oder speziell Ihr Krafttier, diesen Ärger so weit zu transformieren, dass eine starke Durchsetzungskraft oder auch eine Art heiliger Zorn daraus wird.

Überlegen Sie nun, wo in Ihrer Stadt diese Kraft gebraucht werden könnte. Vielleicht vor dem Parlament, in dem es gerade eine Debatte gibt, bei der die Belange der Kinder oder der Umwelt zu wenig Beachtung finden?

Bringen Sie Ihr Papier mit der Durchsetzungskraft dorthin. Stellen Sie sich vor das Gebäude, zerrupfen Sie Ihr Blatt in kleine Stücke und verteilen Sie sie in die Papierkörbe ringsherum. Lassen Sie bewusst Ihren transformierten Ärger dort, um etwas Gutes zu bewirken.

Wenn Sie nicht vor Ort sein können, weil Sie beispielsweise meinen, dass Ihr Ärger nach Brüssel gehört, dann lassen Sie ihn nur in Ihrer Vorstellung transformiert dort ankommen.

Wenn Sie häufiger von negativen Gedanken geplagt werden, probieren Sie doch einmal Folgendes: Wann immer Sie durch die Stadt gehen, wechseln Sie die Straßenseite, sobald Sie einen negativen Gedanken bemerken oder innerlich über jemanden oder etwas schimpfen. Das ist schon alles. Lassen Sie sich überraschen, wie es sich auswirkt.

Solche kleinen Übungen sind die erste Hilfe, aber sie setzen auch längerfristige Veränderungen in Gang, da sie das Bewusstsein für unsere Muster sensibilisieren. Das wird sich dann irgendwann geschicktere Strategien im Umgang mit dem Leben aneignen.

Abgrenzung – manchmal nützlich

Wie alle spirituellen Wege ist auch der des Großstadtschamanen ein Weg der Öffnung und inneren Weitung. Das Herz geht auf, die Sinne werden feiner, alle Ebenen durchlässiger und sensibler. Um es gleich zu sagen: Das macht nicht schutzlos. Im Gegenteil: Wer klar wahrnimmt, was um ihn herum geschieht, sogar auf den feineren Ebenen, der kann besser darauf reagieren als jemand, der nicht bemerkt, was Sache ist. Aber natürlich laden offene Kanäle auch mehr Energien ein, mit denen man dann umzugehen lernen muss.

In der Stadt leben naturgemäß sehr viele Menschen, und das heißt auch, dass sich hier unzählige emotionale und mentale Energien begegnen, vermischen, befruchten, hochschaukeln, festsetzen. Darunter sind einerseits schöne Energien und andererseits solche, die man lieber von sich fernhält, außer man ist geübt darin, sie in sich zu transformieren. Was immer hilft: Achtsamkeit, energetische Reinigung – beispielsweise, indem Sie Ihre Wohn- und Arbeitsräume und auch Ihr Energiefeld räuchern – und in unangenehmen Situationen oder an schwächeren Tagen auch eine bewusste Form von Abgrenzung. Dafür wiederum gibt es viele Möglichkeiten:

- Bitten Sie morgens vor der Arbeit oder bevor Sie spätabends den Heimweg antreten, Ihr Krafttier, Sie zu schützen. Spüren Sie, wie es neben Ihnen oder um Sie herum ist und Sie begleitet.
- Innere Bilder (Visualisationen) können hilfreich sein. Stellen Sie sich bei Bedarf vielleicht vor, einen Raumanzug oder eine Ritterrüstung zu tragen, nach Belieben auch eine Motorradmontur oder ein Punker-Outfit mit metallenen, abweisend wirkenden Zacken auf den Schultern. Es kann aber auch ein Zauberumhang sein, der Sie unverwundbar oder für bestimmte Energien unsichtbar macht.
- Sie können sich auch vorstellen, eine Elfe zu sein, die so fein ist, dass alles Störende ganz einfach rückstandslos durch sie hindurchgeht.
- Wählen Sie bestimmte Farben oder Stoffe, die Sie schützen, beispielsweise ein Tuch oder ein Hemdchen mit einem Leopardenmuster.
- Wenn Sie in der allgemeinen Hektik einer Metropole dazu neigen, den Boden unter den Füßen zu verlieren, sollten Sie dafür sorgen, dass Sie gut geerdet bleiben. Dafür können Sie sich eine recht schwere Kugel in der Beckenschale vorstellen, die wie ein Magnet mit der Erde verbunden ist. Wenn Sie umhergehen, hält Sie die starke Anbindung an die nährende und Sie kräftigende und schützende Mutter Erde.
- Auch ein Pendel im Inneren ist möglich, das mit seinem Gewicht langsam hin und her schwingt, je nachdem, wie Sie sich bewegen. Es malt Muster in Ihrem Becken-

raum und bringt durch seine Trägheit und die relativ langsamen Bewegungen Ruhe in Ihr System.

- Wenn Sie sich sehr gut und voller Liebe fühlen und diesen Zustand nicht so schnell wieder verlieren wollen, während Sie in der Stadt unterwegs sind, hilft auch Folgendes: Lassen Sie Ihr Herz kraftvoll strahlen. Es schickt in einer solchen Dichte seine liebevolle Kraft nach draußen, dass nichts mehr Platz findet, in es hineinzudringen. Alles, was auf Sie zukommt, wird von Ihrer Herzenskraft gereinigt und transformiert. Aus der niemals versiegenden Quelle Ihrer Herzenskraft strömt die Liebe unendlich nach.

Probieren Sie solche Wege aus und beobachten Sie, was passiert. Mithilfe Ihrer geistigen Verbündeten oder auch auf einem Orakelgang (siehe Seite 194) können Sie sich weitere individuell auf Ihre Situation abgestimmte Ideen für eine gesunde Abgrenzung holen.

Gutes Miteinander

Letztlich aber wollen wir ja mit den anderen verbunden sein, wollen wirklich erleben, dass wir Teil eines Ganzen sind, einer Menschheit, eines Kosmos. Doch wenn so viele unterschiedliche Menschen auf engem Raum zusammenleben, klappt das nicht immer konfliktfrei. Vor allem aber führt es dazu, dass man sich gegenseitig gar nicht mehr wahrnimmt, insbesondere nicht in seiner Individualität und Qualität. Wenn Sie hier für sich neue Wege suchen: Setzen Sie sich in ein Café, wo auch draußen bedient wird, oder nutzen Sie die Fahrten zur Arbeit in öffentlichen Verkehrsmitteln. Beobachten Sie unauffällig die Leute um Sie herum und fragen Sie sich bei jedem, der Ihnen auffällt:

Worüber würde sich dieser Mensch freuen? Malen Sie sich aus, wie diese Freude aussehen könnte.

Sie sollten sich gerade bei griesgrämig wirkenden Menschen vorstellen, wie sie wohl aussähen, wenn sie frisch verliebt wären. Das ganze Gesicht, die gesamte Ausstrahlung wären wie verwandelt. Und Sie könnten plötzlich auch am größten Unsympathen schöne, herzliche, ja liebenswerte Seiten entdecken.

Die folgende Praxis ist ähnlich und an den Buddhismus angelehnt. Durch Vorurteile verderben wir uns die Stimmung und unterschwellig auch das allgemeine Miteinander. Wenn Sie mit öffentlichen Verkehrsmitteln zur Arbeit und wieder nach Hause fahren, können Sie diese Zeit nutzen, um Vorurteile in Mitgefühl verwandeln zu üben.

Mit netten Menschen S-Bahn fahren

Halten Sie in der S-Bahn nach einem Mitreisenden Ausschau, der Ihnen sympathisch ist. Überlegen Sie, was Ihnen an dieser Person gefällt. Welche Qualitäten hat sie, die Sie auf Anhieb mögen? Strahlt sie vielleicht Mütterlichkeit aus oder frische Neugierde, ein ungezähmtes Temperament oder große, sanfte Feinheit?

Im nächsten Schritt wählen Sie jemanden, der Ihnen unsympathisch ist, der Ihnen einfach nicht gefällt oder Sie sogar abstößt. Nun suchen Sie das Schöne, Angenehme, eine gute Qualität auch in ihm. Sie schalten um von Ihren Vorurteilen in eine umfassendere Betrachtungsweise, die ein Gegenüber so lässt, wie es ist, und erkennt, dass jeder seine Geschichte und seine vielen Facetten hat.

Wenn Sie dies immer mal wieder praktizieren, wird Ihr Mitgefühl für andere spürbar wachsen, und nicht zuletzt werden Sie es bald genießen, von so vielen wunderbaren Menschen umgeben zu sein.

Mit den Fremden in der S-Bahn ist es oft leichter, in Harmonie zu kommen, als mit den Menschen, mit denen wir tagtäglich zu tun haben: Partner, heranwachsende Kinder, Kollegen, Vorgesetzte. Haben Sie Lust, sich einer Missstimmung einem solchen Menschen gegenüber einmal in einer etwas ungewohnten Weise anzunehmen? Vielleicht erinnern Sie sich an die Praxis, einen Baum auf sich wirken zu lassen und sowohl ihn, sich selbst als auch das Feld dazwischen zu spüren. Genau dies wollen wir jetzt für die Auseinandersetzung mit einem gerade etwas nervig wirkenden Mitmenschen weiterentwickeln.

Beziehungen harmonisieren

Nehmen Sie sich ein wenig Zeit und setzen Sie sich an einen ruhigen, kraftvollen Platz, an dem Sie für einige Minuten nicht gestört werden. Stellen Sie möglichst eine zweite Sitzgelegenheit Ihrem Sitz gegenüber, etwa zwei bis drei Meter entfernt.

Schließen Sie die Augen. Werden Sie sich Ihres Atems bewusst und spüren

Sie in Ihren Körper hinein. Fühlen Sie, wie die Füße den Boden berühren, wie das Becken den Sitz berührt, Ihre Haltung im Rücken.

Denken Sie jetzt an den Menschen, mit dem es momentan Spannungen gibt, vielleicht ein Kind im Teenageralter oder eine Kollegin, und spüren Sie, was dies in Ihnen auslöst. Nehmen Sie das Gefühl einfach in sich wahr, vielleicht Wut oder Trauer.

Stellen Sie sich jetzt vor, die betreffende Person sitzt vor Ihnen auf dem anderen Stuhl. Lassen Sie die Augen geschlossen und spüren Sie zu diesem Gegenüber hin. Was nehmen Sie wahr, welche Emotionen gibt es dort, welche Stimmung?

Lenken Sie Ihre Aufmerksamkeit jetzt auf das Feld zwischen Ihnen beiden und spüren Sie dort hinein.

Wenn Sie jetzt erneut in sich selbst hineinspüren, kommen Sie vielleicht in noch tiefere Schichten Ihres Fühlens. Dann zeigt sich möglicherweise eine Angst hinter der Wut, eine Enttäuschung hinter der Trauer. Nehmen Sie auch das einfach wahr, geben Sie ihm Raum.

Nun laden Sie eines der vier Elemente ein, das sich zwischen Sie beide schieben soll: Erde, Feuer, Wasser, Luft. Sie müssen nichts sehen, Sie können es als eine Grenze erleben oder einfach spüren, dass es da ist. Sie sind auf Ihrer Seite jetzt für sich und bleiben mit der Aufmerksamkeit auch weiterhin ganz bei sich selbst.

Verbinden Sie sich nun mit dem Element und lassen Sie sich von ihm reinigen. Sie werden durchgespült oder im Rauch des Feuers gereinigt, oder die Erde nimmt

Ihnen alle Schwere und alles Alte ab, die Luft pustet als Wind alles unbrauchbar Gewordene von Ihnen weg.

Wenn Sie so weit sind, lösen Sie sich von diesem Element, danken für die Reinigung, verabschieden sich und spüren wieder ganz sich selbst. Wie fühlen Sie sich jetzt?

Bleiben Sie bei sich und nehmen Sie nun erneut Ihr Gegenüber auf dem anderen Sitz wahr. Schauen Sie den anderen mit Ihren inneren Augen an, als würden Sie ihn zum ersten Mal sehen. Prüfen Sie, ob Sie ihm jetzt in einer neuen, veränderten, vielleicht neutraleren Haltung begegnen können.

Wenn Sie wollen, können Sie auch ein paar Worte an diesen anderen Menschen richten. Lauschen Sie dann innerlich, ob er Ihnen etwas antwortet.

Danken Sie ihm für diese Begegnung und verabschieden Sie ihn. Lassen Sie das innere Bild verschwinden und kommen Sie wieder ganz bei sich an, bevor Sie die Übung beenden.

Im Rhythmus des Herzens

Unser Herz schlägt, solange wir atmen. Es gibt den Rhythmus unseres Lebens vor, aber es schlägt nicht ganz regelmäßig. Nicht nur, dass es uns manchmal vor Aufregung schneller und stärker bis in den Hals hinauf pocht und bei einem Schreck scheinbar kurzzeitig stehen bleibt oder in die Hose rutscht. Auch unter ganz gewöhnlichen Umständen schlägt es nicht starr, sondern mit einer gewissen Variabilität. Es ist eben Teil der Natur, in der alles geordneten Rhythmen folgt, aber niemals reißbrettartigen, mathematischen Genauigkeiten. So wie das Leben auch.

Als moderner Mensch bewegen wir uns zwischen beidem: der rationalen Ordnung von Terminen, Fakten und Daten und der Natürlichkeit unseres Wesens und der Natur um uns her. Oft genug passen sie nicht recht zusammen. Dann müssen wir früh aufstehen, um zur Arbeit zu kommen – aber es ist noch stockfinster draußen, und der ganze Körper ruft nach ein wenig Winterschlaf.

Unsere Zeit scheint ein Motto zu haben: die Suche nach einer neuen Balance. Zwischen Pflicht und Neigung, Tun und Geschehenlassen, Arbeiten und Ruhen, Anstrengen und Genießen, zwischen Rationalem und Intuitivem, zwischen Stolz und Demut, Freude an Gütern und achtsamem Verzicht … Insbesondere im Umgang mit der Zeit sind wir stark aus dem Lot gekommen. Wie gern würden wir alles, was unseren Tag ausmacht, in Ruhe erleben oder es zumindest schaffen, dass alle Vorhaben Platz finden. Wir sind gern jeden Tag genüsslich kreativ im Büro, gesund aktiv im Sport, vorbildlich und liebevoll mit unseren Kindern, wach versunken in der Meditation, einfühlsam erotisch in der Partnerschaft. Aber die Zeit reicht meist nicht aus, und wir hetzen von einer Sache zur nächsten. Es mag ja stimmen, was die großen Weisen sagen, dass nämlich Zeit eine Illusion ist, doch im Alltag nützt uns das herzlich wenig.

Der Großstadtschamanismus hilft uns auch bei den großen und kleinen Fragen des Rhythmus im Leben und damit beim Umgang mit der Zeit. Heute haben fast alle Zeitprobleme – in Form von Überforderung und Stress oder als Langeweile, als ein Zuviel an Zeit und ein Zuwenig von dem, was diese Zeit sinnvoll ausfüllen könnte. Die meisten aber tun viel: Sie haben viel zu tun, sind stark gefordert und wollen viel schaffen. Das sind Fakten, mit denen wir umgehen müssen. Wenn wir mit den Rhythmen des Lebens mitschwingen könnten, so wie sie sich gerade zeigen, dann sollten wir in Harmonie kommen. Wieder ist es letztlich die Natur, die uns das Wesentliche über die Rhythmen des Lebens lehren kann. Gehen wir also auch hier nach dem bereits bewährten Muster vor: Dinge im Außen wahrnehmen, ihre Essenz ergründen, diese verinnerlichen und im eigenen Leben und Wirken nutzen.

Die Kraft der vier Himmelsrichtungen

Die vier Himmelrichtungen sind zunächst nur Richtungen im Raum, ein horizontales Kreuz, das zur Orientierung auf der Erde hilfreich sein kann. Kommen nun aber die Sonne und ihr scheinbares Wandern am Taghimmel hinzu, erhalten sie eine tiefere Bedeutung: Jede Himmelsrichtung steht für einen Zeitpunkt des Tages, und diese Zeiten zeigen sich jeweils in einer ganz bestimmten Qualität, was dem System seine große Kraft gibt.

Wie Sie bereits bei der Anleitung zum Erschaffen eines heiligen Raumes lesen konnten (siehe Seite 112), betrachtet man im Schamanischen auch die Himmelsrichtungen als Kräfte, mit denen man in Kontakt treten und die man in ihrer Wesensart erspüren kann. Diese leitet sich aus den Gegebenheiten der Natur ab, die sich als energetische Qualitäten wahrnehmen lassen:

- Der Osten – das ist die Kraft der aufgehenden Sonne, und damit steht er auch für den Neubeginn, für die Initialzündung, das frische Wachstum, für Pioniergeist und Aufbruch, für Überblickswissen und den Start von Unternehmungen.
- Der Süden – das ist die Kraft der hoch stehenden Sonne, und zu ihr gehören Aktivität und Begegnung, Hitze und Begeisterung, Schaffen und Handeln, aber auch die genussvolle Ruhe einer Siesta und erholsamer Ferien.
- Der Westen – das ist die Kraft der untergehenden Sonne, und damit symbolisiert er den Abschluss von Unternehmungen, die Ernte des Gewesenen, den Rückblick auf das Erreichte, das Feiern und den Dank, das allmähliche Zur-Ruhe-Kommen.
- Der Norden – das ist die Kraft der Dunkelheit, der Nacht, und damit steht diese Himmelsrichtung für das Anhalten und Ruhen, die Regeneration, die Stille, für Schlaf und Tod, für die Vorbereitung des Neuen, während deren sich die Kräfte sammeln.

Die Essenz nutzen lernen

Die Grundessenz dieser Qualitäten lässt sich sinnfällig beschreiben und in immer größerer Tiefe selbst erfahren. Dabei kristallisiert sich mit der Zeit heraus, wie diese Qualitäten ganz individuell wahrgenommen werden und wirken. In die Vierteilung lassen sich dabei nicht nur die Tageszeiten, sondern auch Projekte, Beziehungen, Lebensphasen und so weiter einsortieren. Mit einem wacheren Blick für die Himmelsrichtungen und ihre Qualitäten erschaffen Sie sich eine »Landkarte des Bewusstseins«, die Ihnen im Leben Orientierung bietet. Auch ein Projekt beispielsweise hat eine Startphase, eine Zeit der großen Aktivität, dann den Moment der Rückschau, des Prüfens und Erntens, ebenso eine Ruhephase, in der Kraft für die nächsten Schritte gesammelt wird. Viele Vorhaben oder auch Beziehungen durchlaufen den Viererzyklus mehrfach. Wissen Sie all das, lassen sich Durststrecken leichter durchstehen – Sie erkennen, dass sie zum Norden gehören, und wissen, dass ein neuer Anfang folgen wird. Oder Sie nehmen sich zum Ende eines aufreibenden Projekts einen Tag frei, um das Gewesene gemäß der Kraft des Westens zu würdigen, zu feiern, sich und allen Beteiligten innerlich zu danken und so ganz in Ruhe Rückschau zu halten. Mit Wertschätzung und Lob für sich selbst fahren Sie innerlich die Ernte ein, die Ihnen weiterhin Kraft geben wird. Diese Einteilung schenkt Ihnen auch das Bewusstsein, dass eine anfangs leidenschaftliche Beziehung nicht immer so heiß bleiben wird. Das erspart Enttäuschungen, und Sie wissen ja: Der nächste Frühling kommt sicher.

Wenn Sie tiefer erfahren möchten, was die einzelnen Himmelsrichtungen für Sie ganz individuell bedeuten und was sie Ihnen speziell für Ihr Leben zu sagen haben, können Sie spannende schamanische Reisen zu jeder dieser Richtungen unternehmen. Für Veras heute leider vergriffenes Buch *Und in der Mitte bist du heil* hat sich eine ganze Forschungsgruppe ein Jahr lang jeden Monat für eine solche Reise getroffen und sich so sehr ausführlich mit der »Landkarte des Bewusstseins« befasst. Alle sprechen bis heute davon, dass sie das sehr gewandelt und nachhaltig inspiriert hat und dass die damals angestoßenen Entwicklungsprozesse noch immer nachklingen.

Ja, es sind große Kräfte, um die es hier geht, universelle Energien, die im Kosmos ebenso wie in uns Menschen tief verankert sind und ihre Wirkung tun. Es sind diese Kräfte, mit denen Sie in Kontakt sind, wenn Sie die vier Himmelsrichtungen einladen, um einen heiligen Raum zu erschaffen. In der ausführlicheren Weise verbinden Sie sich dafür ganz bewusst mit all den Qualitäten, die Ihnen dazu jeweils in den Sinn kommen und wichtig erscheinen. Hier ein sehr tief gehendes Angebot dazu:

Die vier Himmelsrichtungen einladen

Setzen Sie sich entspannt hin und atmen Sie ein paarmal tief ein und aus, um sich zu beruhigen und ganz an Ihrem Platz anzukommen.

Sie können auch eine Kerze anzünden. Sie schafft ein Bewusstsein für das Besondere.

Beginnen Sie nun in Ihrem Tempo mit dem Rasseln. Lauschen Sie auf die Rassel, stimmen Sie sich darauf ein, ein Ritual durchzuführen, das Sie mit Welten außerhalb Ihrer alltäglichen in Verbindung bringen wird.

Spüren Sie in den Raum hinein. Vielleicht nehmen Sie vor und hinter sich und zu Ihren beiden Seiten so etwas wie ein Kraftfeld wahr, in dem Sie sich geborgen und gut aufgehoben fühlen.

Stehen Sie jetzt am besten auf und wenden Sie sich der Himmelsrichtung Osten zu. Rasseln Sie weiter und laden Sie die Kraft des Ostens zu sich ein, indem Sie leise für sich oder laut so etwas formulieren wie: »Kraft des Ostens, ich lade dich ein, hier mit mir zu sein. Hier in diesem Raum. Ich bitte dich zu mir mit deiner Kraft des Neuanfangs, der Kraft der aufgehenden Sonne, die auch mich unterstützt.« Spüren Sie zur Energie des Ostens hin.

Wenden Sie sich dann dem Süden zu: »Kraft des Südens, ich lade dich ein, hier mit mir zu sein. Hier in diesem Raum. Ich lade dich ein mit deiner Kraft der hoch stehenden Sonne, der Aktivität und der Bewegung, der Begegnung und der Intensität.« Spüren Sie zur Energie des Südens hin.

Rasseln Sie weiter und wenden Sie sich dem Westen zu: »Kraft des Westens, ich lade dich ein, hier mit mir zu sein. Hier in diesem Raum. Sei mit mir, mit deiner Kraft des Erntens und des Dankens, mit der Kraft der Veränderung und der Wandlung. Mit der Kraft des Blicks nach innen, der den Abend begleitet, die Zeit der untergehenden Sonne.« Spüren Sie nach, was Sie von der Energie des Westens spüren können.

Wenden Sie sich jetzt dem Norden zu: »Kraft des Nordens, ich lade dich ein, hier mit mir zu sein. Hier in diesem Raum. Sei hier mit mir, mit deiner Kraft der Ruhe und der Stille, der Kraft des Wachsens im Verborgenen, der Kraft von Wissen und Weisheit.« Spüren Sie die Energie des Nordens, die Sie jetzt begleitet und unterstützt.

Wenden Sie sich nun, weiter rasselnd, nach oben und sagen Sie: »Vater Himmel, ich lade dich ein, hier mit mir zu sein. Hier in diesem Raum. Mit deiner Weite, die mir Raum zum Wachsen lässt, mit deiner Schöpferkraft lade ich dich ein. Bitte gib mir deinen Segen.« Spüren Sie nach, wie Sie die Kraft des Himmels erfahren.

Wenden Sie sich jetzt der Erde zu, dem Boden unter Ihnen: »Mutter Erde, ich lade dich ein, hier mit mir zu sein. Mutter Erde, die du mich trägst und nährst, ohne die kein Leben möglich wäre, ich lade dich ein, mit mir hier zu sein in diesem Raum. Ich bitte dich um deinen Segen.« Spüren Sie die Erde unter sich, wie sie Sie trägt und hält.

Beenden Sie das Rasseln in Ihrem eigenen Tempo. Bleiben Sie ruhig stehen oder sitzen und spüren Sie den heiligen Raum, der um Sie herum entstanden ist. Spüren Sie die vier Himmelsrichtungen in ihren universellen Qualitäten ringsum und erleben Sie sich selbst als die Mitte, als das Bewusstsein im Zentrum, das alles im Außen über seine Wahrnehmung verbindet und zu einem großen Ganzen werden lässt.

Wenn Sie die Energien der Himmelsrichtungen erst einmal kennen, können Sie sie auch als universelle Coachs nutzen: Bitten Sie dabei eine oder alle vier Richtungen nacheinander in einer Frage um Rat und erspüren Sie die Antworten: Sie kommen vielleicht als innere Bilder zu Ihnen, als Gedanken oder als ein Gefühl, eine Erinnerung. Ich (Franziska) weiß noch, dass ich dies einmal nutzte, als ein guter Freund in der Krise war. Osten, Süden und Westen zeigten mir Bilder all der positiven Qualitäten dieses Menschen und machten mir seine innere Schönheit neu bewusst, die momentan durch größere Sorgen etwas verdeckt war. Der Norden dann zeigte mir diesen Mann in einem Schneesturm, während ich in einer Meditationshaltung daneben saß und sah, dass dieser Sturm nur um ihn herum tobte, nirgends sonst. Ich konnte mit ihm fühlen, ohne mitzuleiden. Ich konnte dem Freund meine Hand reichen, und in dieser Vision konnte er sie auch ergreifen. Bald saß er neben mir, ausgekühlt und erschöpft, aber lachend darüber, dass dieser Sturm jetzt weiterwirbelte, ohne ihn zu quälen, bis er sich eben ausgetobt hatte und erneut das Licht des Ostens heraufschimmerte. Für mich war das sehr entspannend, ich konnte aufhören, mich um ihn zu sorgen.

Die Kraft der Mitte

Im Zentrum innerhalb der vier Himmelsrichtungen zu sein macht die Kraft der Mitte erlebbar. Wenn Sie sich an den Oktopus erinnern, den eine Freundin aus ihrem Krafttier-Orakelbeutelchen zog, wird Ihnen rasch klar, was es mit dieser heilen Mitte auf sich hat: Im Zentrum sind wir verbunden mit unserem Herzen, Denken und mit der geistigen Welt und dem großen Ganzen. Alles Auf und Ab des Lebens wirbelt um uns herum, natürlich betrifft es uns, erfreut es uns und beeinträchtigt es uns zuweilen. Aber in dieser Mitte sind wir heil. Und wir erleben Ruhe, egal, wie schnell die Welt sich drehen mag.

Leben bedeutet natürlicherweise, diese Mitte immer wieder zu verlassen. Aber es muss nicht bedeuten, sich im Trubel des äußeren Geschehens selbst gänzlich zu vergessen. All die Angebote der vielen spirituellen Richtungen und auch des Großstadtschamanismus, zu sich zu kommen, das Bewusstsein zu verändern, zu switchen und aufzuwachen, sagen in ihrer jeweiligen Terminologie das Gleiche: Komm in die Mitte, in der du ganz und heil bist und das Spiel der Formen um dich her genießen und mitgestalten kannst. Denn in der Mitte zu sein heißt auch, seine Schöpferkraft entfalten zu können. Genau darum soll es zum Abschluss dieses Buches noch gehen. Bleiben wir bis dahin aber noch ein wenig beim Rhythmus des Herzens.

Rhythmen des Tages

Jeder neue Tag ist ein Geschenk. Können Sie das spüren? Möchten Sie es wieder spüren? Es gelingt mit einem vertieften Bewusstsein für die vier Himmelsrichtungen. Auch der Tag hat vier Phasen – und sie entsprechen diesen Qualitäten, die Sie nun schon intensiver kennen.

Der Morgen

»Der Morgen ist klüger als der Abend«, heißt es oft im Märchen. Tatsächlich hat uns die Nacht eine Art Reset geschenkt, einen Neustart aller Systeme – wenn wir die Nacht tatsächlich als Zeit des Nordens, der Leere, der Pause, des Schlafens, Träumens und Regenerierens nutzen konnten.

»Allem Anfang wohnt ein Zauber inne«, schrieb Hermann Hesse. Dieser Zauber des neu Erwachenden passt genau auf den Morgen, den beginnenden Tag. Die Energie des Ostens lässt sich wohl kaum direkter wahrnehmen als zur Zeit der Dämmerung. Das erste Licht ist wieder sichtbar geworden, in den wärmeren Jahreszeiten singen die Amseln, das gesamte große Erden-Himmelszelt ist erfüllt von der Verheißung eines neuen Tages.

Was wir auch bereits geplant haben, dieser Tag liegt leer und offen vor uns – unendlich vieles ist möglich. Dies morgens für einen Moment klar wahrzunehmen kann die Weichen für den gesamten Tag so ausrichten, dass Erfüllung und Gelingen zumindest wahrscheinlicher sind, als wenn vom ersten wachen Atemzug an Hast und Hektik herrschten. Eine Morgenroutine, wie das in vielen spirituellen Zentren heißt, ist dafür sehr hilfreich. Eine Morgenmeditation, der Sonnengruß aus dem Yoga, ein Kraftlied ... Wie genau sie aussieht, ist gleichgültig, wenn sie das Wesentliche bewirkt: ein Innehalten, eine Verbindung mit dem Höchsten und eine Rückversicherung zu sich selbst, zur eigenen Mitte und inneren Kraft. Es könnte ein Morgengebet sein, gleich im Sitzen vom Bett aus oder vor einer Kerze am Altar. Es könnte ein Gruß an die Welt und alle alltäglich und nichtalltäglich wirkenden Wesen darin sein, den Sie vom geöffneten Fenster aus senden. Sie können trommeln oder rasseln, singen, tanzen oder still bleiben und dabei eine Botschaft für den Tag bei Ihren geistigen Helfern erbitten und sie bei dieser Gelegenheit freundlich begrüßen. Das alles muss nicht mal eine Minute dauern, wie Sie es wollen. Und Sie können sogar Ihre Kinder mit einbeziehen.

Der »hohe« Tag

Die aktive Energie des Südens nimmt häufig den größten Teil des Tages ein: Arbeit, Erledigungen, Meetings, Gespräche. Die Kunst besteht heute darin, dabei fokussiert zu bleiben und trotz aller Ablenkungen das zu bewerkstelligen, was man eben zu tun hat.

Zugleich aber braucht unser System auch Trödelzeiten. Zudem gehört zur Kraft des Südens auch die Siesta, beim höchsten Stand der Sonne verkehrt sich die Aktivität in ihr Gegenteil: Pause, Mittagsruhe, Kraft sammeln für die nächsten Stunden. Um die wertvolle Wirkung des sogenannten Powernappings, des »kurzen Nickerchens zwischendurch«, wissen längst sogar viele Firmen, die ihren Angestellten dafür Zeit und Raum geben. Es ist der Wechsel von »etwas« und »nichts«, der Aktivitäten fruchtbar macht – wie im Rhythmus. Da folgen Impulse aufeinander, doch zwischen ihnen sind Pausen, nichts Hörbares mehr.[13] Unser Herz funktioniert genauso. Stellen Sie sich einmal vor, Ihr Herz würde nur schlagen, aber zwischendurch nicht pausieren. Wenn Sie das nachzuempfinden versuchen, kommen Sie in genau die innere Haltung, die wir heute leider allzu oft einnehmen: verkrampftes, nach vorn gebeugtes Weiterhasten, Weitermachen. Wie wohltuend ist es da, für einen Moment innezuhalten, zuzulassen, dass sich die Kontraktion wieder löst, dass der Atem wieder tief in den Bauch strömt – und dann ist man bereit für die nächste Aktion. Ganz von selbst kommen nun neue Ideen, und es bleibt Raum für die kleinen Freuden nebenbei, die nicht geplant waren.

Tun, Nichttun, Anspannen, Entspannen. Das ist im heutigen Alltag zugegebenermaßen nicht leicht umzusetzen. Wenn man sich aber bewusst macht, dass es nicht die Zeit, sondern nur eine innere Entscheidung dafür braucht, nämlich das bewusste Umschalten, dann ist es möglich. Während einer Aktivität ab und zu mal auf den Atem zu achten, das kann schon ausreichen. Ist er flach geworden, wird er in diesem Moment, in dem Sie die Spannung spüren, oft schon wieder ein bisschen tiefer. Oder Sie lauschen nach draußen, ob Sie Vögel hören. Schon wird die Welt weiter, der Horizont breiter als ein Computerbildschirm.

Um im oft intensiven Berufsalltag nicht die andere Seite, die Entspannung, zu vergessen, habe ich (Franziska) mir schon die unterschiedlichsten »Arbeitszeitmodelle« ausgedacht, für die ich als Selbstständige ja ebenfalls selbst zuständig bin. Zum Beispiel arbeite ich gern nach der Zeiteinheit »Kerzenlänge«. Auf meinem Schreibtisch steht eine Keramikfigur in Form eines Krafttiers, das mich insbesondere in beruflichen Fragen unterstützt. Es ist zugleich ein Kerzenhalter, in den diese schmalen Weihnachtsbaumkerzen passen. Sie brennen etwa zwei Stunden lang – ein Zeitraum, über den ich mich gut konzentrieren und in dem ich erstaunlich viel schaffen kann. Statt also zu sagen, ich muss noch dieses und jenes fertig bekommen, sage ich mir: Ich arbeite jetzt noch eine Kerzenlänge an diesem Projekt. Das motiviert mich, weil der Zeitraum überschaubar ist; und ich sehe an der Kerze immer genau, wo ich gerade stehe. Das gibt dem kindlichen Anteil in mir Freude. Ich schaue während dieser Zeit möglichst nicht ins Mailprogramm, und oft entscheide ich auch bewusst, während dieser Phase nicht ans Telefon zu gehen, damit ich fokussiert bleiben kann. Die Kerze ist mit mir, und sie sagt mir, wann wieder Zeit zum Pausieren ist. Seit ich das so handhabe, zwischendurch wirklich durchatme und den Kopf leer werden lasse, geht das Arbeiten effizienter und kräfteschonender. Die Ideen fließen mit größerer Freude und Leichtigkeit.

Der Abend

Die Kraft des Westens ist wohl die heute am meisten vernachlässigte. Nach getaner Arbeit innezuhalten, sich auf die Schulter zu klopfen und dankbar auf das Erreichte zu blicken, das tun wir eher selten. Meist sind wir aktiv, bis wir abends total geschafft vor den Fernseher oder gleich ins Bett fallen. Gerade im therapeutischen Bereich wird den Klienten nahegelegt, sich selbst zu würdigen, sich selbst zu danken, sich bewusst zu machen, was sie alles leisten und wie gut sie ihr Leben in der Regel bewältigen. Der Abend eines jeden Tages bietet eine wunderbare Gelegenheit dafür.

Das Wissen über die Vierheit der Himmelsrichtungen und der Tagesabschnitte allein wirkt schon. Es muss ja nicht sein, dass Sie ein ganzes Tagesviertel dem Westen schenken. Aber ein kleiner, regelmäßiger Moment des Innehaltens am Abend gibt dem dritten Viertel des Ganzen zumindest etwas Raum: ein Abendgebet, eine Meditation, ein Tagesrückblick vom Lieblingssessel aus, ein Eintrag im Tagebuch, ein kurzer, reflektierender Plausch mit einem Krafttier.

Erleichternd dafür wirkt es auf jeden Fall, wenn man die Arbeit nicht allzu schwer mit nach Hause trägt. Wer abends noch Akten studiert oder über berufliche Fragen nachgrübelt, tut sich schwerer damit, zur Ruhe zu kommen und neue Kräfte zu tanken. Sicher haben wir alle solche Phasen, und wir halten sie auch gut aus. Aber dann sollte es auch wieder andere Zeiten geben. Um das nicht zu vergessen, hilft beispielsweise ein kleines Nach-der-Arbeit-Ritual:

Entspannung nach dem Arbeitstag

Wenn Sie mit öffentlichen Verkehrsmitteln nach Hause fahren, versuchen Sie doch mal Folgendes: Lassen Sie eine Straßenbahn, eine S- oder U-Bahn absichtlich sausen.

und setzen Sie sich auf eine Bank, ganz gleich, wie viele Passanten um Sie herum sind.

Entspannen Sie ganz bewusst Ihren Körper. Lassen Sie die Schultern sinken, atmen Sie tief durch, entspannen Sie die Bauchdecke. Spüren Sie, wie Sie sitzen und wie jetzt ansonsten nichts nötig ist. Es muss nichts getan werden, Sie müssen nicht einmal denken. Sie sitzen hier und entspannen sich für ein paar Minuten.

Ein kleines Übergangsritual ist ebenfalls hilfreich, um die Grenzen zu klären – zwischen zwei Lebenswelten, die beide zu Ihnen gehören, die Sie aber dennoch nicht vermischen wollen. Sie können es regelmäßig im Alltag einsetzen. Beispielsweise für den Übergang zwischen Arbeit und Feierabend. Nutzen Sie dafür den Lift oder das Treppenhaus als Schleuse, um sich auch energetisch von einer Lebenswelt in die andere zu begeben. Beim Einsteigen oder Hereinkommen ins Haus lassen Sie bewusst die Welt zurück, aus der Sie kommen. Sie können sie abschütteln oder abstreifen wie einen Anzug. Der Lift oder das Treppenhaus ist dann der neutrale Raum, das Nichts-und-niemand-Land, Sie spüren sich atmen, mehr geschieht nicht. Oben steigen Sie als ein anderer Mensch aus: als Privatperson, die jetzt Feierabend hat.

Die Nacht

Sie ist nicht allein zum Schlafen da, das stimmt sicher. Als Nordenkraft allerdings ist sie ganz wesentlich eine Kraft des Rückzugs. In der Nacht ziehen wir uns aus allen Aktivitäten zurück, wir gehen ins Schlafzimmer, unseren privatesten Raum. Wir verdunkeln das Zimmer, verkriechen uns ins Bett und ziehen dort sogar noch unsere Sinne von der Welt zurück nach innen. Wir schließen die Augen, wir wollen nichts mehr hören, nichts mehr denken. Wir tauchen ab in eine andere Welt. Am Morgen wachen wir im besten Falle frisch, regeneriert und mit Lust auf den neuen Tag wieder auf. Wir haben die vergangenen Erlebnisse in uns sortiert und zeigen uns neu der Welt. Wir kommen aus dem Reich des Nordens, das uns mit neuer Kraft beschenkt hat.

Diese Kraft des Nordens können wir auch nutzen, wenn wir aus dem Gleichgewicht geraten sind oder den gesunden Rhythmus verloren haben. Fühlen wir uns ausgelaugt, klappt es nicht, im Süden mit seiner sprudelnden Lust an der Aktivität neu zu starten. Einen Neubeginn zu erzwingen, den Osten also herbeizurufen, das funktioniert meist auch nicht, wenn uns einfach die Kraft fehlt. Den Reset-Schalter hat nur der Norden. Bevor wir vor Erschöpfung umfallen – unser System uns also in die Arme des Nordens zwingt –, ist es ratsam, sich dort eine klar definierte, selbstbestimmte Auszeit zu gönnen. Oft reicht schon ein Abend, an dem wir sehr früh schlafen gehen. Manchmal muss es das völlig verpennte Wochenende sein, an dem wir morgens genüsslich im Bett bleiben und nach einem sehr späten Frühstück gleich wieder aufs Sofa fallen, um weiterzuschlafen.

Gerade in Zeiten großer Belastung oder wenn die inneren Batterien schon sehr erschöpft wirken, kann es hilfreich sein, sich auf schamanische Weise an die Kraft des Nordens zu wenden: Rasseln Sie, trommeln Sie, reisen Sie zum Norden hin, erbitten Sie die Unterstützung von dieser Himmelsrichtung. Bitten Sie um guten Schlaf und Regeneration auf allen Ebenen. Fragen Sie auch direkt bei dieser Macht nach, was Sie jetzt für sich tun sollten.

Mondzyklus und Rhythmen des Jahres

Die nächstgrößere Zeiteinheit nach dem Tag ist für uns der Monat, der sich in vier Wochen unterteilt, die ebenfalls dem Prinzip der vier Himmelsrichtungen entsprechen. Dabei kommt der Mondzyklus zum Tragen, der den Menschen lange vor der Sonne die Zeiteinteilung ermöglichte. Seine Phasen sind auch für uns sichtbar: Der Neumond (Norden) geht über in den Neubeginn, den zunehmenden Mond (Osten), bis sich der Vollmond zeigt (Süden), dann das allmähliche Zurückziehen des abnehmenden Mondes (Westen) bis zum nächsten Leer- oder Neumond.

Gerade viele Frauen, die ja über den Menstruationszyklus mit den Mondrhythmen verbunden sind, verfolgen diesen Wechsel bewusst und lassen sich von ihm unterstützen.

Wieder bildet die Essenz der vier Grundkräfte die Basis. Sie können sie überall im Leben entdecken, sie verbindet Natürliches und Menschengeschaffenes – und sie lässt sich als universelle Kraft für das eigene Leben bewusst nutzen. Denn da ist sie ohnehin.

Vier Grundqualitäten aus der Natur ins eigene Leben bringen

Auch das Jahr ist, zumindest in unseren Breiten, deutlich von vier Grundqualitäten geprägt: den Jahreszeiten. Unbestritten verschwimmen ihre Übergänge seit neuerer Zeit ein wenig. Dennoch: Ein Sommertag ist vollkommen anders als ein Wintertag. Und der Frühling fühlt sich völlig anders an als der Herbst. Die vier Jahreszeiten entsprechen dabei – wie könnte es anders sein? – den vier Himmelsrichtungen:

Der Frühling mit seiner initiatorischen Neustartkraft steht für den Osten. Der Sommer, der zu Aktivität und Begegnung einlädt, der das Leben draußen in der warmen Luft zu einem Genuss macht, für den Süden. Der Herbst als Zeit der Ernte, des Erntedanks und des allmählichen Rückzugs wieder nach drinnen gehört zum Westen. Und der stille Winter, in dem die Natur ruht und sich für das kommende Jahr sammelt, symbolisiert den Norden.

In der Stadt wird der Jahreszeitenwechsel meist weniger stark erlebt als auf dem Land, wo man viel mehr Natur um sich hat, mehr Himmel, mehr Sonnenlicht. Wenn wir allerdings tiefer in die Qualität der Zeitabschnitte eintauchen, spüren wir überall die Verbindung zum großen Ganzen, die uns trägt und uns ein Gefühl für die Sinnhaftigkeit des Lebens schenkt.

Im Erspüren der vier grundlegenden Stimmungen der Jahreszeiten, der vier Atmosphären, wenn Sie so wollen, bauen wir auf dem auf, was wir bereits von den Himmelsrichtungen wissen. Im Folgenden möchten wir Sie anregen, die Grundqualität jeder Jahreszeit für sich individuell herauszufiltern und die Erinnerung daran als Kraft in sich zu verankern. Das Prinzip bleibt immer das gleiche: Was Sie in sich verankert haben, können Sie immer dann nutzen, wenn Sie es brauchen oder es Ihnen einfach guttun soll.

Wer damit besonders tief gehen möchte, kann die Energie der Zyklen an seinem Kraftplatz – dem in der Natur und/oder dem in der Stadt – ganz bewusst erleben. Wenn Sie diesen Ort zu jeder Jahreszeit aufsuchen, erspüren, riechen, schauen, dann lauschen Sie, wie unterschiedlich es jeweils ist. Besuchen Sie ihn ruhig auch zu unterschiedlichen Tageszeiten, um die vier Qualitäten auf diese Weise zu erforschen. Wie ist es am frühen Morgen, wie am Mittag, wie abends und wie in der Nacht? Wie verändert sich das

Licht, wie die Geräusche, die Stimmung? Und wenn Sie in der Stadt sind: Wie unterschiedlich verhalten sich die Menschen in Ihrem Umfeld zu den einzelnen Zeiten?

Zeit des zunehmenden Lichts: Frühling

Wenn die Kargheit des Winters in die bunte Lebendigkeit des Frühlings übergeht, wandelt sich die gesamte Atmosphäre – nicht nur in der Natur, sondern auch in den Städten wird das spürbar. Wir waren erstaunt, dass wir beide dies jedoch ganz unterschiedlich wahrnehmen.

»Für mich ist das Frühjahr ein Wiedererinnern«, sagte Franziska. »Sobald es zum ersten Mal warm und sonnig ist, überkommt mich diese große Erinnerung: Ja, so ist das Leben! So kenne ich es! So liebe ich es! Endlich!«

Vera aber: »Für mich ist das ganz anders. Ich bin jedes Mal total überrascht über die plötzliche Veränderung. Ich höre die Knospen regelrecht aufplatzen, von einem Moment auf den anderen ist alles bunt und knallig. Die Natur ist sehr aktiv, schnell und direkt. Ich hätte es gern ein bisschen langsamer.«

Unbestritten bringt uns der Frühling wieder in Bewegung. Er zieht uns nach draußen, wir können wieder Luft an die Haut lassen. Blumen und Blüten sprießen, überall zwitschert und balzt es, damit Neues in die Welt kommen kann. Wir Menschen können bei alldem in unserem eigenen Tempo mitmachen, müssen uns aber bewusst sein, dass diese Grundqualität des Frühlings, Ostenkraft pur, nur eine bestimmte Zeit andauert. Im Frühling erfolgt der Startschuss für das neue Jahr. Wer zu schnell losstürmt, läuft Gefahr, sich zu verausgaben oder in die falsche Richtung zu spurten. Wer zu langsam in Gang kommt, verpasst den Anfang und wird Mühe haben, den Anschluss zu finden.

Was genau macht den Frühling für Sie aus? Was erleben Sie für eine Grundenergie, die sich im Amselgesang in der Dämmerung zeigt, in der bunten Frische der ersten Krokusse, in der lang vermissten Wärme der Sonnenstrahlen auf dem Gesicht?

Die Qualität des Frühlings in sich verankern

Ganz gleich, welche Jahreszeit gerade ist, setzen Sie sich in Ruhe hin und versetzen Sie sich in das Frühlingsgefühl hinein. Rufen Sie sich Frühblüher in ihren erst zaghaft hellen und dann immer bunter werdenden Farben vor Ihr geistiges Auge. Lauschen Sie dem Zwitschern der paarungsbereiten Vögel. Riechen Sie die neue Würze in der Luft, den Geruch von Erde, die unter dem Schnee wieder zum Vorschein kommt. Spüren Sie die Wärme des sanften Windes auf der Haut, die sich wieder unbedeckt zeigen kann.

Filtern Sie hinter alldem die Grundqualität heraus, die für Sie den Frühling ausmacht. Es ist vielleicht nur ein leises, kleines Gespür. Entdecken Sie es in Ihrem Inneren.

Lassen Sie dieses Gefühl für Frühling in jede Zelle Ihres Körpers fließen. Verankern Sie es ganz tief in sich selbst. Vielleicht auch indem Sie dieses Gefühl mit einem Bild, einer Geste, einem Lied oder etwas anderem verknüpfen. Dann können Sie später im Alltag noch leichter darauf zurückgreifen.

Zeit des abnehmenden Lichts: Sommer

Wie die Sonne täglich von Osten weiter nach Westen wandert, folgt auf den Frühling der Sommer. Die Tage sind jetzt lichtdurchflutet, es ist warm, und wir verbringen möglichst viel Zeit draußen. Es ist eine Zeit der Begegnung und der Aktivität. Alle Lebensgeister sind wach.

Dass der Sommer die Zeit der Begegnung ist, können Sie übrigens auch auf Begegnungen mit der geistigen Welt beziehen. Im Indianischen gibt es die Austauschform des Circle: Menschen sitzen im Kreis zusammen, und es spricht immer nur der, der gerade den Redestab – ebenfalls ein Artefakt – in der Hand hält. Die anderen hören zu. Jeder gibt jedem seine achtsame Aufmerksamkeit, jeder kann sich ausdrücken. Genau das macht Kommunikation ja im besten Sinne aus. Diesen Circle können Sie nun mit Ihren geistigen Verbündeten und weiteren Wesen aus der geistigen Welt machen. Gerade für größere Themen ist das eine wunderbare Art eines sehr effizienten Meetings.

Sie können das als praktische Übung ausführen: Sie schaffen sich dafür etwas Platz, legen im Kreis Blätter oder Kissen aus und stellen Teelichter bereit. Dann eröffnen Sie einen heiligen Raum, der Ihnen hilft, in den schamanischen Bewusstseinszustand umzuschalten. Sie laden nach und nach die Wesen ein, die dabei sein wollen und Ihnen zu diesem Thema etwas zu sagen haben: Krafttiere, Kraftpflanzen, der Geist eines Sees oder der Ihrer Stadt, die Kraft eines Sterns, was auch immer. Für jeden Gast, den Sie begrüßt haben, zünden Sie eine Kerze an. Dann sitzen Sie alle im Kreis, und reihum darf jeder zu Ihrem Thema sprechen, ein Bild auftauchen oder eine Energie spürbar werden lassen. Vielleicht notieren Sie sich, was Ihnen besonders wichtig ist. Am Ende dieser Beratung bedanken Sie sich bei allen

Anwesenden und verabschieden sie nach und nach. Um die vielen Eindrücke in die Körperzellen einsinken zu lassen, ist es gut, noch ein wenig zu tanzen.

Der Sommer bietet unzählige weitere Möglichkeiten des inneren Arbeitens. Gerade dem konventionellen Geist unserer Zeit scheint er zuzurufen, dass Wachstum wunderbar und lebenserhaltend ist, dass es aber nirgends in der Natur unendlich weitergeht. Das kann es auch im Bereich des Menschengemachten nicht, wie wir allmählich und leider sehr schmerzhaft lernen. Irgendwann ist jeder Sommer zu Ende, dann kommt der Herbst, der das Erreichte würdigt und den Rückzug einleitet. Nach ihm überzieht der Winter die Welt mit seiner frostigen Starre, bringt alles zur Ruhe – und im nächsten Frühjahr wächst es erneut. Diesen Zyklus schon im Kleinen zu beachten kann davor bewahren, ihn als Zusammenbruch des Großen erleben zu müssen. Die Kraft des Südens hilft uns dabei, diese Zusammenhänge tiefer zu begreifen und uns statt kurzsichtigen Meinungen einer größeren Weisheit anzuschließen.

Die Qualität des Sommers in sich verankern

Setzen Sie sich wieder in Ruhe hin und begeben Sie sich unabhängig von der aktuellen Jahreszeit in Ihr Gefühl für den Sommer hinein. Rufen Sie sich das Flimmern der Hitze über einer Landschaft vor Ihr geistiges Auge, spüren Sie den warmen Wind auf der Haut, den Zauber einer lauen, sternenklaren Nacht. Hören Sie das Grillenzirpen und nehmen Sie den Geruch eines warmen Sommerregens wahr, schmecken Sie süße Pfirsiche und reife Beeren auf Ihrer Zunge.

Filtern Sie hinter alldem die Grundqualität heraus, die für Sie den Sommer ausmacht. Vielleicht ist es nur ein leises, kleines Gespür. Entdecken Sie es!

Lassen Sie dieses Gefühl für den Sommer in jede Zelle Ihres Körpers fließen. Verankern Sie es ganz tief in sich selbst. Vielleicht auch indem Sie dieses Gefühl mit einem Bild, einer Körperhaltung oder etwas anderem verknüpfen. Dann können Sie später im Alltag noch leichter darauf zurückgreifen.

Zeit der zunehmenden Dunkelheit: Herbst

Ab dem 21. September wird es wieder dunkler. Die Tagundnachtgleiche markiert einen Gleichstand zwischen den Sonnenstunden und denen der Dunkelheit. Über drei Monate wird die Dunkelheit ihre Macht ausbauen. Für Pflanzen, Tiere und auch Menschen bedeutet das ganz natürlich, die Kräfte allmählich wieder ins Innere zurückzuziehen und alles darauf auszurichten, dass im kommenden Jahr ein erneutes kraftvolles Wachstum möglich wird.

In der Landwirtschaft ist dies von alters her die Zeit der Ernte und des Danks für die Früchte, die das Jahr beschert hat. Bauern und Gärtner sorgten sich lange um den Boden und die Pflanzen – und nun erhalten sie ihren Lohn. Dieses Nähren und Genährtwerden lässt sich dabei auch auf andere Bereiche ausdehnen. In unseren Beziehungen, in den Familien und Freundeskreisen, im Beruf, in der Gesellschaft: Überall leben wir im Austausch zwischen beiden

Polen, der möglichst harmonisch gestaltet sein sollte, um langfristig zu funktionieren. Wir bringen ein, und wir erhalten; wir schenken, und wir werden beschenkt.

Der Herbst ist nicht zuletzt auch eine Zeit für wichtige Fragen wie »Leben wir Wohlstand und Fülle oder Gier und Übersättigung?« oder »Was geben wir, was gebe ich für all die Gaben aus der Natur zurück?«. Vielleicht unterstützen Sie eine Umweltschutz- oder Tierrechtsorganisation und kaufen bevorzugt kontrolliert ökologisch erzeugte Nahrungsmittel. Oder Sie legen Ihr Gärtchen so an, dass darin viele Tierarten Wohnraum finden. Auch das Vogelhäuschen oder der Brutkasten auf dem Balkon sind Gesten der Dankbarkeit an die Natur. Und sie machen ja nicht zuletzt Ihnen selbst Freude, sie kommen am Ende immer auch wieder uns Menschen zugute. Auf unserer Welt ist eben alles miteinander verbunden. Ein stetiger und achtungsvoller Umgang mit den Wesen der geistigen Welt ist nicht zuletzt eine Möglichkeit, dem großen Ganzen Respekt zu zollen und sich darin beständig beraten zu lassen, was man im Sinne dieses großen Ganzen tun kann.

Die Qualität des Herbstes in sich verankern

Setzen Sie sich wieder in Ruhe hin und versetzen Sie sich in Ihr Gefühl für den Herbst hinein. Rufen Sie sich die in der Sonne leuchtenden bunten Blätter vor Ihr inneres Auge, die Kürbisse in den verrücktesten Formen, Kinder, die Kastanien sammeln und leidenschaftlich-mutig dem Wind trotzen.
Spüren Sie dem Geheimnis der Nebel

über der darunter zur Ruhe kommenden Welt nach. Erleben Sie den Geruch der nassen, laubbedeckten Erde, die wohltuende Dunkelheit am immer früheren Abend, nachdem Sie über so lange Zeit von so viel Licht nach draußen gerufen worden sind.

Filtern Sie hinter alldem die Grundqualität heraus, die für Sie den Herbst ausmacht. Vielleicht ist es nur ein leises, kleines Gespür.

Lassen Sie dieses Gefühl für den Herbst in jede Zelle Ihres Körpers fließen. Verankern Sie es ganz tief in sich selbst. Nehmen Sie dafür auch hier noch ein Zeichen hinzu, das Sie später im Alltag gut einsetzen können.

Zeit der abnehmenden Dunkelheit: Winter

Der Winter gilt als die Zeit der Dunkelheit. Dabei wird es ab dem 21. Dezember bereits wieder heller. Es ist der dunkelste Tag des Jahres, danach geht es erneut aufwärts. Spürbar wird das meist erst ab Anfang Februar, der 2. Februar heißt nicht von ungefähr traditionell »Lichtmess«. Eine recht lange Zeit der Kälte steht uns dennoch bevor. Es ist die Zeit, in der draußen wenig zu geschehen scheint. Die Menschen bleiben gern drinnen, vor allem aber die Natur ist nach wie vor im Rückzug, verborgen unterm Schnee, wenn es denn welchen gibt. Wenn nicht, dann sind die Wiesen grau und die Bäume kahl. Kein Vogel singt, die Welt der Natur ist still und von einer eigentümlichen Leere geprägt.

Im Verborgenen aber geht das Wachstum weiter. Die Zwiebeln und Samen in der Erde, die Knospen an den Bäumen und Sträuchern – überall sammelt die Natur Kraft für

270

das Neue, das ganz sicher kommen wird. Sich daran zu erinnern schafft auch in uns ein Vertrauen auf den Neubeginn, während wir still und inaktiv sind. Durststrecken gehören zum Leben wie der Winter zum Jahr.

Wieder ist es die Kraft des Nordens, die uns dabei die Chance gibt, in den gesunden Rhythmus zurückzufinden, wenn wir ihn verloren haben. Denn meist leiden wir ja nicht an zu viel Power, sondern an Erschöpfung. Und die lässt sich besonders gut im Winter auffangen, der mit den Raunächten beginnt, der Zeit »zwischen den Jahren«, in der es gesellschaftlich akzeptiert ist, nicht erreichbar zu sein und nicht zu arbeiten. Aber auch darüber hinaus sollten Sie sich in erschöpfenden Lebensphasen trauen, der Frage »Wie könnte ich es hinbekommen, ein bisschen Winterschlaf zu halten?« nachzuspüren. Das kann bedeuten, den Fokus auf Ruhe zu legen, Termine möglichst abzusagen, auch wenn es naturgemäß meist die sind, die Spaß machen: der Cafétreff mit Freundinnen, der Kinoabend oder die Party. All das kann uns Kraft und neuen Schwung geben. Manchmal aber füllt nur der Abend auf dem Sofa die Reserven zuverlässig wieder auf. Am besten mit wenig oder keinen Reizen wie fernsehen, weil diese Eindrücke auch wieder verarbeitet werden müssen. Etwas ruhige Musik, Kerzenschein, vielleicht das Tagebuch … und dann eintauchen in das eigene Innere, atmen, entspannen, gut.

Mit seinem Schnee bietet uns der Winter übrigens auch die Möglichkeit der Selbsterkenntnis: Gehen Sie dafür über eine frisch verschneite Wiese. Drehen Sie sich nach einer Zeit um und gehen Sie neben der Spur Ihrer Füße zurück. Betrachten Sie diese Spuren. Lassen Sie sie auf sich wirken. Was für ein Mensch ist hier entlanggegangen? Wie setzt er seine Schritte in der Welt? Was macht ihn aus? Spüren Sie Ihr Mitgefühl für dieses Wesen?

Die Qualität des Winters
in sich verankern

Setzen Sie sich in Ruhe hin und begeben Sie sich in Ihr Gefühl für den Winter hinein. Rufen Sie sich die Stille über einer verschneiten Landschaft ins Gedächtnis. Sehen Sie die Regenbogenfarben im sonnenbeschienenen Schnee voder die Kraft einzelner Farbtupfer in einer weiten, kargen Landschaft. Spüren Sie die Geborgenheit, wenn Sie sich erinnern, wie Sie in der Abenddämmerung im warmen Zimmer sitzen und nach draußen in ein Schneegestöber schauen.

Filtern Sie hinter alldem die Grundqualität heraus, die für Sie den Winter ausmacht. Vielleicht nur ein leises, kleines Gespür.

Lassen Sie dieses Gefühl für den Winter in jede Zelle fließen. Verankern Sie es ganz tief in sich selbst. Nehmen Sie dafür auch hier möglicherweise noch ein Zeichen hinzu, das Sie später im Alltag gut einsetzen können.

Was wird gerade gebraucht?

Haben Sie die vier Grundqualitäten verinnerlicht, stehen sie Ihnen im Alltag zur Verfügung. Dann können Sie an einem kalten Wintertag, der Sie in schlechte Stimmung versetzt, die Qualität des Sommers abrufen und Wärme spüren. Oder Sie verbinden sich an einem schon etwas kühleren Abend im Spätsommer, wenn alles zu Ende zu gehen scheint, für ein paar Momente mit der verheißungsvollen Kraft des Frühlings. Das verbessert Ihre Laune und gibt Ihnen beispielsweise die Kraft, an einem Projekt dranzubleiben, für das der Herbst eben noch nicht gekommen ist. Oder Sie visualisieren nach einem hektisch-heißen Sommertag abends eine kühle Winterlandschaft, um sich innerlich etwas abzukühlen und zur Ruhe zu kommen.

Jederzeit stehen Ihnen die Kräfte der Himmelsrichtungen zur Verfügung. Sie tragen einen Schatz in sich, mit dem Sie auf alles einwirken können, was Ihnen in der Welt oder im eigenen Inneren begegnet. Er ermöglicht es Ihnen, geborgen im Fluss des Lebens mitzufließen, voller Freude immer weiter lernend und wachsend.

Rhythmen des Lebens

Die großen Lebensphasen eines Menschen unterliegen dem gleichen Wechsel wie das Jahr. So können die Kindheit und die frühe Jugend als Frühling angesehen werden, die der Kraft des Ostens untersteht. Der Sommer, der Süden, das sind die kraftvollen Jahre der späten Jugend und der ersten Erwachsenenzeit, wenn es um Ausbildung, Arbeit, Familie geht und Werte im Innen und im Außen geschaffen werden. Dieser Zeit folgt der Herbst, wir sind nach wie vor tatkräftig, doch wir denken bereits ab und an zurück, wir würdigen uns im besten Fall für das bereits Gelebte, wir werden etwas ruhiger und genießen die Früchte des bislang Erreichten. Vielleicht einen gewissen Wohlstand, ein etabliertes Selbstbewusstsein oder die innere Ruhe, die aus jahrelanger Meditation erwuchs. Irgendwann wird es dann auch für uns Winter. Wir werden alt. Der Geist ist nicht mehr an allem interessiert, der Körper verliert nach und nach seine Kraft und Vitalität. Jeder geht anders mit dieser Lebensphase um, doch oft richtet sich die Aufmerksamkeit mehr und mehr nach innen. Am Ende steht der Tod, der uns von dieser Welt scheidet. Und vielleicht dämmert irgendwo anders ein neuer Frühling herauf.

Wie wir schon bei den Übergangsritualen angedeutet hatten, werden die Menschen in unserer Kultur mit den Übergängen von einer in die nächste Phase meist allein gelassen. Daher bieten entsprechende Rituale eine gute Möglichkeit, sich bewusst vom Alten zu lösen und das Neue zu begrüßen. Da es vor allem die späteren Wechsel sind, die kaum begleitet werden, möchten wir Ihnen hier ein weiteres Übergangsritual anbieten. Es hilft allen, die frisch pensioniert sind und sich erst in diese neue Phase hineinfinden müssen. Sie können es aber natürlich auch für andere Gelegenheiten abwandeln.

Ritual zur Pensionierung

Suchen Sie sich ein Kleidungsstück, das Sie üblicherweise bei der Arbeit getragen haben.

Ziehen Sie es zu Hause bewusst noch einmal an und versetzen Sie sich wieder in die Rolle, die es symbolisiert. Spüren Sie die zugehörigen Empfindungen, nehmen Sie die dazu passende Körperhaltung ein. Versetzen Sie sich also ganz zurück in die eben zu Ende gegangene Lebensphase.

Spüren Sie tief in sich hinein. Wie fühlt es sich an, dieser arbeitende Mensch zu sein? Was gefällt Ihnen daran? Sind Sie gefragt? Stolz? Einfach gern in dem aktiv, was Sie taten? Rufen Sie diese Empfindungen in sich wach und verinnerlichen Sie sie tief. Vielleicht wollen Sie sich auch fragen, wo Sie die Essenz dieser Empfindungen auch heute noch leben können. Sehen Sie dafür Möglichkeiten?

Auf der anderen Seite: Was hat Ihnen weniger gefallen? Bei welchen Dingen sind Sie froh, dass Sie sie nicht mehr leben müssen? Das frühe Aufstehen? Die wenige freie Zeit? Ein bestimmter Geruch vielleicht? Machen Sie sich auch das bewusst.

Legen Sie das Kleidungsstück nach einer Zeit ganz bewusst wieder ab und verstauen Sie es irgendwo.

Wiederholen Sie das Ritual immer dann, wenn Sie spüren, dass Sie eine Wehmut wegen Ihrer Pensionierung überkommt.

Eines Tages werden Sie spüren, dass Sie in Ihrer neuen Lebensphase angekommen sind und dieses Ritual nicht mehr brauchen. Dann können Sie das Kleidungsstück, für Sie ein Symbol des Gestrigen, weggeben.

Leben heißt Bewegung und Veränderung. Immer folgen die vier Grundenergien aufeinander, doch sie verfallen dabei in keinen starren Takt. Auch der Winter des Lebens kennt frühlingshaftes Sprühen, auch in der Blüte der Jugend geht es um Vergänglichkeit und Tod. Auch am Morgen können wir rückblickend danken, wenn uns danach ist, und auch im Winter vor Tatendrang schier platzen. Gerade durch ein verinnerlichtes Grundverständnis für die Kraft der Himmelsrichtungen können wir uns das Leben erleichtern und wissen, dass es vor allem auf eines ankommt: im Fluss zu bleiben, flexibel zu bleiben, dem Rhythmus des Herzens zu folgen.

Machen Sie der Erde das Geschenk!

Man könnte überspitzt sagen: Die Menschheit geht heute mit der Erde so um wie der reine Schulmediziner mit einem Patienten. Er betrachtet einzelne Symptome isoliert voneinander, bewahrt seine Abgegrenztheit und nimmt sich selbst ganz heraus. Das Gegenüber als ganzheitliches Wesen sieht er ebenso wenig wie seine eigene Verbundenheit mit ihm.

Wie aber wäre es, wenn wir künftig wie Schamanen mit allen Belangen der Erde umgingen? Wir würden die Erde als Ganzes in den Fokus nehmen, schauen, welche Umstände sie durchlebt, welche Ursachen Dysbalancen hervorrufen. Wir würden uns in sie einfühlen, mit ihr empfinden, mit ihr in einen Austausch treten, miterleben, was sie erlebt. Wir würden uns mit ihr verbunden fühlen und uns als Teil desselben Ganzen empfinden, wodurch uns bewusst wäre, dass ihre Krankheit ebenso wie ihre Heilung auch mit uns zu tun haben. Wir würden wissen, dass unser Heilungsweg auch der ihre ist. Schamanen haben sich schon immer um ihre Gemeinschaft gekümmert. Nur wenn sie gesund war, konnte es auch dem Einzelnen gut gehen. Und was ist wohl die Gemeinschaft im Zeitalter der Globalisierung? Die Erde mit allen Wesen, die auf ihr leben.

Von der Schamanin Sandra Ingerman gibt es das wunderschöne Buch *Heilung für Mutter Erde,* das den Untertitel *Wie wir uns und unsere Umwelt verwandeln können* trägt. Als meine langjährige Lehrerin hat sie mich (Vera) mit ihren Gedanken und ihrem Wirken für das große Ganze stark beeinflusst. So wie sie gebe auch ich heute das schamanische Wissen weiter. Für mich (Franziska) ist eine der wirkungsvollsten Einflussquellen der letzten Jahre Eckhart Tolle gewesen, der als Weisheitslehrer einen völlig anderen Zugang zur Spiritualität bietet. In seinem Buch *Eine neue Erde* allerdings lehrt er einen Ansatz, der sich grundlegend natürlich auch in vielen weiteren Lehren und Büchern findet: Heilung für die Erde tut not, aber sie beginnt nicht in der Politik oder der Wirtschaft, sondern in jedem Einzelnen von uns. Sie beginnt im Bewusstsein des Menschen. Erfährt das einen grundlegenden Wandel, verändert sich das Außen mit. Menschen mit einem wachen, klaren Bewusstsein, mit einem Gespür für ihr Umfeld, mit einer erlebten Verbundenheit zum großen Ganzen – sie fassen Beschlüsse im Sinne des Lebens, sie handeln im Sinne des Ganzen, sie wandeln die Erde auf heilsame Weise.

Bei Tolle steht »der Himmel« für das Bewusstsein, und ein »neuer Himmel« führt dann zu einer »neuen Erde«. Bei Sandra Ingerman ebenso: Heilung für Mutter Erde heißt Heilung im eigenen Inneren. Dort beginnt es, dort nimmt jeder Wandel seinen Lauf. Und das alles heißt: Wenn Sie einigen Anregungen des Großstadtschamanismus folgen, tun Sie nicht nur etwas für sich, sondern auch für unsere Erde, die Basis unseres physischen Lebens.

Wahre Schöpferkraft

Sind wir wirklich bei uns, verbunden mit unserem Selbst, mit den geistigen Sphären, mit dem großen Ganzen, dann sind wir auch ein kreativer Teil des Ganzen. In einen wacheren, klareren Bewusstseinszustand umzuschalten ist die Basis dafür. Als Großstadtschamanen sind wir Gestalter, wir wandeln das Atmosphärische und darüber unser näheres und weiteres Umfeld sowie die Umwelt. Wir leben unsere Schöpferkraft. Aus dem tieferen oder höheren, dem reinen Bewusstsein heraus (wie auch immer Sie es nennen wollen) erfahren wir uns selbst als die formenden Kräfte des Lebens – und damit auch der Erde, die wir alle teilen.

Gemeinsam auf tieferen Ebenen wirken

Dieser Anteil an der Schöpferkraft ist in der Tiefe ganz anders, als wir uns das im Alltag meist vorstellen. Da geht es weniger um das Manifestieren privater materieller Wünsche. Auch das ist natürlich möglich. Doch in der Verbundenheit mit etwas Größerem, mit dem Urgrund des Lebendigen, sind wir Lebenskraft selbst. Als solche gestalten wir die Geschicke des Universums auf Ebenen, die unserem Alltags-Ich kaum zugänglich sind und von ihm nicht verstanden werden können.

Erst kürzlich wurde uns das erneut klar: In einer Gruppe von neun Leuten, die sich ab und an zum gemeinsamen Trommeln und Reisen trifft, kam bei einem der letzten Male eine Vision auf, die gleich mehrere von uns in unterschiedlichen Bildern wahrnahmen. Wir trommelten zu Anfang gemeinsam, nachdem der heilige Raum eröffnet war. Fast alle nahmen dabei ein ziemliches Chaos wahr: Sturm, Gewitter, bevorstehende kosmische Geburten, fauchende Tiere. Schließlich schlüpfte im Erleben einer Frau ein Drache aus einem Ei (auch andere konnten diesen Drachen erleben), und mit der Kraft der trommelnden und den Fokus haltenden Gruppe war es ihm möglich, bei mehreren Flügen rund um die Erde ein Netz aus Licht zu spannen. Ein Netz, das sie schützt, nährt und heilt. Als Gruppe – so nahm es die Frau weiter wahr, und andere erlebten analog dazu passende Bilder – haben wir die Schale des Dracheneis in kleine Stücke zerschlagen und in den vier Himmelsrichtungen vergraben. Dort wuchsen bald Bäume, die jeder für sich ein Gefühl oder einen Zustand repräsentierten, der von den Menschen bislang viel zu wenig wahrgenommen, durchfühlt und gelebt wurde: Es waren Trauer, Verzweiflung, Demut und Dankbarkeit. Wir pflegten diese Bäume, und immer mehr Menschen kamen hinzu, die diese Zustände nach und nach erlösten. Schließlich wuchs in der Mitte, im Zentrum der vier Bäume ein riesiger Weltenbaum hinauf. Seine Krone war bald so ausladend und groß wie die Erde selbst, aus der er emporwuchs. Er war gesund, dicht, kraftvoll und grün wie das sprichwörtliche blühende Leben. Und die Erde unternahm einen Shift, indem sie ihre Energien nach und nach hinauf in diese Baumkrone verlagerte. Als alte neue Erde begann sie dort zu leben und all ihre Kinder mit ihr.

Es war eine ungeheuer machtvolle und innerlich erschütternde Vision. Wir nahmen uns während des Trommelns und nachher im Austausch über das Erlebte wie schon einige Male zuvor als eine sehr kraftvolle Gruppe wahr, die mit ihrer gesammelten Schöpferkraft tatsächlich etwas bewegt – so wie es heute unzählige vergleichbare Gruppen weltweit tun. Sie setzen am Wandel im eigenen Bewusstsein an, sind auf Heilung und spirituelle Weiterentwicklung ausgerichtet. Damit verwandeln und heilen sie immer auch die Erde.

Der individuelle Schöpfungsmythos

Um sich Ihrer ureigensten Schöpferkraft bewusst zu werden, können Sie eine spezielle schamanische Reise unternehmen. Sie gehört zu den »großen Reisen«, die man nicht so oft im Leben macht. Viele Lehrer geben sie an ihre Schüler weiter, und in diesem Buch hat uns letztlich alles zu ihr hingeführt. Es ist die Reise zum individuellen Schöpfungsmythos, die Reise zu der Kraft, die für Sie alles Leben kreiert und hervorbringt, wachsen und reifen lässt, es wandelt und wieder erlöschen lässt.

Alle Kulturen kennen einen Schöpfungsmythos, der erklärt, wie die Welt und speziell ihre Gemeinschaft entstanden sind. Das Alte Testament beginnt damit, und auch alle anderen Religionen haben solche Geschichten. Selbst in Sagen und Märchen wird wie in weltweit lebendig gehaltenen Mythen erklärt, welche Kräfte die Welt hervorgebracht haben.

Die Schöpferkraft, die Sie erleben, die Sie *sind,* wenn Sie in Ihrer Mitte ruhen und ganz mit sich und den physischen und geistigen Welten verbunden sind, ist die große Grundkraft im Leben. Sie erfahren sie, wenn Sie für eine schamanische Reise die Absicht formulieren: »Ich möchte zu meinem Schöpfungsmythos reisen.«

Wir möchten Ihnen hier ein paar der Bilder beschreiben, die wir selbst und andere in der genannten Forschungsgruppe auf dieser Reise erhielten. Allen gemein ist, dass sie sehr intensiv in den Einzelnen weiterwirkten und Veränderungsprozesse auf einer sehr tiefen, rational nicht verstehbaren Ebene anstießen:

»Den Anfang machte eine riesige Leere aus. Absolute Schwärze. Nichts. Es gab keine Anhaltspunkte von Zeit, Raum oder Gefühl. Ein unglaubliches Empfinden von Einheit und Allverbundenheit. Nach einer Weile war mir, als würde ich in die schwarzen Augen einer überdimensionalen Schlange schauen, aus dem Schwarz wurden die Augen, dann der Kopf sichtbar. Die Schlange raste ganz plötzlich auf mich zu und verschluckte mich, die Beobachterin. Sie wurde dann aber wieder in der Mitte der großen Leere sichtbar und verwandelte sich in ein Ei.

Dieses Ei platzte auseinander, und Millionen Staubpartikel flogen durch das All. Viele kleine Lichter wie funkelnde Sterne bevölkerten nun das Weltall. Mir wurde bewusst, dass jedes dieser Teilchen für eine Qualität steht.

All die Dinge begannen zu kommunizieren. Jedes Teilchen verteilte seine Essenz, seine Qualität dabei an die anderen. Bei jeder Begegnung entstand etwas völlig Neues aus dem, was die beiden Seiten mitbrachten, eine ganz neue Möglichkeit, etwas nie zuvor Dagewesenes. Nach und nach entstand eine ganze Welt – Sterne, Planeten, Landschaften, ihre Bewohner, Pflanzen, Tiere –, alles durch diese sprühende, funkelnde Kommunikation. Alles lachte, sang, tanzte, lebte seine Kreativität und erschuf damit die Welt.

Ich konnte dieses Geschehen lange Zeit genießen, bis ich mir wieder meiner selbst bewusst wurde. Ich fragte nach meinem Platz in alldem. Da merkte ich, dass ich in einem Lichtstrahl war, der alles beschien, was ich da gesehen hatte. Er hatte den Raum geschaffen und gehalten, in dem diese Schöpfung geschehen konnte. Ich war das Bewusstsein, das all dies kreiert hatte … Als ich in die alltägliche Wahrnehmung zurückkam, fühlte ich mich wie neugeboren.«

Es gab in unserer Gruppe Visionen von Teilchen, die in rasendem Tempo aufeinandertrafen. Jeweils zwei passten zusammen, fanden sich nach vielen Versuchen und brachten etwas Neues hervor, aus dem allmählich die Welt entstand. Alles darin aber brauchte das Licht der Aufmerksamkeit. Wurde es nicht mehr wertschätzend wahrgenommen, verkümmerte es … Ein Mann erlebte die schöpferische Kraft von Klängen, die das Universum aus dem Nichts formten.

Auch lustige Momente gab es. Eine Frau zum Beispiel geriet in die Runde mächtiger universeller Weiser irgendwo in den Weiten des Alls. Sie fragte sie, wer denn die Welt erschaffen habe, und sie fragten zurück: »Warst du das? Also, wir waren es nicht.«

Einige erlebten diese Reise als richtiggehend körperlich anstrengend, als wären sie wirklich Jahrmilliarden und Lichtjahre unterwegs gewesen. Berührende Sequenzen gab es jedes Mal. Eine Frau konnte die Schöpferkraft als pulsierendes Herz wahrnehmen, das riesengroß in den Weiten des Alls schwebte. Mit seinem Pochen und einem übergroßen Gefühl reinster Liebe brachte es über lange, lange Zeiträume die Erde hervor, die sich von purer Energie ausgehend immer mehr verdichtete und verstofflichte. Es war keine hastige Tat, sondern es gab unendlich viel Zeit, während der in jedem Moment gewiss war, dass die Schöpfung entstehen würde. Auch das Vergehen und Sterben dieser Erde erlebte das Herz. Doch es selbst blieb in seinem unendlichen, ruhigen liebevollen Pochen, und so würde wieder eine Erde geschaffen werden – genauso wie andere Herzen anderes im Kosmos hervorbrachten. Immer und immer wieder neu.

Eine Vision Ihrer Stadt

Mit diesen Eindrücken kommen wir zum Abschluss unserer gemeinsamen Reise durch die Themen dieses Buches. Sie tauchen nun allmählich wieder in Ihr persönliches Leben, um die Schätze, die der Großstadtschamanismus in Ihrem

Inneren weiß, weiter zu bergen und für Heilung und ein erfülltes Leben einzusetzen. So kommen Sie nach und nach dazu, Ihre Schöpferkraft zu Ihrem Wohl und zum Wohl des Ganzen erblühen zu lassen.

Erlauben Sie uns zum Abschluss eine weitere Vision, die an die anknüpft, mit der wir dieses Buch begonnen haben: Stellen Sie sich Ihre Stadt vor, in der Sie so wie viele andere Menschen den Anregungen des Großstadtschamanismus und all der anderen spirituellen Richtungen folgen. Auch wenn diese Menschen einander nicht kennen, folgen sie ihrem Weg der Heilung und beflügeln damit alle anderen. So entsteht in dieser Stadt eine Atmosphäre, in der sich immer mehr Menschen gegenseitig mit der Freude darüber anstecken, das Leben im Sinne der Ganzwerdung, der größeren Bewusstheit zu gestalten. Zur gleichen Zeit tauchen unabhängig voneinander zahllose Menschen in ihre Achtsamkeits- und Bewusstseinsübungen ein: am Schreibtisch im Bürohochhaus, auf der Parkbank, in ihren Wohnungen. Überall treffen sich Menschen, die in sich ruhen und wissen, was es heißt, inneren Frieden zu verspüren. Überall bemerken die Menschen einander, sehen sich in ihren individuellen Qualitäten und schätzen sich für diese Vielfalt. Wenn einer strauchelt, sind viele Hände da, ihm wieder auf die Beine zu helfen. Immer mehr Licht strahlt aus Ihrer Stadt, und wenn Sie es von der Vogelperspektive aus betrachten könnten, würden Sie erkennen, wie sich dieses Licht mit dem Licht all der Städte in der Nachbarschaft verbindet. Die Länder und die Kontinente beginnen zu erstrahlen. Die Erde beginnt zu leuchten. In einem Licht der Liebe, der Dankbarkeit und der Bewusstheit.

Wir wünschen Ihnen viel Freude dabei, das ganz wesentliche Licht dazu beizutragen: das Leuchten aus Ihrem Inneren.

284

Dank

Wir sind sehr dankbar dafür, dass dieses Buch möglich wurde. Diesen Dank möchten wir an alle weitergeben, die uns so kraftvoll unterstützt haben: an die Mitarbeiter des Arkana-Verlags, an unsere Partner und unseren jeweiligen Freundeskreis sowie an die unermüdlichen Mitforscher in der schamanischen Arbeit. Wir danken Angela, Gina und Deepam sehr herzlich für die wertvollen Anregungen zum Manuskript.

Von Herzen danken wir unseren spirituellen Lehrerinnen und Lehrern sowie vielen Menschen, denen wir allein über ihre Bücher oder Vorträge begegnet sind und die auf diesem Weg großen Einfluss auf uns hatten.

Dazu kommt eine Ebene, aus der wir von Anfang an ein großes Ja zu diesem Buch vernahmen: die geistige Welt. Wir erhielten sehr viel Unterstützung von unseren geistigen Gefährten und ganz allgemein aus der nichtalltäglichen Wirklichkeit. Wir haben unendlich viel dazugelernt. Von Herzen danke!

Literatur und DVDs/CDs

Bücher

Faulstich, Joachim: *Das heilende Bewusstsein,* Knaur MensSana 2006

Griebert-Schröder, Vera: *Schamanische Bewusstseinsreisen,* Südwest [3]2007

–, *Schamanische Reisen zur Seele,* Südwest 2009

Griebert-Schröder, Vera/Franziska Muri: *Vom Zauber der Rauhnächte,* Irisiana 2012

Harner, Michael: *Der Weg des Schamanen,* Heyne 2013

Hetzner, Johanna: *Quantenheilung,* Gräfe und Unzer [4]2012

Ingerman, Sandra: *Auf der Suche nach der verlorenen Seele,* Ariston 1998/2008

–, *Heilung für Mutter Erde,* Arkana 2011

King, Serge Kahili: *Der Stadt-Schamane,* Lüchow 1998

Koch-Weser, Sylvia/Geseko von Lüpke: *Vision Quest,* Knaur MensSana 2005

Müller, Ralph: *Die geheime Sprache der Vögel,* AT Verlag 2010

Richard, Ursula: *Stille in der Stadt,* Kösel 2011

Roads, Michael: *Mit der Natur reden,* Heyne 2006

Ruland, Jeanne: *Krafttiere begleiten dein Leben,* Schirner 2004

Sheldrake, Rupert: *Das schöpferische Universum,* Nymphenburger 2008

Tolle, Eckhart: *Jetzt! Die Kraft der Gegenwart,* Kamphausen 2010

–, *Eine neue Erde,* Arkana 2005

Uccusic, Paul: *Der Schamane in uns,* Ariston 2001

Walser-Biffiger, Ursula: *Heilrituale in der Natur,* AT Verlag 2012

DVDs

Bohnefeld, Ulrich/Thomas Gonschior: »Auf den Spuren der Intuition«, BR alpha, Herbig 2013

Verhaag, Bertram: »Der Agrar-Rebell. Permakultur in den Salzburger Alpen«, DENKmal-Film Verhaag 2000

Trommel-CDs

Griebert-Schröder, Vera: »Schamanische Bewusstseinsreisen«, Irisiana 2012

Harner, Michael: »Shamanic Journey«, Foundation for Shamanic Studies 1999

Anmerkungen

1 Aus einem Interview mit dem Physiker und Neudenker im ersten Teil der höchst sehenswerten BR-alpha-Fernsehdokumentation »Auf den Spuren der Intuition« von Ulrich Bohnefeld und Thomas Gonschior, Herbig 2013.

2 Aus einem Interview im ersten Teil derselben BR-alpha-Fernsehdokumentation.

3 Beschrieben in der *Welt* vom 19. 4. 2007. Nachzulesen unter www.welt.de/print-welt/article715330/Island-und-die-Elfenbeauftragte.html (letzter Zugriff April 2014).

4 Sehr interessante, fundierte und von Herzen kommende Ausführungen dazu gibt es vom Biologen und Hirnforscher Prof. Gerald Hüther, unter anderem auf seinen beim Auditorium-Verlag erschienenen Vortrags-CDs »Den Übergang meistern – von der Ressourcenausnutzung zur Potentialentfaltung« (2009) und »Wie man sein Gehirn optimal nutzt« (2008).

5 Wenn Sie diesen Fragen mit einer besonderen schamanischen Technik nachgehen wollen, hier ein Buchtipp: Vera Griebert-Schröder: *Schamanische Reisen zur Seele,* Irisiana, auch als CD mit geführten schamanischen Reisen erhältlich.

6 Meisterhaft beschrieben werden die Zusammenhänge von Stille und Sein, Gedankenaktivität und heilsamer Gegenwärtigkeit von Eckhart Tolle in den Büchern *Jetzt! Die Kraft der Gegenwart* (Kamphausen 2010) und *Eine neue Erde* (Arkana [13]2005).

7 Ralph Müller: *Die geheime Sprache der Vögel,* AT Verlag 2010, Seite 33.

8 »Berlin. Hauptstadt der Wildschweine«, ein Film von Harriet Kloss und Markus Thöß, SWR, 31. 8. 2011.

9 Joseph Campbell: *Lebendiger Mythos,* Goldmann 1993.

10 Diesen Knochentanz gibt es auch auf CD zum leichteren Loslassen, in Kombination mit dem gleichnamigen Buch und als CD allein: Vera Griebert-Schröder: *Schamanische Reisen zur Seele,* Südwest 2009. Ebenfalls hervorragend zum Loslassen und Spannungen-Abschütteln geeignet ist die einstündige Kundalini-Meditation von Osho. Es gibt auch sie in unterschiedlichen Ausgaben auf CD.

11 Vera Griebert-Schröder: »Inspirierende Phantasiereisen zu Krafttieren«, CD, Irisiana 2013.

12 Vera Griebert-Schröder und Franziska Muri: *Vom Zauber der Rauhnächte. Weissagungen, Bräuche und Rituale für die Zeit zwischen den Jahren,* Irisiana 2012. Weitere Ideen für diese Zeit gibt es auch in unserem neueren Buch *Die Rauhnächte als Quelle der Ruhe und Kraft. Der praktische Begleiter für mehr Energie im neuen Jahr,* ebenfalls Irisiana 2014.

13 Diese Zusammenhänge sind sehr interessant beschrieben bei Reinhard Flatischler: *Taketina. Die heilsame Kraft rhythmischer Urbewegungen,* Irisiana 2012.